「悪」と統治の日本近代

道徳・宗教・監獄教誨

繁田真爾
Shinji SHIGETA

法藏館

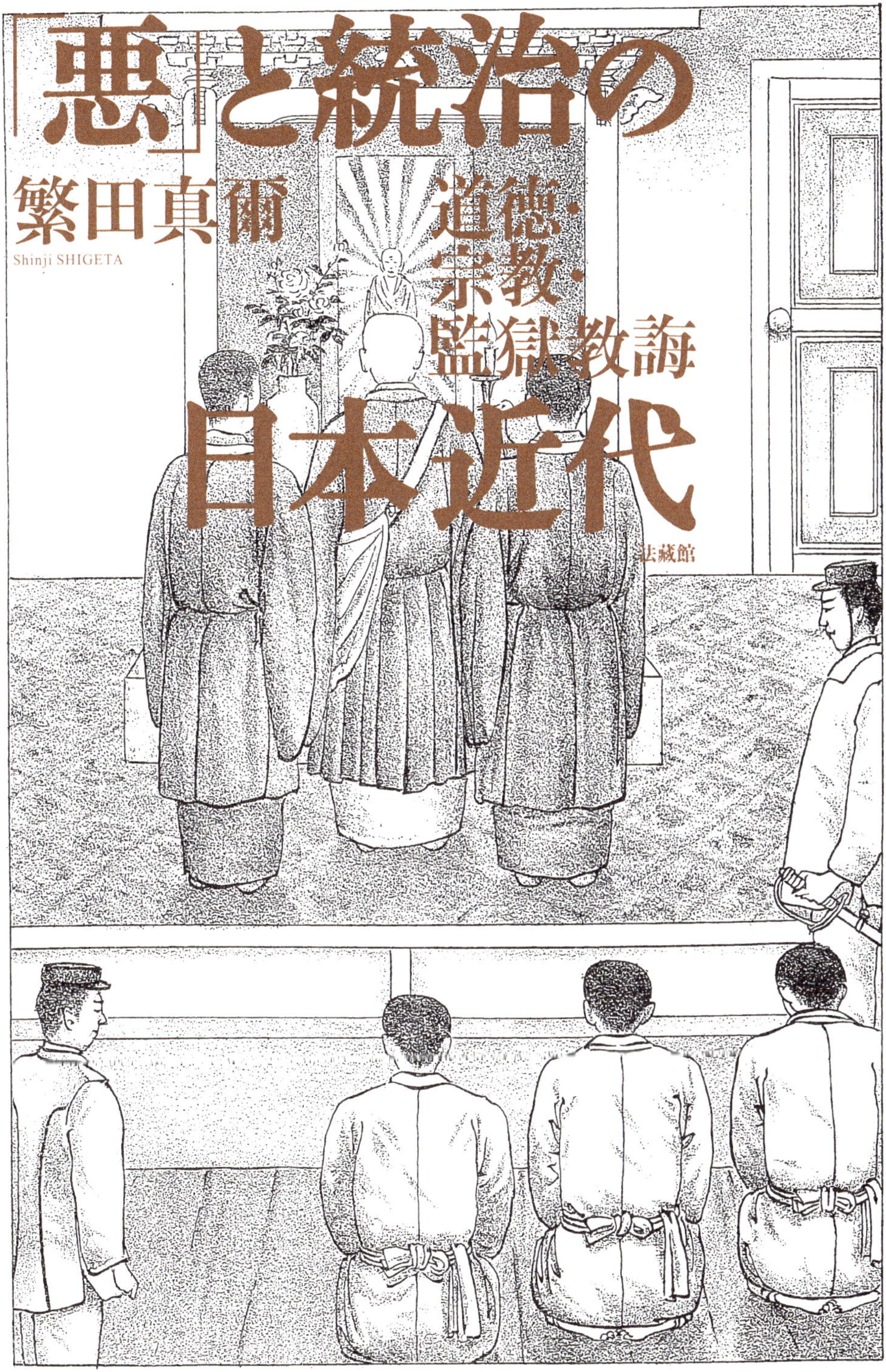

願　經　讀

「悪」と統治の日本近代——道徳・宗教・監獄教誨＊目次

凡例 vii

第Ⅲ部　刑罰と宗教――監獄教誨の歴史

凡　例

・本文中の（　）内に記したページ番号は、その直前に註記した文献や史料のページ番号を指す。
・引用史料中の旧字体の漢字は、適宜新字体に改めた。また、仮名文字には適宜濁点を付し、漢字には適宜ルビを振った。
・引用史料中に引用を省略した部分がある場合、とくに指示のない限り、該当箇所を……という表記によって示した。
・引用史料中の「／」の表記は、改行を表わす。また〔　〕内は、著者による註記を表わす。
・真宗大谷派と浄土真宗本願寺派の教団名は、それぞれ「大谷派」（大派）と「本願寺派」（本派）と略記した場合がある。
・井上哲次郎と小河滋次郎の生年の西暦表記はそれぞれ二説あるが、本書ではいずれも『国史大辞典』（吉川弘文館）の記載に依拠した。
・本書では基本的に西暦を使用するが、第Ⅲ部では和暦を多く用いている。これは、たとえば明治一四年「監獄則」という呼称など、監獄研究や法制史研究では和暦を用いることが一般的であること、また、今後同じ分野の研究書に当たられる読者が、西暦から和暦へと換算する煩を避けるためである。

「悪」と統治の日本近代

――道徳・宗教・監獄教誨

序章　近代日本の統治と仏教

一　近代日本の統治・主体形成・イデオロギー

近代日本の模範的な人間像といえば、正直・勤勉・敢勇・優しさ、あるいは良き家庭人、遵法・愛国心をそなえた国民といった形象が、まずはあげられるだろうか。そうした人間＝道徳像を論じた論者や著作は、近代日本を通じて枚挙にいとまがない。

たとえば、若くして「教育勅語」の公定の注釈者となった井上哲次郎は、「孝悌忠信」と「共同愛国」こそ、日本人が保守して実践すべき中心的徳目だと主張し、国民道徳論の代表的イデオローグとしての地歩を築いた[1]。また、その井上に指弾されて不遇時代を送っていた内村鑑三は、日本の伝統社会のなかに「謙遜」「至誠」「勇敢」など「世界に誇るべき」道徳を再発見し、どこかキリスト教の聖人も想起させる普遍的道徳の体現者として、「代表的日本人」たちを描いてみせた（西郷隆盛、上杉鷹山、二宮尊徳、中江藤樹、日蓮）[2]。

一方、近代日本でこのようにさまざまな関心から論じられた人間＝道徳論のなかには、善良で理想的な人間像からはあえて距離をとり、それとは別の主体のあり方を模索しようとした人々も、もちろん一部で存在した。たとえば、明治一〇年代末ごろに、伝統文学の基調であった「勧善懲悪」を否定し、そこから新しい近代文学の創造をめざした坪内逍遥をはじめとする文学者たちの運動は、その初期における一例であろう。日本の近代文学の歩みは、ある意味で国民道徳や通俗的な生き方に対する否定や挑戦の歴史として、理解することもできる。そしてその否定性は、あらゆる権威を拒否する無頼や、奔放な男女関係や性生活を実践してみせるスキャンダラスな生き方を、しばしば伴うものであった。

しかし、国民的な規範を無視した行動や、度が過ぎた自由な生き方は、その代償として、国民道徳を規範とする社会からの非難や拒絶、あるときには攻撃の対象となることを免れなかった。そして、文学者たちは、ある意味でまだ良識ある知識層の一員であったともいえるが、たとえば大多数の犯罪者たちのように、「自己の統治」に失敗、あるいはさまざまな理由で自らそれを放棄し、既存の秩序や道徳から大きく逸脱した主体に対しては、近代の社会や権力は、その生に強制的に介入することをためらわなかった。つまり権力によって、逸脱者に対して処罰を与えるだけではなく、さらに他律的な「矯正」を加えて彼らを善き人間へと導くことが、近代の統治権力の重要な特徴なのである。

このような近代的統治は、歴史のなかで一体どのように出現し、主体をめぐる運命をどのように一転させることになったのだろうか。そのことは、その後の時代に生きる私たちの生がどのように歴史的に規定されてきたのか明らかにするためにも、研究に値する重要な問題である。

統治権力の歴史には、日本の近現代を通して形成・展開・変容などさまざまな画期があるが、本書が対象とするのは、明治初年から一九―二〇世紀転換期までの、およそ半世紀の歴史である（ほぼ明治時代全体にあたる）。この時期、明治政府は西洋列強に対抗しうる強力な国民国家の形成をめざして、近代化とそれを支える諸制度の創出・整備に次々と着手しながら、後発的な資本主義国家としての歩みを開始した。本書では、そのうち、とくに「教育勅語」に代表される国民道徳の形成＝創出過程、そして監獄を中心とする刑罰システムの二つに注目した。それはこの二つが、近代日本で形成されつつあった統治権力を、イデオロギーと実践の両面からともによく支え、それをもっともよく象徴するものだと考えられるからである。つまり、近代日本の統治権力はどのように形成され、それはどのような内実や特徴をもつものだったのかという問題を、国民道徳（イデオロギー）や刑罰システム（実践）の歴史を通して検討することが、本書でまず取り組みたい課題である。

方法としての清沢満之

また本書で注目したいのは、そうした近代的な統治権力の誕生をめぐる問題だけにとどまらない。同時に、そうした統治権力の成立とともに、その客体として、まさに統治の対象とされた主体の側にも、光を当ててみたい。この場合彼らは、しばしば「悪」として表象される逸脱者たちであった。国家や社会から厄介者として疎外された彼らは、どのようにして、近代的統治＝矯正の対象として、眼差される存在となったのだろうか。また、統治の対象とされた逸脱者たちは、近代の統治権力とのあいだで、どのような経験をすることになったのだろうか。

ここで、本書の前提としてあらかじめ次のことを強調しておきたい。実は近代的統治をめぐる以上のような問いや課題は、清沢満之という、明治期に生きた一人の仏教思想家についての研究から導かれたものにほかならない、ということである。

詳しくは第Ⅱ部でみるように、たとえば清沢の思想的到達点としばしば評される「精神主義」は、教育勅語に代表される当時の国民道徳とはかなり異質で、それとはほとんど対抗的な主体形成の実践ともいえるものであった。また清沢の思想には独自の「悪」についての観念がみられるが、清沢は「悪」を懲戒の対象ではなく、人間の現実態の一部として共感的にみつめようとした。そのような清沢の「悪」をみる眼は、囚徒の「悔過遷善《かいかせんぜん》」を謳い、彼らの主体の矯正をめざした当時の監獄教誨や教誨師たち一般とは相容れないものであった。

清沢の思想や実践は、このように国民道徳や監獄教誨の歴史と対比させてみるとき、その歴史的意義をもっとも明瞭に理解することができると思われる。実際清沢は、統治権力と逸脱者たちの間にあって、近代的統治やそれを支える観念への批判を表明しながら、別の主体形成のあり方を模索していった。そして本書は、そのような清沢思想についての内在的な研究から出発しながら、そこから視点を反転させ、清沢思想を通してみた近代日本の問題——とくに近代的統治やそこでの「悪」の統治のあり方——を批判的に問い直そうとする、そのような試みといえるのである。

ではなぜ、近代的統治の推進側ではなく、それとは異質で対抗的な位置にあった清沢満之なのか。たしかに、単に近代的統治の形成過程を明らかにすることだけが目的ならば、他にもっとふさわしい研究対象があるかもしれない。たとえば、国民道徳と仏教をよく調和させ、監獄教誨制度の確立にも関わった島地黙雷あたりに注目する方が、近代的統治の研究としては、よりシンプルで分かりやすい正攻法かと思われる。しかし本研究で検討したいのは、近代的統治を推進した側だけではなく、「悪」とみなされ統治された人々も含む、いわば近代日本における「統治」という経験についての全体像である。そのとき自他の「悪」を内在的にみつめようとした清沢の眼は、——島地ら近代的統治の推進側に注目するだけではよく分からないであろう——「統治」をめぐる複雑な葛藤や動態に接近することができる、数少ないまなざしの一つなのだと考えたい。

ただし、近代的統治のあり方に違和感をもちながらも、それを清沢のように根源的に考え抜くことができた（あるいは実践に移した）人々は少数にとどまるし、彼らであっても、その権力から完全に自由であることは難しかった。しかし、近代を通じて統治権力がどれほど強靭であり、それへの対抗がほとんど可能性にとどまるものであったとしても、そこにより善い社会や別の生き方への希求が存在するかぎり、近代日本は、決して統治権力の主観一色で塗り込めることができないことだけは、確かなはずである。

このように本書は、近代日本の統治権力のイデオロギーを疑問視し、そこに包摂されることを否定し別の主体形成のあり方を模索した清沢満之の思索や実践に導かれながら、統治権力の形成史を問い、同時に統治の対象となった主体や逸脱者たちの経験にも光を当てることで、近代日本の統治・主体形成・イデオロギーの動態を、できるだけ全体として描き出してみようとする試みである(3)。

二　近代的統治と「自己の統治」

「近代的統治」とは

それでは、本書でいう近代的な統治権力、あるいは単に「近代的統治」というとき、一体それはどのような「統治」のことを指すのだろうか。その重要な特徴を、簡潔に二点にまとめながらあらかじめ確認しておきたい。

(一)近代的統治においては、世俗国家がもっとも正統的な統治権力である。そしてその本質的な性格は、主体の矯正(他者の統治)をめざす矯正権力である。

よく知られるように、統治の実践を象徴する刑罰の歴史では、近世までは入墨や遠島など身体への懲罰を伴った「排除刑」が中心であった。しかし近代になると、監獄に収容して囚徒の自由を剝奪し、懲役(労働)によって彼らの心身全体の鍛冶をめざす、いわゆる「自由刑」が中心となった。監獄で行なわれた教誨でも、教誨師たちは主体の内面からの改善を意味する「悔過遷善」をめざし、囚徒たちの更生に従事した。そのようなところに、主体の矯正を重視し追求する近代的統治の性格が、もっとも象徴的に現われている。

また、統治のおよぶ場はもちろん監獄に限らず、その統治技術の広範な汎用性も、近代的統治の特徴である（軍隊、監獄、学校、工場、病院における規律訓練など）。

（二）矯正の根拠となる道徳の規準も、日本では世俗国家が定め、それを独占的に掌握している。

近代日本では、教育勅語や、「共同愛国」と「忠孝悌信」を柱とする国民道徳が、道徳についてのもっとも有力な公的イデオロギーであった。またその道徳は、国家理性と、それを公準とした善悪の明確な二元論が特徴である。宗教は、国家理性に背反しない限りで国家から許容された。そのため、かりに国民道徳から逸脱したり、それに照らして「悪」とみなされた主体は、国家＝統治権力による矯正や排除の対象となったのである。

「自己の統治」という視座

さらに本書では、近代日本における統治の問題を考察するにあたって、以上のような近代的統治だけではなく、「自己の統治」という、いささか耳慣れない概念にもしばしば触れている。それは、生活の節制や精神の平静のための内省、沈黙の訓練や減食の実践など、自己に対する主体のさまざまな実践の総体を指す概念であり、ミシェル・フーコーの「統治」論から示唆を得たものである(4)。

直前の註(4)でも述べたように、私たちが統治の問題を考察するとき、ふつう統治権力によるそれ（他者の統治）を想起するのが一般的である。しかし「統治」にはもう一方で「自己の統治」というべき次元があるということ、そしてその「自己の統治」の伝統や変容の歴史を明らかにすることで、私たちは、私たち自身も依然その内部にいる近代的統治の性格や歴史的位相を逆照射できるはずだというのが、晩年のフーコーの着想であり、最後の挑戦であった[5]。

そして「自己の統治」は、哲学的エートスや宗教性、生命主義など、時代によってさまざまな実践的諸形態として現われるが、それらは基本的には、統治権力による「他者の統治」とは対立する契機をもつことが、とくに重要である。ただし問題なのは、統治権力による「他者の統治」は、さまざまな様態の「自己の統治」を自らの統治術に組み込みながら、巧妙かつ重層的に構成されるのがふつうであって、他者と自己の統治の両者は二項対立として関係づけられるほど、単純ではない。しかし、「自己の統治」という実践の次元に光を当てることによって、私たちは従来の支配―被支配という固定的（古典的）な権力理解を回避しながら、よりダイナミックな展望《パースペクティヴ》に立って、近代日本における「統治」の歴史を探究することが可能となるはずである。

思想史の問い直しへ――「内面―社会」図式をこえて

そのことは同時に、私たちを従来の思想史研究の問い直しへと導いてくれるだろう。具体的には第Ⅱ部で詳細に論じるように、本書では、これまでの思想史研究でおなじみのパターン（定式）であった、ある図式の問い直しもめざしている。その図式とは、いわゆる「内面―社会」図式のことである。

ここで「内面―社会」図式とは、たとえばある思想を内面性か社会性かのどちらかの指標に振り分け、両者を基本的に二項対立的な関係（内面派か社会派か）とみなすような思想史理解＝方法のことである。この「内面―社会」図式は、たとえば次節でみる吉田久一の近代仏教史研究をはじめ、今日まで変わらず思想史研究の有力な基調でありつづけているように思われる。そしてこの図式は同時に、これもまた私たちにとって馴染み深い議論である「内面主義の限界」という価値論と、しばしばワンセットで語られてきた（たとえば、誰々の思想は人間の内面の問題をよく掘り下げて深く探究したが、しかしその思想は戦時体制を批判することができないという限界があった、という議論など）。

しかし、思想史研究でしばしばみられるそうした予定調和的な議論は、それぞれの歴史事象そのものに充分即したものとは必ずしもいいがたく、紋切り型の議論のように感じられることが多い。何より、個別の研究対象について詳細な研究が積み重ねられてきた今日では、歴史事象にもっと内在的に接近する方法を工夫してみることで、そうした議論のあり方を乗り越えていくことは充分に可能なはずである。本書では、「自己の統治」という概念がやはり重要な手がかりとなるが、そうした視座をふまえてみることで、たとえばどのような思想史像を新たに描くことができるだろうか。

詳しくは第Ⅱ部で論じたいが、そのような観点から近代日本の思想史を見直してみると、これまで非社会的な内面主義だと批判されてきた諸思想でも、たとえば清沢満之の「精神主義」のように、実際には「自己の統治」という観点から積極的に理解される方が相応しいような思想も、多く含まれていることが分かる。だとすればそれらの思想は、まさに社会のただなかで、あるいは社会や世界と向き合うなかで積極的に選びとられたひとつの態度決定とみられるべきで、その限りで、エゴイスティックな内面主義とは厳密に区別される、社会的な意味をおびた実践だと理解することが適切だろう。

すると、清沢研究でも繰り返されてきた定番の「内面―社会」図式は、必ずしも自明のものとはいえなくなる。「内面性」の問題は、実はすでにして「社会性」の問題でもあるという視座に立つことが、重要であろう。これまで「内面―社会」、そして「内面主義の限界」といったいささか分かりやすい通念のもとで繰り返されてきた議論を一度疑ってみることで、私たちの思想史の地平は、これまでとは違った新しい相貌とさらなる探究の可能性を示してくれるのではないだろうか。

自由の実践としての「自己の統治」

本書で「自己の統治」という実践にこだわりたいのは、すぐ先にも述べたように、そのことで従来の思想史研究を再考してみたいというねらいが、一つにある。しかし、もっと研究の本質にも関わる立場としてここで強調しておきたいのは、次のような理由である。

第Ⅱ部で詳しく検討する清沢の「精神主義」や、第Ⅲ部で注目する浄土真宗の教誨師・藤岡了空たちの経験が示しているように、近代社会において、何かしらの「自己の統治」の基礎づけもないところには、人間の自由が成立することはきわめて困難であると考えられる。あるいは、「自己の統治」なきところでは、近代社会に生きる主体は容易に他者による統治に巻き込まれてしまう、と言い換えてもよい。あえていえば、それが本書の積極的な主張のひとつであり、行論を通じて明らかにされるであろう、歴史の知見なのである。だとすれば、「自己の統治」は非社会的でネガティブな内面主義どころか、逆に、近代を生きる人間の自由にとって不可欠な条件として、注意深く理解されるべき実践ということになるのではないだろうか。

そうした本書の立場からすれば、「自己の統治」をすべて非社会的な実践（契機）とみなしてしまうのは、やはり主体の実践がもつ多義的な意味を単純に見積もりすぎた、誤った〝社会〟主義とでもいうべきである。しかしだからといって、「自己の統治」を近代社会において純粋なかたちで実現できるはずだと考えるのも、また楽観的すぎる歴史理解であろう。これも本書で繰り返し注目するように、近代社会においては、国家理性の一般化や生活世界の資本主義化といった歴史的条件のもとで、「自己の統治」の実践は決して容易ではなく、もとより困難を運命づけられているからである。

だとすれば重要なのは、「自己の統治」の歴史を過大評価も過小評価もすることなく、その重要性を正当に考慮に入れた思想史をいかに構想することができるか、ということであろう。その試みとして、本書では統治権力による「他者の統治」と、主体によるさまざまな「自己の統治」に注目しながら、両者のあいだでみられる複雑な交錯と絡み合いに光を当てることで、近代日本における「統治」の歴史を描き出すことに努めたい。

清沢満之の思想や実践は、そのような近代日本の「統治」の重層的な構成を、とりわけ明瞭に示してくれるひとつの光源である。さらに本研究では、清沢研究から導かれるかたちで、国民道徳と監獄教誨という――近代的統治の中心を担った――二つの主題の研究へと進んだ。そのことで私たちは、統治を貫徹しようとする統治権力と、それに直面した人々の葛藤にみちたさまざまな主体の経験を、清沢個人を超えた歴史的世界の広がりのなかで、目撃することになるだろう。

三　近代仏教史研究の立場――全体史への志向

すでに述べたように、近代日本の「統治」を主題とする本書の視座や課題は、近代日本でもっとも著名な仏教者の一人であり宗教哲学者でもある清沢満之についての研究から、もともと導かれたものである。その限りで本書は、近年ますます盛んに行なわれている近代仏教史研究の一部に位置づけられよう。しかしまたある部分では、近代仏教史研究の現状に対する何ほどかの批判的な問題提起も含んでいる。ここではそのことについて、近代仏教史研究

の開拓者である吉田久一の研究にふれながら、もう少し説明してみよう。(6)

＊　＊　＊　＊

「日本近代仏教史の研究は、未開拓な分野の一つである」――。これは、近代仏教の歴史を初めて本格的に問うた記念碑的著作、吉田久一『日本近代仏教史研究』（一九五九年）の冒頭に掲げられた有名な一文である。(7)その後、半世紀がたった今日まで、近代仏教史の研究はたしかに長足の進歩をとげてきた。しかし、「未開拓な分野」であった近代仏教史の開拓は、多様なテーマや未知の歴史的事実の解明という意味ではかなり豊かな成果をもたらしてきた一方で、かつて吉田が把持していたはずの問題意識やそれを支えた立場については、その後あまり積極的に検討されることもなく、今日では省みられる機会も次第に少なくなってきたのではないかと思う。

吉田の歴史研究を貫いたもっとも大きな問いは、ひと言でいうならば、〝日本資本主義に対して、仏教はどのように対抗しえたか〟というテーマであった。(8)それは学問史的にみれば、政治・経済史が主流であった同時代の戦後歴史学と、地続きのテーマであった。しかし、そこにあえて信仰を中心とする人間の生の次元を組み込むことで、歴史のさらに深部にまで光を当てようとする新しい試みとして、吉田の研究は構想されていたことが重要である（このとき、近代日本の精神史の深層を明らかにするための媒介として仏教が選ばれたのは、吉田が郷里新潟で身近に親しんでいた真宗の信仰、そして長じては、大学時代に仏教の社会事業活動に従事した経験などが、大きかったと考えられる）。それはつまり、日本近代史の総体＝全体性を明らかにしようとする、思想史研究の立場からするひとつの挑戦であり、それこそがおそらく、吉田の近代仏教史研究の原点にあった、重要な初志であったはずである。

私は、このような吉田の近代仏教史研究は、とくにその全体史への志向という点において、今日でも私たちの研究に重要な示唆を与えるものだと考えている。ここで再び吉田を取り上げるのも、その全体史の試みにあらためて注目してみたいからである。しかし一方で、吉田の研究には、今日の視点からみると、もちろん課題とすべき点も少なくない。吉田の近代仏教史研究の特徴を簡単にまとめながら、その点についても確認しておこう。

まず注目される吉田の研究に顕著な特徴の一つに、吉田が近代日本の仏教運動や信仰主体を、およそ「内面」派と「社会」派というように、ある対抗関係において記述しようとしたことがあげられる。さらに、吉田がそのように近代日本の仏教運動や信仰主体を二項対立的な視座のもとに描いてみせるとき、それと同時に、その両者が結びついたところに理想的な「近代仏教」像をみようとしたことも、重要であろう。より一般的にいうならば、思想・信仰主体にみられる二項対立的契機による歴史の構造化と、それが統一された状態を理想とする批判的立場が、吉田の思想史研究にみられる、顕著な特徴なのである。

また吉田は、仏教者の慈善に始まる、社会事業の歴史（発展史）の発掘にも力を注いだ。吉田にとって、仏教社会事業の歴史は、これを明らかにすれば「資本主義vs.仏教」の歴史的内実に具体的に接近してみることができるはずで、その歴史はまた、仏教が「内面」（信仰）と「社会」の分裂を自ら再び結びつけていくために、かなり有望な歴史内在的な可能性でもあるはずだった。そして吉田が描き出そうとしたこの仏教社会事業の発展史は、歴史と主体的実践の通近代史的な対応関係を明らかにしながら、その構造的変化の過程を大枠でつかみとろうとする努力でもあった（もう一つの主著『日本近代仏教社会史研究』〔一九六四年〕が、この方面の研究の集大成である）。

このような方法と立場をとる吉田は、たとえば「近代仏教」の到達点を、明治三〇年代に登場した「精神主義」と「新仏教」の二つの信仰運動に求めている。「精神主義」とは、浄土信仰を西洋哲学などと関連づけながら普遍的な次元で探求しようとした、真宗大谷派の清沢満之に始まる信仰運動である。もう一方の「新仏教」は、自由討究や批判精神をもって合理的で社会啓蒙的な仏教のあり方をめざした、古河勇たちを中心とする信仰運動である。これらは、伝統的な教団仏教から逸脱する部分を多くもち、いずれも当時の社会から大きな注目を集めた信仰運動であった。そして吉田によれば、この二つこそが「仏教近代化の二本の線」として象徴的な位置を占める信仰運動なのであり、「前者は人間精神の内面に沈潜することによって近代的信仰を打ち立てんとし、後者は積極的に社会的なものに近づくことによって近代宗教の資格を獲得しようとした」ものであると、評価しているのである(9)。

ここに確認できるのは、従来の思想史研究でしばしばみられた、例の「内面―社会」図式の一種であろう。ここでもやはり、吉田は内面性と社会性という二つの観点から、「精神主義」と「新仏教」をそれぞれ高く評価しているのである。そして同様に注意すべきは、吉田が同じ観点から、「精神主義は現実解決に対して弱い面を持ち、逆に新仏教は内的生命の問題に欠けるところがあった」と、それぞれの運動に相互に不足している部分を、限界として批判していることである(10)。ここにも、「内面」と「社会」が相互に補完するところに理想の「近代」的主体を求めようとする、吉田の近代仏教史研究に顕著な立場が、よく示されている。

もちろんこうした明快な対抗軸の設定が、吉田の研究に独自のダイナミズムと緊張を与えていることは、たしかである。またこうした批判知のあり方は、吉田に限らず、アジア・太平洋戦争で厳しい敗戦体験をした、とりわけ戦後の知識人たちに特徴的な啓蒙的精神（戦後知）の、ひとつのかたちでもあったろう(11)。

しかし今日では、たとえば人間の思惟や実践を「内面」と「社会」の二つに対抗的に分節し、両者の統一を理想とする吉田の方法については、そこに顕著にみられる近代主義的な立場も含めて、その妥当性が問い直され始めてすでに久しい(12)。また、先にふれた「精神主義＝内面派」「新仏教＝社会派」といった形式的なカテゴリー論自体も、必ずしも一義的ではないはずの思想本来の複雑さを明らかにするという方向で、同じく再検討がすすめられている

（本書の第四章参照）。その意味で、吉田の近代仏教史研究は、今日からみると「内面」対「社会」の構造論が先行しており、たとえば本書で注目したい仏教における「悪」の思想など、思想そのもののもつ複雑なダイナミズムに内在的に迫るという点では、いまだ多くの課題を残すものであったと考える。

ところがすでに述べたように、吉田以降、「近代仏教」そのものの研究はかなり精緻化してきた一方で、「近代仏教」を通して近代日本の全体を問い直そうとした、吉田の近代仏教史研究の出発点には確かにあったはずのより根源的な課題の方は、その後、あまり意識的に深められることはなかったように思われる。仏教を通して歴史をみれば、政治史や経済史を中心とするオーソドックスな歴史研究よりも、さらに内在的に、近代日本の精神史の問題に接近してみることができるはずだという確信にこそ、近代仏教史研究のそもそもの初志はあったはずにもかかわらず、である。

たとえば、近代仏教史研究の近年の到達点を示す重要な研究の一つに、大谷栄一『近代仏教という視座――戦争・アジア・社会主義』（二〇一二年）がある[13]。同書では実に多様な対象が取り上げられており、仏教とナショナリズム、あるいは仏教とアジア主義の関係など、研究史で問題となっている主要なテーマをひととおり網羅し、現在の近代仏教史研究の動向を理解するのにもっとも相応しい一冊である。なかでも、井上日召や血盟団を論じた章などはとくに興味深く、日召の神秘体験や血盟団に参加した青年たちの群像、そして暗殺テロへと至る集団の運動・心理過程の分析などは、対象に内在的に迫ったリアリティがある（同書Ⅲ部第二章）。こうした日召らの血盟団は、いうまでもなく日本ファシズム運動の重要な一翼を担ったものであり、その思想や行動の解明は、そのまま日本近代史研究の課題にもつながっているといえるだろう。

その意味で、同書で大谷が「近代仏教という視座」から広く近代日本のナショナリズムや超国家主義の問題を見事に論じたことは、いわば吉田が開拓した学的領域、そして近代仏教史研究の初志を、今後どのような方向で具体的に展開していけばよいか、一つの方向性を示してみせた重要な試みであった。

しかしその一方で、たとえば大谷が同じく同書で試みている「近代仏教」の四象限の類型化などは（同書Ⅰ部第一章、二一〇頁参照）、「近代仏教」の全体を論じようとする試みとしては理解できるものの、形式がやや先行した議論のように感じられる。というのも、「近代仏教」をどこまで精緻に類型化してみても、やはり最終的には、その象限の外に広がるはずの世俗社会も視野に入れた、「近代」全体について議論することが重要だと思うからである。近代日本は、世俗的な価値をほとんど唯一の正統原理として成立した社会だと考えてみれば、そこでどれだけ「仏教」に焦点を当てて（仏教を全体化して）注目してみても、なかなか時代や社会の全体像に迫ることができないことは、当然であるように思われる。

そのことはもちろん、近代仏教史研究の意義を否定するものではない。むしろ逆に、近代世俗社会の表層から覆い隠されてみえにくい人間の心や生の様式に別の角度から光を当てる、いわば介入・媒介的な学問であるところに、近代仏教史研究の積極的な立場があるのだと考えたい。大谷の場合でいえば、やはりその本領は近代の「日蓮主義」研究にあって、井上日召や新興仏教の妹尾義郎などは、世俗社会を主たる対象としてきた従来の近代史研究では、扱うことがなかなか難しい対象だろう。その意味で、近代仏教史研究は、オーソドックスな歴史研究と一部で重なり合いながらも、それが捉えることができない問題を上手く主題化して光を当てることに成功したとき、もっともクリティカルで説得的な、ひとつの学的領域たりうるのだと思われる。

四　「悪」への問い

「悪」と統治

本書のタイトルは、「「悪」と統治の日本近代」である。なぜ「悪」と統治の組み合わせなのか、とくに説明の必要はないかもしれない。近代の統治権力が、基本的に他者の統治や矯正をめざすものである以上、その根拠となる善悪の規準や判断は、統治にとってとくに重要な意味をもつことになるだろう。つまり「悪」の観念と統治の実践は、相互に密接な関係にあり、ほとんど対の関係にあるといってよい。

それでは近代の統治権力は、「悪」をどのように眼差し、その「悪」の統治＝矯正という理想の達成をめざして、どのような試みを今日まで繰り返してきたのだろうか。一方「悪」とみなされた当の主体は、どのような生き方や改心を求められ、どれだけの主体がそれを実践したのか（またはしなかったのか）。あるいは逆に、自己の「悪」の省察が、どのようにして新たな主体形成を積極的に促すことになったのか。そして本来は統治権力とは異なる「悪」の観念を有していた仏教は、新しく誕生した近代の統治権力と、どのような関係（協調や対抗関係）を結ぶことになったのだろうか。

本書では、近代日本で初めて「悪」を思想・哲学的に主題化し、そこからさらに近代における「自己の統治」のあり方を追求した清沢満之の「精神主義」、あるいはより直截的な統治の現場である監獄教誨の歴史を通して、そうした「悪」と統治の問題を考察してみたい。清沢満之の思想や監獄教誨の歴史は、近代日本社会の基調であった世俗主義の論理や視座からだけでは充分な研究が難しいのであって、ここでこそ、まさに近代仏教史研究の視座や知見が活かされるであろう。

「悪」の主題化への試み

ところで、ここで「悪」とはいささか突飛で、大雑把な表現かもしれない。しかし現在、地球規模で広がりつつあるテロや戦争、そして私たちの生活圏でも決して無縁ではない各種犯罪のことなどを想起してみるならば、「悪」の問題は、今日の社会・人文研究のなかでも、とりわけ重要なテーマの一つであることは疑いないだろう。

実際、今日さまざまな学問分野において、「悪」の問題を主題化しようとする種々の試みがみられる。以下では、現代政治理論、宗教・思想史研究、哲学・倫理学の順に、それぞれの学問分野で近年どのように「悪」の問題が問われ始めているか、しばらく注目してみよう。

たとえば、現代政治理論の研究に「悪」の問題を積極的に組み込もうとする太田義器と谷澤正嗣は、これまでの政治理論が正義については雄弁に語ってきた一方で、「悪」については充分に語ってこなかったことを指摘する。その上で、彼らはそのことによって私たちが現在直面している問題を、次のように鋭く指摘している。それは、現在の主流派政治理論は正義をもっぱら重視することに集中し、「安全保障」や「福祉」を現代政治のもっとも中心的な政治的価値とみなしてきた。しかし、そのことによってもたらされた重要な帰結は、「悪の不在状況を人間社会についての基準になる姿として想定」することが、主流派政治理論の暗黙の前提となってしまった、ということである(14)。そのことが看過しえないのは、正義を基調とするこうした政治理論を前提にしてしまうと、私たちは「悪の根絶という夢想」にとりつかれかねず、実際、現代の主流派政治理論は、「悪」の不在状況を理論的基準とすることによって、「悪が除去されることは好ましいというメッセージを現実政治のなかに送り出している」とも考えられるからである（二二三―二四頁）。

そして太田と谷澤は、今日私たちがとくに注意すべき政治（理論）的イデオロギーとして、「自然状態を一方の極に、国家によるあたかも完全であるかのような安全保障を他方の極に置く二元論的な見方」が根強くあると指摘している（二五四頁）。ここにはもちろん、主流派政治理論の一つであるリベラリズム（新自由主義）に支えられてきた現代政治の深刻な帰結――大国の覇権主義や「テロとの戦い」――に対する、太田たちの批判や反省がある。これに対して、太田と谷澤が構想する対抗的な政治理論とはどのようなものか。それは、「悪を悪魔化することからも、悪の根絶を夢想することからも距離を置い」た政治理論、つまり彼らのいい方では、「悪と付き合う」ための政治理論であるという(15)。

宗教学者の島薗進も、近代日本の思想や宗教（精神史）における「悪」の問題を、真正面から見据えることの必要を主張している。島薗は、日本の民衆宗教研究から出発し、新宗教や新新宗教も視野に入れた「救済宗教」の研究で知られるが、その島薗の考えでは、民衆宗教をはじめとする日本の「救済宗教」の伝統でとくに注目すべきは、「救済」と不可分のものとして、そこに常に「悪」の観念が同時に存在してきたという事実である(16)。

ただし島薗が、宗教・思想史研究に「悪」の問題を組み込む必要があるというとき、その本当の問題関心は、さらに別のところにある。島薗によれば、これまで日本では民衆宗教をはじめとする「救済宗教」は、さまざまな「悪」の問題に向き合うための重要な役割を果たしてきた。しかしこれに対して、近代化のなかでその伝統を自ら否定してきた近代日本とその先に生きる私たち現代人は、「悪」と向き合う術を見失い、「悪」を持て余すようになってしまったのではないか（二〇四頁）。そのことの精神史的な意味と問題を、島薗は大きな歴史の視座から問い直そうとしているのである。

島薗が具体的に検討しているのは、他の新宗教に比べて「悪」についてより明確な観念をもっていたという大本教の場合であるが（出口なおと王仁三郎の二人のあいだにみられる「悪」概念の変容などについて）、島薗はその視線のさらに先に、オウム真理教の事件を生んだ現代日本社会の問題をみつめようとしている。[17] つまり島薗にとって現代の日本社会とは、「悪」の問題と適切に向き合う術を失い、「悪」を持て余すようになってしまった社会である。これに対して、島薗は自身の問いをより実践的に言い換えながら、「深刻な悪を見ようとしない日本の、とりわけ近代日本の宗教や思想のあり方から、どのようにして悪に向き合う姿勢を引き出すことができるのか」と問いかける（二五二―二五三頁）。こうした島薗の問いは、実は先に触れた太田と谷澤の問題意識――これまで「悪」の問題を充分に主題化してこなかった現代政治理論は、いま「悪と付き合う」ための理論を必要としている――とも平仄が合うものであり、両者併せて、私たちがいま「悪」の問題を考察することの意味と重要性を、示唆するものであろう。

そして、「悪」の考察といえば、伝統的には哲学や倫理学の分野で盛んに語られてきた問題でもある。ただし哲学や倫理学では、善悪の考察は、その学問分野《ディシプリン》の性格上、どうしても抽象的な次元で展開されることが一般的である。しかし、二〇世紀最大の惨禍ともいえる二度の世界大戦の経験のように、圧倒的な歴史の現実（悪）の波が哲学者たちに押し寄せたとき、平生は抽象的でどこか澄ましたような哲学・倫理学の思惟にも、現実からの切断線が入り込んでくることはおそらく不可避であったはずである。

たとえば、プラグマティズム研究から出発したバーンスタインは、『根源悪の系譜』という著作において、カント（あるいは聖アウグスティヌス）に始まる「悪」の省察の歴史を、実にダイナミックかつ精緻な筆致で描き出している。[18] この著作を読むと、近代西洋哲学の歴史は、まさに人間における「悪」の探究とそれとの哲学的格闘の歴史でもあったことがとてもよく分かる。しかし、バーンスタインの著作が私たちに教えてくれることのなかで、決定的に重要なのは、おそらく次のようなことであろう。それは、今日的な「悪」の問題を含んだ哲学（史）を私たちが構想しようとすれば、私たちはどうしても近代西洋哲学の伝統に（アレント的な）歴史の切断線を入れることが避けられない、ということである。

バーンスタインが徹底してこだわるのは、たとえばカントの「根源悪」について注目するときも、その省察がどれだけ（どこまで）「二〇世紀に目撃された悪に関するわれわれの思考を導く手助けになりうるのか」（六六頁）、ということである。同じくヘーゲル、シェリング、ニーチェ、フロイトたちの思索も、アウシュビッツの大量虐殺に象徴される「二〇世紀の悪」「全体主義体制によって集約された悪」（八頁）をできるだけ正確に認識し理解するためにはどのような哲学が可能か、その可能性をさぐる重要な手がかりとして、参照されるのである（そうかといって、カント以降の哲学が、今日的視座から安易に裁定されるということでもない。むしろバーンスタインの著作は、カント以降の哲学の可能性をその極限まで突き詰めて徹底的に問い抜こうとしている点で、哲学の大いなる伝統と格闘した、ラディカルで緊張感に満ちた著作である）。

そしてバーンスタインが「アウシュビッツ以後」の哲学者としてもっとも重視するのが、ハンナ・アレントである。周知のように、ナチス（アイヒマン）の「悪の凡庸さ」をみつめたアレントの哲学は、「悪」の意味を問うてきた哲学における二〇世紀的な転回を、よく象徴するものであろう。バーンスタインは、そうしたアレントの哲学的格闘を、「悪」をめぐる哲学史のもっとも重要な切断線とすることで、「悪」を根源的に問うための、新しい哲学の可能性を探究しているのである。(19)

五　歴史のなかの「悪」と近代

そもそも「悪」とは、私たちにとってほとんど自明の概念のようでありながら、実は、多様な意味の広がりをもつ意外に捉えどころのない言葉であって、少なくともそのままでは、現実を対象とする歴史研究にはなじみにくい概念ともいえる。「悪」の問題に取り組もうとするとき私たちが困惑してしまうのは、明確な内実が伴っているはずだと信じる「悪」という語がもつ高度な抽象性であり、同時にそのことに起因する、指示対象のほとんど際限のない多様性である（たとえば、私たちは殺人を「悪」であるということに異存はないが、では「悪」とは何かと問われると、たちまち答えに窮してしまう）。そもそも、「悪」の哲学の系譜を批判的に描こうとしたバーンスタインが、常に「アウシュビッツ」を中心とする二〇世紀の「悪」のさまざまな現実態に言及せざるをえなかったことを、思い出そう。バーンスタイン自身、「厳正に悪を問い質せば問い質すほど、もっとも極端かつ根源的な悪の形式に関わる何かがかえって、われわれの眼を逃れてしまう」といい、いわば「悪」の概念と現実とのあいだにある困難な乖離について、繰り返し語っているのである（三六〇頁）。

以上のことも考え合わせると、「悪」と統治について問おうとする歴史研究がめざすべきは、「悪」とは何かという気難しい本質論ではなく、「悪」とみなされたものを統治権力がどのように統治し、逆に「悪」とみなされたものは統治権力の前でどのように振る舞おうとしたのかということを、まずは明らかにすることであろう。さらには、清沢満之のようにたとえば自己の「悪」についての省察から――統治権力に支配される従順な主体ではなく――どのようにして「自己の統治」を追求する主体が逆説的に生まれてきたのかということも、歴史的経験として、はっきりと跡づけることが可能なはずである。そしてこのとき見逃されるべきでないのは、「悪」の問題が、「自己」と「他者」の統治のまさに結節点としてあるということである。

清沢満之と「悪」の思想

よく知られるように、清沢は『歎異抄』の近代における発見者だといわれている。そのことは、清沢が近代日本で初めて「悪」を問題化した哲学者であったことと、無関係ではない[20]。具体的に本書では、第Ⅱ部において、近代日本で「悪」を初めて明確に問題化した清沢満之の「悪」の思想がいかなるものであったか、できるだけ清沢の論理に内在しながら明らかにすることに取り組んでいる。

近代日本で成立したもっとも正統で有力な支配原理＝イデオロギーは、天皇制国家主義であった。しかし近代日本はまた、そうした正統原理と順接あるいは逆接などさまざまな仕方で、大小さまざまな異端が生起し、存在する社会でもあった。政治社会でいえば、たとえば自由民権運動や社会主義・民本主義・アナーキズム・マルクス主義などが、そうした異端性を含んだイデオロギーの代表的な系譜であろう。また先にもふれた近代文学は、国家や社会に対する知識層たちの対抗文化といった性格が強い。いっぽう民衆世界では、そうした否定性は、暴力や犯罪、あるいは〈民衆〉宗教などのかたちで現われやすい。そして本書で注目する清沢たちの「悪」の思想は、おそらく近代日本における宗教的異端の、ひとつの代表的事例として理解できるものだろう。

従来の清沢研究では、清沢の思想はその顕著な内向性ゆえに、非社会的な観念論や天皇制国家との妥協に帰結したとする、いわゆる「精神主義の限界」がしばしば批判的に論じられてきた。しかし、第四章で繰り返し強調しているように、清沢の観念的態度や「精神主義」は、世界や現実から遊離するための内面主義だと単純にみられるべきではない。むしろそれは、同時代の歴史的現実との格闘のなかで、現実への批判をより原理的に遂行しようとした清沢が到達した、ひとつの積極的立場であったとみられるべきではないか。それが、統治権力（他者の統治）に対する「自己の統治」という契機に注目しようとする、本書での私の立場である。(21)

そのような清沢思想のなかでももっとも注目すべきポイントは、やはり、清沢が（道徳＝善の実践不可能性という経験から導かれた）自己の有限性の認識から出発し、そこから、自他ともに免れることができない「悪」の問題を発見したことであろう。清沢はこの「悪」の問題こそが、哲学や宗教の根本問題だと考えた。そして清沢は、この「悪」の問題を中心的な原理として、自己の罪悪に苦しむ人間の救済をめざした信仰運動を展開したのである。

ふつう「精神主義」と呼ばれるこうした宗教的実践を、清沢は自ら「悪人の宗教」とも呼んだ。たとえば、あるとき実際に起きた殺人事件について、同じ大谷派の教誨師が安易な倫理的通念からその犯人の罪悪を責めたてたことを清沢は批判し、「罪悪のままの救済」ということを訴えている（本書第四章）。

「悪」を原理とするこうした清沢の信仰運動は、当時の支配イデオロギーである国民道徳やその「悪」の観念とは、明らかに異質な思想的地平に立つものであった。そして「悪」とその省察によって導かれた清沢晩年の「精神主義」は、幾度かの挫折を経た清沢がようやく見出した、より善き生と自由のための、「自己の統治」の実践であったと考えたい。またそれは、同じころ、国家や日清戦争への積極的な協力によって次第に矛盾を深めていった真宗教団の変革をめざす、いわゆる「革新運動」ともワンセットであった。

もちろん、近代社会において、「自己の統治」と「他者の統治」は分かちがたく結びついているという歴史の現実を、忘れてはならない。その意味では、清沢の「精神主義」も、統治権力から完全に自由な自己の統治の実践であるということは、たしかにできない。しかし清沢は、自己と他者の統治が相即不離の関係にある近代において、

「自己の統治」の不可能性を訴えることにより、近代的統治の前提そのものを否定するような、いくつかの断絶の契機を持ちこむことになったのではないか。この「自己の統治」の不可能性という現実にこそ、清沢は、近代を生きる人間に根源的ともいうべき、「悪」の問題をみようとしたのである。

犯罪、監獄、教誨師

近代日本の監獄では、犯罪者（被収容者）に応報的に刑罰を与えるだけではなく、規律や調和を重んじる善き国民へと導いていくべく、彼らの主体を矯正することが、最重要課題とされてきた。その本質は、現在の刑務所でも同様だろう。そして近代的統治の目的そのものでもあるこの役割を、監獄において宗教者として中心的に担うよう期待されたのが、教誨師である。

教誨師たちは、――当時繰り返し語られたもっとも本質的な法律用語を使えば――囚徒たちの「悔過遷善」の実践に精力的に取り組んだ。悔過遷善、すなわち、囚徒たちに自身の過ちを悔い改めさせ、善き人間へと彼らを生まれ変わらせることが、教誨師たちのもっとも重要な使命とされたのである。

しかし、監獄教誨の歴史によく注意してみると、囚徒たちの主体の矯正を担うそうした教誨師たちの役割は、必ずしもその歴史の初めから一貫してきたわけではなく、ある時期以降に、とくに顕著となってきたことが分かる。詳しくは第五章に譲るが、明治二〇年代半ばまでの監獄教誨は、むしろキリスト教徒たちによる「監獄改良」を中心とする、広義の救済の実践のなかに位置づけられていた。それが囚徒たちの主体の矯正を主眼とする教誨へと大きく変容していったのは、浄土真宗を中心とする仏教勢力が急速に台頭してきた、明治二〇年代半ば以降のことなのである。

そのことは、宗教者たちによる宗教的実践が、統治権力による「他者の統治」を力強く支えるものへと次第に変容していったことを、意味している。その歴史過程こそ、近代的統治の形成過程そのものにほかならない。それは近代的統治のさらなる充実をめざした統治権力が望んだことでもあったし、国民国家への貢献や忠誠競争に血道をあげていた仏教教団が自ら切望したことの、結果でもあった。

監獄教誨における「清沢的契機」と異端的教誨師たち

一方で、清沢が切り拓いた「悪」の思想的地平は、彼が主導した教団革新運動などを通じて、そのころ浄土真宗がほぼ独占していた監獄教誨や教誨師たちにも、無視できない影響を与えたと考えられる。それは、清沢が「精神主義」運動を展開した同じ一九〇〇年前後から、真宗大谷派を中心として、囚徒たちの境遇や「悪」に何ほどか共感を示し、彼らの矯正を必ずしも第一義とはしない――つまり近代的統治の原則とは一致しない――異端的な仏教教誨師たちが、一部で現われてきたからである。そして、一九〇〇年前後にみられるそうした監獄教誨の変容を、本書ではとくに「清沢的契機《モメント》」と呼び、第六章で、その系譜に連なる教誨師たちに詳しく注目している。

また、実際に囚徒たちと対面した最前線の教誨師たちの多くが、使命感や意欲をもって囚徒たちの「悔過遷善」をめざしながらも、主体〈他者〉の矯正という実践に不可避的に伴う原理的な困難にしばしば直面したことも、本研究でとくに注目したい重要な事実である。

おそらく、主体の矯正という行為がそもそもかなり困難であるという現実、そして、死刑の現場にも立ち会った教誨師たちの苦悩の経験などが、異端的教誨が生まれてくる歴史背景としてあった。監獄教誨師たちのこうした困難の経験にこそ、清沢たちの「悪」の思想はリアルに響き合うものをもっていたのだともいえる。その意味では、異端的教誨師たちの登場は、単に清沢「精神主義」からの影響というよりも、もっと大きな同時代的な契機から説明される方が正しいのかもしれない。こうした教誨師たちの葛藤や、宗教的原理の昂まりのなかで現われる異端派の存在にも、近代日本の統治のダイナミズムに迫っていくための、重要なヒントがあるのだと考えたい。

仏教からみた日本の近代

最後に、近代日本の「悪」と統治を問う本書の課題にとって、仏教を導きの糸とすることが、どのような新しい知見や歴史像の解明を可能にしてくれるのだろうか。あらかじめ確認しておきたい。

まず私たちは、仏教を通して近代日本に光を当てることで、「国家」と「仏教」という複眼的な視座から、近代日本の統治のダイナミズムを重層的に描き出してみることが可能となる[22]。

具体的には、たとえば井上哲次郎の国民道徳論と清沢の宗教哲学の対立など、思想・イデオロギー的な次元から、統治をめぐる対抗関係にアプローチしてみることができる。あるいは、もっと実践的な次元では、たとえば近代的統治の象徴でもある監獄制度と、浄土真宗の関係に光を当てることも可能である。この場合、監獄教誨とそれを担った仏教者（教誨師）たちの歴史に注目することによって、私たちは近代日本の統治・主体形成・イデオロギーの動態を、より具体的に、さらに世俗社会の表層だけからは捉えにくい次元において、考察してみることが可能となるだろう。第Ⅲ部では教誨師や教誨制度の歴史に注目したが、浄土真宗は、これまで私たちが思っていた以上に近代日本の監獄制度の確立に大きな役割を果たし、さまざまな影響を与えたのではないかと、私は考えている[23]。

そしてもう一つ、仏教を導きの糸とすることで、信仰という生のもっとも根源的な次元から、日本の近代化と主体形成の関係、およびその歴史的意味について問うことができる。つまり仏教を媒介としてみることで、病や死、そして「悪」の観念など、人間にとっていわば極限的ともいえる有限性や否定性の経験を、私たちは歴史研究の対象として取り上げることが可能になるのである(24)。

私は清沢の宗教哲学や「精神主義」とは、もっとも大きな歴史状況との関係でいえば、〝資本主義化する生活世界〟や〝一般化する国家理性〟という同時代の歴史状況のなかで、存立根拠が大きく揺らぎ始めた自己（主体）をどのように再び確立することができるかという、いわば「自己の統治」をめぐっての、近代的な苦闘の経験として理解しうるものだと考えている。その際、清沢がたとえば「近代」との格闘のなかで開始した禁欲生活の実践、その結果自ら招いた病や間近に迫り来る死という自己の有限性の経験から、「精神主義」という主観的な救済の道を説いたこと。さらには、その実践が自他ともの「悪」の認識へといわば社会的に開かれていったことは、近代日本の主体形成のあり方やそこに伴う固有の困難についてよく理解するために、重要な示唆を与えてくれる歴史的経験であると思う。

六　本書の構成

本書は大きく三部からなる。そのうち研究全体の方法論的な起点に位置づけられるのは、第Ⅱ部の清沢満之研究である。すでに述べたように、『歎異抄』や親鸞の悪人正機説を近代日本で再発見した清沢は、同時に近代日本で初めて「悪」の問題を本格的に考察した哲学者（仏教者）として有名である。近代日本の「悪」と統治、そして統治におけるイデオロギーと実践の両方に光を当てようとする本研究にとって、「自己の統治」をめぐる清沢の思索や実践は、とくに重要な視座を与えてくれるはずである。

これに対して第Ⅰ部では、近代日本を代表する国家主義イデオローグである井上哲次郎の国民道徳論について考察した。第Ⅲ部は、清沢も所属した浄土真宗教団が最終的にほぼ独占することになった、「監獄教誨」の歴史をめぐる研究である。つまり第Ⅰ部と第Ⅲ部は、近代日本における「他者の統治」を支えた二つの柱――統治のイデオロギー的側面と実践的側面――に、それぞれ対応している。本研究がめざす近代日本における統治と自由の考察のためには、清沢にみられるような「自己の統治」の経験と、国家主義に代表される「他者の統治」の複雑に交錯した関係を、できるだけ丁寧に解きほぐしつつ、その歴史過程を明らかにすることが必要である。

清沢が近代に再発見し、あるいは近代的な文脈のなかで再構築していった「悪」の思想は、数ある人間の現実態のなかでも、とりわけ犯罪や刑罰をめぐる私たちの常識的な観念に対して、先鋭な逆説を有するものだったと考えられる。その意味で本書では、監獄で囚徒や彼らの犯罪に真摯に向き合いながらも、今日ではほとんど忘れられた異端的教誨師たちの系譜のなかに、清沢思想のもっとも本質的な継承をみようとしている。それが、暁烏《あけがらす》敏《はや》や曽我量深《りょうじん》といった清沢の著名な門弟たちに注目しながら、その思想継承を明らかにしてきた従来の清沢研究とは決定的に異なる、本研究のオリジナリティでもある。

以上のように、本書はある意味で、清沢の「悪」の思想についての研究から出発しながら、同時に、その清沢の眼からみた日本の近代を私なりの仕方で分節化しながら問い直そうとした、一連の試みともいえる。清沢についての研究は第Ⅱ部が中心だが、本書の全体を通じて、人間の有限性や根源的な「悪」をみつめた清沢のまなざしは、さまざまなかたちで踏まえられ意識されている。「悪」の思想、あるいは「悪」と名指された者の側から日本の近代を問うことは、すなわち、今日の私たちの生にも深く刻まれているはずの近代的統治の核心について省み、あらためて問い直してみる試みへと、私たちを導いてくれるはずである。

註

（1）井上哲次郎『勅語衍義』一八九一年。

（2）内村鑑三『代表的日本人』一九〇八年（鈴木範久訳、岩波文庫、一九九五年。原著は *Representative Men of Japan*, 警醒社、一九〇八年）。

（3）ただし本研究は、近代日本の統治権力とそれへの対抗という、明快な二項対立図式を描き出すことをもって満足するものではない。おそらく実際の歴史過程は、もっと複雑な曲折に富んでいるはずである。たとえば本書でも、その実践のなかでさまざまな困難に直面した統治権力が、自ら変容していく（あるいは変容しようとする）瞬間を、何度か目撃することになるだろう（第一・二・五章）。

また、本書で宗教に注目する比重がとくに大きくなっているのは、近代日本の統治と主体の歴史を、できるだけ動態的に捉えようとするためである。それは宗教が、主体形成の推進者として、少なくとも二重の意味を有しているであろうことと関係している。宗教は一方では、近代国民国家を支える利益集団（教団）として、統治権力やその支配イデオロギーが推進する主体形成を、自らすすんで担っていくような存在である。しかし他方では、ときに統治権力を否定して、そこから逸脱するような信仰者を生み出し、彼らに（国家から相対的に自律した）特定の信念の体系を与える、有力な主体形成の源泉ともなる。こうした宗教の両義的な性格は、たとえば、第Ⅲ部でみるような監獄教誨の歴史にも、よくみてとることができるだろう。

主体形成の場として、統治権力とそこから逸脱する主体の、両方ともにかかわってきた宗教。このような主体形成の場から眺めてみるとき、近代日本の統治と主体の歴史は、より内在的に、自由と支配をめぐる葛藤や相克を含んだ歴史として、動態的に研究することができるはずである。

（4）ここで、本研究で重要な手がかりとなるフーコーの「自己の統治」という概念について、しばらく立ち入って確認しておきたい。

一九七〇年代、マルクス主義や実存主義に代わる新しい批判知の創造をめざしたフーコーの社会理論は、狂気や処罰を主題とした周知の規律権力論を中心に、私たちの哲学・歴史・思想史研究に大きな影響を与えてきた。それに比べて、同じフーコーが晩年（とくに『性の歴史』以降）にようやく主題化するにいたった〈真理と主体〉の問題系、より一般的ないい方では、「統治性」をめぐる壮大な問題系の方は、フーコーの死による研究の中断という事情もあり、まとまったかたちで省みられるようになったのは近年のことである。

しかし、フーコーが「統治性」という視座から新しい系譜学を構想していたことは、早くは七〇年代後半のコレージュ・ド・フランス講義にうかがうことができる（ミシェル・フーコー「統治性」一九七八年、『安全、領土、人口』コレージュ・ド・フランス第四回講義〔『フーコー・コレクション6　生政治・統治』ちくま学芸文庫、二〇〇六年に所収〕）。同講義でフーコーは、一六世紀から一九世紀にわたる「統治」概念の変容について、大きな見通しを与えようとしている。

注目すべきは、フーコーが「統治」について語るとき、それは君主や国家による統治といった一般的な次元における「統治」にとどまらず、一六世紀後半に「統治の形式の複数性」（二四七頁）というかたちで現われてきたように、たとえば「家」や「子供」や「自己」（魂）の統治といった次元も、広く「統治性」の問題として取り上げられている、ということである。つまり今日私たちが通常思い浮かべるよりも、かなり広範な意味のひろがりにおいて「統治」を捉えているわけだが、しかしフーコーにいわせれば、「統治」の主体を君主や国家に限定することこそ、実は——もっとも顕著には近代以降に現われた——特殊歴史的な観念（現象）だということになるのである。

その後フーコーは、研究計画の変更を繰り返すなかで、自らの「統治性」の系譜学を完成させるためには、それまで研究対象として親しんできた時代を離れ、古代ギリシアにまでさかのぼる決断をどうしてもせざるをえなくなった。そのあたりの事情は、何度も構想を練り直しては始めから書き直し、死の前年にようやく発表された印象的な論文「快楽の用法と自己の技法」（一九八三年）のなかで、方法をめぐる苦闘の軌跡とともに克明に語られている（ミシェル・フーコー「快楽の用法と自己の技法」一九八三年〔『フーコー・コレクション5　性・真理』ちくま学芸文庫、二〇〇六年に所収〕）。

同論文でフーコーは、もともと「統治性」の歴史の重要な一部でありながら、近代以降は（国家理性の優位などの条件のもとで）次第に自律性を失っていった、「自己の統治」の歴史の起源に光を当てている。そのことで、研究のさらなる体系化にむけた新たな一歩を踏み出したのである。フーコーが詳細に検討しているソクラテスやストア派の哲学者たちの群像（テクスト）は、さながら「自己の統治」の黄金時代ともいうべく、大きな共感をもって描かれている。

ちなみにフーコーが古代哲学に積極的な可能性をみようとしたのは、もちろん、つづく時代に「他者の統治」の技法を発展させていったキリスト教との対照においてである。しかしフーコーの「統治性」の系譜学は、ついに古代から中世への変容の問題まで詳細に検討されることなく、その死とともに未完に終わった。

（5）同じ「自己の統治」という主題に属するフーコーの著作として、たとえば、『主体の解釈学』（一九八一―八二年）、「自己の技法」（一九八二年）、「自由の実践としての自己への配慮」（一九八四年）、などがある。

（6）吉田久一の近代仏教史研究の方法とその特徴については、セツルメント活動と沖縄戦の経験という「二つの原点」にも注目しながら、拙稿「吉田久一――近代仏教史研究の開拓と方法」で詳細に検討した。オリオン・クラウタウ編『戦後歴史学と日本仏教』（法藏館、二〇一六年）に所収。

（7）吉田久一『日本近代仏教史研究』吉川弘文館、一九五九年（吉田久一著作集第四巻、川島書店、一九九二年、v頁）。以下、吉田の著作は同著作集を参照した。

（8）吉田久一『日本近代仏教社会史研究』吉川弘文館、一九六四年（吉田久一著作集第五巻、v―vi頁）。

（9）前掲吉田『日本近代仏教史研究』、二七七、三二五頁。

（10）同前、二七七頁。

（11）安丸良夫・喜安朗編『戦後知の可能性――歴史・宗教・民衆』山川出版社、二〇一〇年、とくに序章・安丸「戦後知の変貌」を参照。

（12）たとえば大谷栄一「「近代仏教になる」という物語」（次掲大谷『近代仏教という視座』所収、I部第一章）、など参照。

（13）大谷栄一『近代仏教という視座――戦争・アジア・社会主義』ぺりかん社、二〇一二年。以下に述べる同書の内容とそれについての私の理解は、拙稿「新刊紹介」を参照（『近代仏教』第二〇号、二〇一三年）。

（14）太田義器・谷澤正嗣編『悪と正義の政治理論』ナカニシヤ出版、二〇〇七年、二三頁。

（15）同前、二五五頁。ただし太田と谷澤は、これまでのリベラリズムのあり方を以上のように鋭く批判しながらも、彼らはあくまでも、リベラリズムの可能性の追求にこだわっているようである。たとえばネグリ・ハートやアガンベンらの対抗理論は、彼らからすれば例外状態の観念に過剰な意味を負わせすぎており、結局それは、悪しきシュミット主義に陥っているのではないかと批判されている（二五二頁）。太田と谷澤の試みは、「悪」の問題を適切に組み込むことでこれまでの主流派政治理論に再考を求めるものであるが、その意味では彼らの構想する「悪と付き合う」ための政治理論とは、修正リベラリズムの立場ともいうべきものであろう。

（16）　島薗進編『シリーズ思想の身体——悪の巻』春秋社、二〇〇六年、二〇二頁。ちなみに同書で島薗が、民衆宗教における「悪」の観念についてふれて、それが「純然たる形而上学的なコンセプトというよりは、もっとリアリティに近い」ものであり、「生活感覚と近いところで、ある種の普遍性を持つ概念」であったという指摘は、民衆宗教における「悪」の思想の性格を考える上で、重要な指摘であろう（二〇二頁）。民衆宗教の伝統では、「悪」とは貧・病・争のような生活世界に内在する具体的な「悪」を基本としており、島薗が注目するのは、それらを直視した教祖たちの苦悩と回心の経験である。

（17）　同前所収、島薗進「悪に向き合う宗教——「弱肉強食」の時代と初期大本教」。

（18）　リチャード・J・バーンスタイン〔阿部ふく子・菅原潤ほか訳〕『根源悪の系譜——カントからアーレントまで』法政大学出版局、二〇一三年。〔原著は、Richard J. Bernstein, *Radical Evil: a Philosophical Interrogation*, Polity Press, 2002〕。

（19）　そしてバーンスタインが重視するのは、「悪」という巨大な何者かが現われたとき、私たちはそれに対して一体どのような「責任」主体であることができるのかという、責任倫理と自由の問題である。

なお、ここにあげたものの他にも、「悪」の問題をめぐっては、近年さまざまな立場や方法による注目すべき論考が発表されている。

たとえば、〔民主主義の原理である〕「複数性」を毀損する「悪」は排除しつつ、〔しかし排除に伴う自分たちの「悪」はどうすれば極小化できるか、つまりそれが「より小さな悪」であるためにはどうすればよいか配慮しながら〕、同じ複数性の擁護のためにも、「悪の擁護」をめざす立場を模索しようとした研究に、宮台真司監修・現代位相研究所編『悪という希望——「生そのもの」のための政治社会学』〔教育評論社、二〇一六年〕がある。また、フロイトの「死の衝動」理論に拠りながら、人間に生得的で不可避なものとして「悪」を論じた、テリー・イーグも参照。

ルトン〔前田和男訳〕『悪とはなにか』（ビジネス社、二〇一七年）、姜尚中『悪の力』（集英社新書、二〇一五年）

(20)　山本伸裕『清沢満之と日本近現代思想——自力の呪縛から他力思想へ』明石書店、二〇一四年、第四章を参照。また子安宣邦も、近代日本の知識人たちによる『歎異抄』受容のさまざまなパターンを考察し、彼らにおける「体験的」読解のあり方や「信」の問題を問うた著作のなかで、清沢を「歎異抄の近代」の始まりに位置づけており、「信」をめぐる清沢の格闘をとくに高く評価している。子安宣邦『歎異抄の近代』白澤社、二〇一四年、三三頁、一〇八―一〇九頁、三三〇頁など参照。

(21)　清沢の思想に認められるそうした否定性を、本書では無批判な現実肯定と明確に区別して、とくに「部分否定」と呼んでいる。それは清沢が経験的に到達した否定性であると同時に、近代日本の思想史のなかでも独自の位置を占める、注目すべき否定性の実践であったと考えたい。

(22)　近年、同じ問題関心から近代日本の国家と宗教（仏教）の関係について再考を進めている林淳は、「国家が宗教者に託し、期待したものは、近世から近代にかけて大きく転換した」ことを指摘している。具体的には、国家が仏教に求めた役割が、「近世における「人別掌握」」から「近代の「教化」」へと「大転換」したというのが、林説のポイントである（林淳「近代仏教の時期区分」『季刊日本思想史』第七五号、二〇〇九年、一〇頁）。この林の指摘で重要なのは、近世仏教と区別しながら「近代仏教」の特質を説明しようとしていること。また、そのことで林は近代国家（本書のいい方では近代的統治権力）の性格にもふれながら、「近代日本」についての大きな見取り図を提示しようとしていることである。
　林のこうした見取り図からいうと、たとえば近代史研究では周知の教導職制が（一八八四年の大教院の解散とともに）廃止されたのちも、宗教者たちによる国民の「教化」は、決して消滅したとみられるべきではない。「教導職廃止後も僧侶の「教化」の任務は、社会の周縁部において残りつづけ、政府は、社会全体の危機に直面すると、ふだんは放置していた宗教者の役割を思い出し、国民教化に充塡しようとした」と林はいう。例として、三教会同（一九一二年）、文相・江木千之による各宗代表に対する「思想善導」「民心作興」の要請（一九二四年）、宗教団体法の成立（一九三四年）、そして監獄教誨などがあげられている（一〇頁）。

こうした林の、近世の「人別掌握」から近代の「教化」へという大きな歴史の見取り図は、「近代仏教」の歴史的位置づけの試みとして、大変説得的である。また林は、近代仏教史研究の基礎を作った吉田久一の研究の意義を高く評価しながら、一方で吉田が「御用宗教化した仏教教団」像を自明の前提としたために、国家と教団の関係をあえて問い直すことをしなかったとも、指摘している。今後はもっと「国家と仏教教団の関係の構築過程を精査すべき」で、地道な制度史的な検証作業もさらに進めていく必要があるというのが、林の主張である（一二頁）。国家と仏教の関係のあり方に注目し、とくに国民教化という実践に「近代仏教」のもっとも重要な特質をみようとする林の提言は、本研究での私の関心と、よく重なり合うものである。

また近代史研究者の谷川穣は、明治前期を「「教」の時代」と呼び、「教育」「教化」「宗教（仏教）」の三者が――「場所」においても「アクター」においても――複雑に交錯していたことを指摘する。その上で、「未分化かつ包括的な「教」の語を付した」これらの三者が、その後の歴史で具体的にいかなる葛藤を経て相互に峻別されるようになったのか、明らかにしようと試みている（谷川穣『明治前期の教育・教化・仏教』思文閣出版、二〇〇八年、一二頁）。

谷川がとくに注目するは、初めはほとんど未分離で類似した「国民」形成の回路であった三つの「教」のなかから、「学校教育」がどのように差異化され、独立した社会的機能を期待されるようになっていったのか、である。「学校教育はいかにして近代日本に定着し、「国民」形成の装置として、あるいは人間形成の場として、その存在が当然視されるに至ったのだろうか」（二三頁）という谷川の根源的な問いは、明治前期の「「教」の時代」という、大きな時代状況とともに考察されていることが重要であろう。こうした谷川の研究は、林の研究とともに、同じく仏教との関係を中心に近代日本の統治を再考しようとする本研究にとっても、重要な視座を提供してくれるものである。

(23)　ここで念頭に置いているのは、たとえば本願寺教団と小河滋次郎《おがわしげじろう》（一八六三―一九二五）の関係である。近代日本で最初の監獄学者であり、内務官僚も務めた小河は、近代的な「監獄法」の生みの親でありながら、同時に近代の自由刑がもつ限界や死刑制度を厳しく批判し、それを乗り越えるための努力や模索を生涯つづけた。行刑の実践的イデオローグから出発した人物としては、おそらく異色ともいえる小河であったが、彼はまた同時に、仏教（浄土真宗）の熱心な信仰者でもあった。そして監獄行政の経験と重ね合わせるようなかたちで、真宗の信仰は、小河の行刑（統治）思想にさまざまな影響を与えたようである。

たとえば、小河の手稿「犯罪予防論綱」（一九〇七年）を翻刻した小野修三は、犯罪者の「改悛」における宗教の意義を高く評価した小河が、同じ手稿で親鸞の悪人正機説に言及していることを紹介している（小野修三「小河滋次郎の犯罪予防論綱」『慶應義塾大学日吉紀要　社会科学』一六、二〇〇五年、九〇頁）。また小河は、このあと註(24)でふれる真宗大谷派の近角常観と親交があったことも知られており、近角の主宰する雑誌『政教時報』に「死刑廃止論」などを発表している（小河滋次郎「死刑廃止論」〔上〕〔下〕、一九〇三年、『政教時報』九六・九七号）。近代的統治（監獄）と仏教の関係に注目する本研究にとって、小河はおそらく要の位置を占める重要な人物の一人であるが、小河についての詳しい考察は、あらためて別稿を期したい。

(24)　近代日本の生の経験について、仏教の信仰から光を当てようとした近年の注目すべき成果として、たとえば近角《ちかずみ》常観《じょうかん》についての次の二つの研究がある。岩田文昭『近代仏教と青年——近角常観とその時代』岩波書店、二〇一四年。碧海寿広『近代仏教のなかの真宗——近角常観と求道者たち』法藏館、二〇一四年。

このうち碧海寿広の研究は、真宗大谷派の近角常観と彼のもとに集った信仰者たちの信仰経験を具体的に明らかにすることを通じて、同時代の清沢の信仰とは異質な（オルターナティブな）〈近代真宗〉のあり方を提示してみせようとした意欲作である。たとえば碧海は、近角を主題とする同書で、清沢がどのように「〈近代真宗〉のモデル中のモデル」となってきたか、その長い研究史をたどる一章をわざわざ設けている。それは、清沢を中心に語られてきたこれまでの近代仏教史研究のパラダイムと批判的に対峙することを通じて、近角研究（あるいは「伝統」真宗の研究？）の立場と意義を鮮明に示すためであろう（第一章「〈近代真宗〉の形成——清沢満之論の系譜」、同書二三頁）。

しかしおそらく重要なのは、これまで清沢を中心に語られてきた近代仏教史研究をどのように越えていくかという、その越え方の問題であって、清沢以外の対象を論じればそれで済むという、対象選択の問題にとどまる単純な話ではないだろう。そのことはもちろん、碧海も承知のはずである。ある意味では、清沢中心主義ともいうべき研究傾向によってそれ以上の進展が難しかった近代仏教史研究をさらに前進させていくためには、極端にいえば、同じ清沢という対象を取り上げながらも、それをこれまでとは違う別の仕方でどのように論じることができるかということも、同様に問われてしかるべきであろう。

また碧海はとくに意識して主題化していないようだが、碧海が活写してみせた信仰経験の数々のなかから、私たちは、近代日本の生が直面した問題を、もっとも典型的なかたちで発見してみることもできるはずである。一方で、近角たちの信仰経験に内在的に迫った碧海の研究には、国家や社会の観点が希薄だという批判もありうるかもしれない。しかし、近角とそこに集った人々の信仰経験には、必ずしもそうとは言明されないにせよ、すでに切り離しがたく国家や社会の問題が介在しているはずである。重要なのは、そうした彼らの信仰経験から、国家や社会に関わる問題を私たちがどのように——研究者として再-構成的に——問題化してみることができるか、ということであろう。

第Ⅰ部

創られた規範——国民道徳の形成

第Ⅰ部の概要と課題

第Ⅰ部の主題は、近代日本の「国民道徳」である。国民道徳は、近代日本において広範な人々をその内面から規律することをめざして創出された諸徳目であり、国家による、公定のイデオロギー実践であった。「共同愛国」や「忠孝悌信」などがその代表的な徳目だったが、国民道徳が初めてまとまったかたちで定式化されたのは、一八九〇年の教育勅語においてであった。

また国民道徳は、学校教育などを通じて広く国民に教導されたが、とりわけ逸脱者たちが収容された監獄において、囚徒たちはもっとも厳しく、国民道徳の内面化や励行を求められた。第Ⅲ部で詳しくふれるように、仏教の教誨師たちによる監獄教誨史をたどると、初期には通俗的な道徳が教誨の中心であったのに対し、明治二〇年代半ばごろには、囚徒たちに国民道徳を語りきかせるスタイルが次第に定着していき、それが、その後の監獄教誨の基本線となった。その意味で国民道徳は、近代日本におけるもっとも正統かつ支配的なイデオロギーとして、国民統治の中心に位置づけられたのである。

第一章では、その国民道徳論の代表的イデオローグであった井上哲次郎（一八五五―一九四四）の半生における思想や言説、そして実践を具体的に追うことで、国民道徳が、近代日本においてどのような歴史的条件下で形成され、明治期においてどのように展開していったのか、検討する。

従来、井上の国民道徳論や「現象即実在論」、儒学三部作について個別の研究は存在したが、その思想や国家主義イデオローグとしての実践を、総体として考察した研究は少なかった。そのことを念頭に、第一章では、井上の思想と実践について、時代状況に応じた変化にも注目しながら、その全体像を描き出すことを試みる。具体的には、「立憲制確立期」「日清・日露戦争期」「日露戦後から明治末年」の三期に区分して、井上国民道徳論の変容過程を考察したい。そのことで、たとえば二〇世紀初めまでは希薄であった「国体論」が日露戦後に前景化してきたことなど、国民道徳論における、時代ごとのいくつかの重要な変化を理解することができるだろう。

井上の場合、その道徳論はどこまでもオプティミスティックで、「如何ナル人モ、徳ヲ脩ムレバ、必ズ遂ニ善良ナル結果ヲ生ズ」るのだという、道徳の実践可能性に対する素朴なまでの信仰があった（『勅語衍義』一八九一年）。またその修徳の実践も、やはり最終的には、すべて国家道徳への接続が前提とされていたのである。その意味でも井上は、やはり国家主義道徳の代表的イデオローグなのであった。

しかし留意しておきたいのは、明治二〇年代に興隆してきた国民道徳を、もし超歴史的で現実に根をもたない単なる観念的なイデオロギーにすぎないとみてしまうと、私たちは、そのイデオロギーが実際に有していた人心の牽引力や歴史的性格の本質を見誤ることになるだろう、ということである。

たとえば井上も、あらゆる道徳における国家道徳の優位を説きつづけたことではほぼ一貫しているが、それと同時に、国民道徳を個人の心の平安や満足を獲得するための道徳として語ろうとしていた事実は、見逃されてはならない（井上の代表的な哲学説である「現象即実在論」においても）。そして、こうした国民道徳が――主体形成の規範的な方法として――何ほどかの説得力や影響力をもちえたとすれば、それはその言説が、列強による植民地化の危機や、資本主義化していく日本社会および人心への批判など、当時の歴史状況にその都度対応（対抗）しながら構築された言説であり、その意味で、一定のリアリティをもっていたからであろう。だからこそ国民道徳は、国民の統治と主体形成のための正統かつ支配的な道徳たりえたのであり、また監獄に収容された逸脱者たちに「悔過遷善」を促す、もっとも有力なイデオロギーでありえたのである。

つづく第二章では、近代日本の支配イデオロギーとなった国民道徳のもとに、同時代の宗教や諸思想を「倫理的宗教」として一元的に統合しようとした井上たちの試みと、このとき当然生じてきた、さまざまなイデオロギー対立や葛藤の諸相を検討する。主に、仏教勢力と井上のあいだで起こった道徳論をめぐる対立に注目したいが、ここには、統治権力が新たに確立をめざした「他者の統治」と既成宗教の相克が、よく現われている。強制と同意の調達が入り交じるこのような対立点に内在してみるとき、私たちは、近代日本の主体形成や心性のあり方をもっとも直接的に規定してきた国民道徳の社会的プロセスやイデオロギー構造を、より動態や起伏に富んだものとして、理解することができるはずである。

第一章　近代日本における国民道徳論の形成過程
――明治期の井上哲次郎にみる――

はじめに

国民道徳は、近代日本において広範な人々をその内面から規律することをめざして創出された諸徳目であり、学校教育などを通じて広く実践された、公定のイデオロギーであった。「共同愛国」や「忠孝悌信」などがその中心的徳目として推奨されたが、そのうちたとえば愛国という徳目は、西洋の文明諸国に対峙して国民国家の形成に邁進し始めた日本にとって、国民のナショナリズムを喚起し国家統合の基礎を固めるためにも、もっとも重視されなければならない徳目の一つであった。

その意味で国民道徳とは、開国以前の伝統的道徳とは自ずと異なる内実をもつはずで、日本の近代化の過程とともに初めて形成された、近代に固有の道徳であった[1]。本章は、そうした近代の歴史的産物である国民道徳が、近代日本の統治イデオロギーとしてどのように形成されたのか、その過程や歴史的条件について、とくに明治期における井上哲次郎の実践や経験を手がかりに、明らかにしようとするものである。

井上哲次郎（一八五五―一九四四）は周知のように、東京帝国大学哲学科の教授として、国民道徳の確立と理論化に尽力した中心人物の一人である。ドイツ留学から帰国後まもなく、立憲制確立期に表舞台に登場した井上は、政府の委嘱によって教育勅語の解説書である『勅語衍義』を執筆した（一八九一年）。そのことは、井上が維新以来の天皇制国家主義の基本線を受け継ぐ、正統なイデオローグとして迎えられたことを意味している。

また井上は帝大教授として、時々の問題にも積極的に発言しており、たとえば内地雑居やキリスト教、教育問題など、その言論は多岐にわたっている。さらに井上には、「新体詩運動」の旗手という一面もあって、落合直文らとともに「孝女白菊」（一八八八年ごろ）などの作品を残しているが、その方面の文学的才能は、結局伸ばされることなく終わってしまった。やはり教育勅語の通釈者としての井上は、明治・大正期における国家主義あるいは国民道徳論のもっとも正統的なイデオローグたるところに、その本領があったのである。

ところで、もとより井上だけから国民道徳論・国家主義イデオロギーの全体像を明らかにすることは、もちろんできない。西村茂樹や吉田熊次をはじめ、他にも取り上げるべき重要な思想家や実践家はたくさんいるだろう。しかし、ここではひとまず、井上の思想や経験を仔細に検討することで、当時の国家主義イデオロギーの大勢やその重要な特徴に接近してみることをめざしている。つまり本章では、国民道徳論の代表的イデオローグであった井上哲次郎を具体的な研究対象としながら、より一般的には、明治後半期における国家主義イデオロギーの展開史の大枠を明らかにすることを、目標としたい。

概言すれば、明治後半期に井上が国家主義イデオローグとして試みたことは、近代立憲制国家として文明化の歩みは継続しつつ、同時に、国家の自己同一性や卓越性の源泉として、国体の原理やその特殊性をいかに示すことができるかの、理論的な枠組みづくりであった。こうした志向は、もちろん神道国教化政策をはじめとする明治初期の排外的な国家主義とは、その歴史的な位相を異にするものだろう。

また、明治後半期の国家主義イデオロギーにとって、ひとつの大きな画期となったのが日露戦争であった。第三節で詳しくみるように、当時国家主義の新しい理論化をめざしていた井上の国民道徳論も、日露戦争を境に、大きく変容することになる。つまり日露戦後、井上は国民道徳の不可欠の基礎として「国体論」を前面に押し出すようになるのだが、とくに井上が強調したのが、「万世一系の皇統」と「家族制度」、そして「忠孝一致」の道徳であった。

しかしそれより以前、つまり二〇世紀初めまでの井上の国民道徳論では、実は国体論の要素はまだ希薄であった。たしかに国家主義という基本線において、日露戦前・戦後の井上の国民道徳論は一貫しているものの、その内実は必ずしも一本調子ではなく、時代ごとにいくつかの重要な変化が認められるのである。本章では、井上の国民道徳論のこうした変容過程をより明確に跡づけるために、①立憲制確立期、②日清・日露戦争期、③日露戦後から明治末年までの三期に区分しながら、明治時代における井上の実践や経験をたどっていきたい。

本論に入るに先立ってもう一つ留意しておきたいのは、井上が国民道徳を提唱・理論化しようとする際、そこには常に、資本主義化していく日本社会や人心への批判が伴っていた、ということである。井上の場合、資本主義化とは具体的に、利己主義の増進や共同体意識の希薄化などとして受けとめられていた。つまり井上の国民道徳論は、もっとも広義には、日本社会が近代の資本主義システムに組み込まれていくとき直面した危機状況への、対抗的対応の一形態として理解することができるのである。本章でみるように井上の国民道徳論が、国体や家族などを主題としながら、共同性の回復というモチーフに焦点を結んでいくことも、こうした状況のなかに置き直してみるときはじめて、その主張の含意が正確に理解できるのだと思われる。

一　新しい国家主義イデオローグとしての出発――立憲制確立期

1. 井上哲次郎の経験した「近代」と『内地雑居論』

伝統と近代の交錯

自らを語るに多弁であった井上の生涯については、彼の晩年と死後に刊行された二冊の回顧録に詳しい[2]。そこには、ちょうど幕末維新の転換期に幼年・青年時代を送った井上が、伝統と近代の両方が交錯する環境のなかで自己形成を遂げていった様子が語られている。まずは、井上を取りまいていたそうした伝統と近代の交錯する世界がどのようなものであったか、回顧録によって確認することから始めよう。

九州太宰府の医家に生まれた井上は、一八六二（文久二）年、八歳のとき町の宿儒であった中村徳山のもとに入門し、四書の素読を中心とした漢学を学ぶことから学問人生の歩みを始めた。「西洋に行つても、東京に来ても、やはりよく夢に太宰府の景色を見る」と語っているように、郷里での生活はその後も井上に深い印象を残しつづけたらしい[3]。いつしか学問で身を立てようと志を立てた井上は、菅原道真崇拝の盛んな土地柄から漢籍・国書に親しむようになり、また奈良時代の三戒壇院の一つ観世音寺がすぐ近所にあったことから、のちに大乗仏教の哲学に興味をもつようになったと自ら語っている。しかし一八六八（明治元）年、一四歳となった井上は、「『論語』に説いてあるやうなことを実践に移したいといふ強烈な欲求を起すとともに、かういふ田舎に居つては、到底満足することは出来ないとの自覚が強大になつて来た」ため、博多に出て英学を学んだ[4]。これが洋学との出会いであった。

向学心いよいよ抑えがたく移った長崎の官立学校でも「苦学」をつづけた井上は、「僅々三年間に英語を自由に話すことは勿論、英書を難なく読」むことができるようになったという（四―五頁）。その後、東京開成学校、そして一八七七年には、その年に新設されたばかりの東京大学に入学した。そこで井上は哲学を専攻したが、井上が哲学に興味を抱いた理由は、幼少期から学んできた儒学の影響が「抜くべからざる力」となっていたからだと自ら語っている（六頁）。大学で井上は、まだ二〇代であった少壮のフェノロサから哲学を、中村正直から漢学を、そして横山由清《よしきよ》から国学、曹洞宗の禅僧・原坦山《たんざん》からインド哲学として仏典の講義を聴いた。その経験について井上は、「長崎の広運館時代から開成学校予科を卒業するまで、漢学などいふものは全然教へられなかつた。それが東京大学となつて始めて漢学と国学とが教へられることとなつた」といい、かつて郷里で修めたのち「絶縁」していた伝統的学問に、再び大学で出会ったときの新奇な印象を回想している[5]。

日清戦争前後の時期に、井上は哲学者としての自らの使命として、西洋と東洋（日本）の両者を融合した哲学の創出をめざしていくことになる。その背景には、伝統と近代が交錯する維新の転換期のなかで自己形成をした、以上のような経験がすでにその基礎にあったものと考えられる。

「優勝劣敗の活劇場」

しかし、井上が真の意味で「近代」と出会うことになったのは、大学卒業後のドイツ留学時であったと思われる。一八八四年、文部省は「哲学修業」のため井上に官費留学を命じた。当初は三年間の滞在予定だったが、井上は当時ドイツで開校されたベルリン東洋学校で講師を務めながら私費で滞在を延長し、結局六年間におよぶ長期の欧州滞在となった。留学中、井上は欧州各地の哲学者たちのもとへ頻繁に訪問し、最近の哲学界の動向を尋ねたり、あるときは東洋哲学について意見を交わしたりした。その様子は現地で書かれた日記に詳しいが、なかでもハルトマンとスペンサーを訪問したことについて、詳細な記録が残されていることが目を引く(6)。留学当初こそドイツ語をはじめ語学修得に苦心した様子だが、その後は自由に観劇や博物館巡りに出かけ、社交界や学会にも意欲的に参加し、西洋社会をできるだけ広く見聞しようと努めている。

ここでは、この時期の井上がどのように「近代」と出会い、それと向き合おうとしたかがよく示されている著作『内地雑居論』（一八八九年）をみてみよう。『内地雑居論』は、井上が留学中に井上円了の求めに応じて執筆したものである。周知のように明治政府は、幕末に欧米諸国とのあいだに結んだいわゆる「不平等条約」の改正を最大の外交課題としていた。その交渉の過程で、条約改正の見返りとして外国人の国内居住や市場開放を認めるか否かというわゆる内地雑居問題が、世論の一大関心事となっていた。明治二〇年代には国粋主義的気運のなかで内地雑居に反対する声が少なくなかったが、井上が『内地雑居論』を書いた一八八九年は、大隈重信外相の条約改正案のなかに、治外法権撤廃の代償として締約国の内地居住・旅行・営業・土地所有を認める内地雑居条項が含まれていることが判明し、反対運動がひときわ高揚していたさなかであった。自らも国粋主義に共鳴して「護国愛理」の仏教思想を説いた井上円了は、かつて東京大学で受講した東洋哲学史の担当教員で当時助教授だった井上哲次郎に反対論の執筆を依頼し、それを刊行したのが『内地雑居論』である。

この著作で井上哲次郎は、内地雑居の実施に明確に反対し、現行の条約を当面延長してでも、国力をしかるべく養うまでは内地雑居の実施を延期すべきだという漸進的立場をとっていた。ここで注目すべきは、井上が内地雑居に反対した理由である。その理由とは、日本は西洋よりも「劣等」であり、彼らと競争しても敗北するのは理の当然なのだから、日本が列強の植民地となるのを避けるためには、内地雑居を許してはならない、というものであった。

たとえば井上は清国やインドなどの現況に言及しながら、日本が内地雑居状態になると被るはずの損害として、「土地を縮減する事」「各人種混合の為め合同力を失ふ事」「立法上困難を生ずる事」「人口減少の事」「人種滅亡の事」などを列挙し、その脅威を具体的に訴えている[7]。それは井上にとって、「日本古来の風俗、習慣、政治、文学、宗教其の他百般の事々物々をして一時に変動せしめ、以て遂に国家の基礎を破壊」し、「最早や日本固有の状態は全く一変」してしまうという、まさに植民地化の危機状況を意味していたのである[8]。また内地雑居をいったん認めたら、後戻りすることはできないと、その不可逆性も強調している。

このような井上の認識を根底で支えていたのは、日本がいまだ西洋よりも「劣弱」であろという自覚と、劣者は優者に敗北するのが宇宙自然の「天理天則」であるという、進化論あるいは優勝劣敗の原理への、ゆるぎない信奉であった。井上は次のようにいう。

> 第一に我輩が内地雑居の弊害あることは我れと彼れと競争するに当て現今日本の状態にては、其の智力と云ひ、其の腕力と云ひ、其の財力と云ひ、其の他、百般の事情より考ふるも、我れの彼れに及ばずして、遂に我れの敗北を取るに相違なかるべし、優勝劣敗の活劇場に立ちて、常に優者は劣者を圧し、劣者は優者に倒さるゝハ宇宙自然の天理天則にして、進化論の規律に於て証明する所なり、されば日本人今日の状態ハ遺憾ながら欧米人に比すれば遥かに劣弱なるを以て到底其の競争に打ち勝つべき望みなき所以を論じたり、……進化論の規律は如何なる時代、如何なる場所にも行はるゝものにして凡そ宇宙万象は皆悉く此の進化の原理原則に支配せらるゝものなり[9]。

世界の現在を「優勝劣敗の活劇場」とみなした井上は、西洋諸国に比べて日本は劣者にほかならず、それを自覚しないで内地を開放し優者の彼らと競争しても敗北するのは必然であり、宇宙万象を貫く進化論の天理原則からは日本も逃れることはできないはずだと、ここで主張している。つまり、アフリカやアジアで現に進行している列強の進出と植民地化の危機は、対岸の火事などではなく、同じく日本にも起こりうる事態だと主張しているのである。するると内地雑居の延期という井上の主張も、天理原則の前では結局無力な人為による弥縫《びほう》策のようにもみえるが、しかし井上の論説のねらいは、内地開放を先送りするあいだに日本国内の統合をより強固なものとし、西洋列強と対抗できる国民国家を建設することによって、その危機を克服するということにあった。「凡て一国は其人民の統合一致するときは其の力強きもの」という井上の立場は、その意味で、まさに西洋列強との対抗を目的とした国家主義を基調としていた。

ただしその国家主義は、単に植民地化の危機に対抗する共同性原理たるにとどまらず、それがひとたび国内に向けられると、「統合一致の政略には異種の言語宗教、風俗、習慣の混することは最も恐るべき妨害物たることを知らざるべからず」という、きわめて排他的な方向に転化しうるものであったことは、見逃してはならない事実である[10]。いわゆる不敬事件の渦中にあったキリスト教徒内村鑑三も、まさに国家統合の「恐るべき妨害物」の一人として、同書の続巻で井上に厳しく糾弾されているのである（六二―六七頁）。

西洋文明に対抗する原理の模索

一方、井上は大学を卒業して間もない一八八〇年から、文部省御用掛として「東洋哲学史」の編纂に携わり、一八八二年に東京大学の編輯所に移ってからも、引きつづき編纂に従事した。そのうち「東洋哲学史」を著わすという意欲をもつようになり、留学出発の前年一八八三年には、東京大学で初めて東洋哲学史の講義を開いた[11]。留学中の日記『懐中雑記』をみると、こうした渡航以前からの意欲が、次第に強い使命感へと変わっていく様子をうかがうことができる。

ところで「東洋哲学史」執筆を井上に強く決意させた理由の一つに、「支那日本の哲学に至てハ欧州全国一人の精通するものなきなり」という、留学中に抱いた感想があった。一八八六年ウィーンで開催された万国東洋学会に参加した井上は、ヨーロッパの東洋学者のあいだで孔子は多少知られているものの、老子となると知るものが少なく、諸子百家にいたっては誰も理解していない状況を目の当たりにした[12]。こうした状況に対して井上は、東洋学校で神道の講義をしたり、一八八九年第八回万国東洋学会の席上では、東洋学・日本学の振興を訴える演説を行なったりと、東洋哲学研究の啓発に懸命に努めている[13]。

さらに留学中の井上は、「日本哲学」研究の必要も確信し、さらには東洋・西洋の哲学を融合した、「新哲学」の構想もふくらませている[14]。「日本哲学」研究と「新哲学」の構想を井上が具体化して発表するのは、帰国後の日清戦争期のことである。そして後でみるように、井上が国民道徳論を構築していくにあたって、この二つの事業は重要な位置を占めることになる。つまり井上は、ヨーロッパ長期留学も経験した近代的知識人として西洋文明の学知や原理に内在しながらも、それを超えていく原理を「劣等」国日本に見出し与えていくという、いわば二重化されたまなざしのもとで、国民道徳の構築をめざしていくのである。

2．『勅語衍義』の企て――私徳と国家道徳の接合

『勅語衍義』

留学から帰国した一八九〇年、帝国大学教授に任じられた井上は、同年発布された教育勅語の解釈書を芳川顕正文相の委嘱で執筆することになる。解説者に選ばれた理由について井上は、自分が東洋哲学を研究して皇・漢学の素養がある上、哲学をはじめ西洋諸種の精神科学にも通じていたからだろうと、後年語っている(15)。それからおよそ一年がかりで井上は『勅語衍義』の執筆に取り組むが、その際、井上毅《こわし》、中村正直、加藤弘之、芳川顕正らに草案を回付して意見を聞き、何度も書き直しを行なっている。結局は私著として公刊することになったが、天皇の内覧も経た『勅語衍義』は、「教育勅語の事実上の公定注釈書」というべき役割を担うことになった(16)。

また『勅語衍義』は一八九一年刊行の後、増訂や絶版を経ながら一九四五年の敗戦まで師範学校や中学校の教科書として広く使用され、井上本人のいうところでは、数万から数十万部が発行されたという(17)。ちなみに、民間で数多く出版されたいわゆる衍義書と『勅語衍義』とを比較研究した稲田正次によれば、民間の衍義書は儒教的・水戸学的・国学的な説き方のどれかに偏したものが多く、国体の尊厳と忠孝の道徳だけを強調することに重点を置くものが多数を占めていた（たとえば栗田寛、内藤耻叟《ちそう》など）。それらに比べると井上の『勅語衍義』は、西洋近代の思想も取り入れながら勅語を解釈しようとする「開明的態度」がいくらかうかがわれる点に、その特徴があるのだという(18)。

こうして『勅語衍義』を著わした井上は、名実ともに国民道徳論の権威としての地歩を固めていき、その立場からいわゆる「教育と宗教の衝突」論争を引き起こし、内村鑑三やキリスト教を国民道徳の敵対者と見定め、攻撃し

ていく。では、『勅語衍義』で井上が示した国民道徳とは、具体的にどのような内実をもつものだったのだろうか。

基軸としての「孝悌忠信」「共同愛国」

西洋列強と対抗する原理を求めていた井上は、次のように「世界列国ノ情状」を大観しながら、東洋と日本が置かれている現在の危機状況を描き出すことから『勅語衍義』の記述を始めている。

> 今世界列国ノ情状ヲ大観スレバ、欧米諸国ハ勿論、其他欧州ノ人ノ往キテ国ヲ成ス所、皆旺盛ヲ致サゞルナク、而シテ之レト進歩ヲ競フニ足ルモノ、唯ゝ東洋諸国アルノミ、然ルニ印度、埃及土《エジプト》、緬甸《ビルマ》、安南等ハ既ニ其独立ヲ失ヒ、〔暹〕羅《シャム》、西蔵《チベット》、朝鮮等ノ諸国ハ、極メテ微弱ニシテ、独立ヲ成スコト甚ダ難カラン、然レバ今日東洋ニアリテ屹然独立シ、権利ヲ列国ノ間ニ争フモノ、唯ゝ日本ト支那トアルノミ、然レドモ支那ハ古典ニ拘泥シ、進歩ノ気象ニ乏シ、独リ日本ハ進歩ノ念、日月ニ興リ、方法如何ニヨリテハ驚クベキ文華ヲ将来ニ期スルヲ得ベキナリ、然ルニ日本ハ蕞爾《サイジ》タル一小国ニシテ、方《マサ》ニ今各国呑噬《ドンゼイ》ヲ恣ニスルノ秋ナレバ、四方皆敵ナリト思ハザルベカラズ。(19)

井上は、隆盛を極める西洋諸国に対して、東洋はインド・エジプト・ビルマ・ベトナムが競争に敗れてすでに植民地となり、タイ・チベット・朝鮮は独立が危ういと、危機に直面している東洋の現状を訴えている。そうした危機の渦中にある東洋のなかで、進歩の気象に富んだ日本だけが将来西洋列強と対抗できる可能性をもっているが、現在の日本はまだ「蕞爾タル一小国」だから、「四方皆敵ナリ」と考えるべきだというのである。ここまでは基本的に、「優勝劣敗の活劇場」の世界で日本はいまだ「劣等」国であると規定した二年前の『内地雑居論』と同様の認識であるが、ここで重要となるのは、なぜ東洋のなかで日本だけが西洋列強と対抗できる可能性をもつのか、ということである。

井上によれば、よく父母につかえ、深く先祖を崇敬する風俗はもともと東洋一般の習慣というべきものだが、とくに日本では孝道と祖先尊崇の風俗がきわめて盛んであり、かつ日本ほど「君ニ忠ニ親ニ孝ナル」国はないと主張する（四丁表、七丁裏―八丁表）。つまり井上は、東洋のなかで日本がとくに卓越した国家である理由を、その道徳的伝統に求めようとしたのである。「我邦ノ屹然トシテ東洋諸国ノ間ニ卓越スルハ、主トシテ君臣父子ノ関係、其宜シキヲ得ルニ因ル」のであり、だからこそ、そうした道徳的伝統をこそ「教育ノ基本トスベキ」だというのである（八丁裏―九丁表）。ここで井上がいうような道徳的伝統が実際に存在するかどうかということは、ここでは問題ではない。重要なのは、西洋列強と対峙するための原理を求めていた井上が、東洋・日本の道徳的伝統ということを持ち出しながら、そこに国家統合の原理を見出そうと試みた事実であって、井上にとって「教育勅語」とは、そうした原理を体現する標徴にほかならなかったのである。

このような井上の勅語理解の核心は、次の一節によくあらわれている。「蓋シ勅語ノ主意ハ、孝悌忠信ノ徳行ヲ修メテ、国家ノ基礎ヲ固クシ、共同愛国ノ義心ヲ培養シテ、不虞ノ変ニ備フルニアリ[20]」。『勅語衍義』を一貫して井上は、「孝悌忠信」と「共同愛国」の二つが勅語の主意であり、また日本国民が実践すべき中心的な徳義であると繰り返し述べている。つまり、日本の「伝統」である「孝悌忠信」と「共同愛国」の二つの道徳を実践することによって、日本は列強の植民地となることを免れ、東洋を代表して西洋と対抗する国家を形成することができるというのが、『勅語衍義』における井上の主張なのであった。

修徳の構造

ところで『勅語衍義』で井上は、教育勅語に列挙されている「父母ニ孝ニ兄弟ニ友ニ夫婦相和シ……」以下の徳目について、逐一例をあげながら、具体的に解説している。井上の叙述は、しばしば勅語本文の主旨を過剰に読み込みながら進んでいき、ほとんど井上の独創的解釈と思われる部分もみられるが、こうした冗長なスタイルが、勅語の実質的な起草者である井上毅の意に添わなかったものと思われる。しかしここで注目したいのは、そうした冗長な解説によって、各徳目が究極的には、国家の安寧、国力の増強などを支えるための国家道徳に、みごとに（？）結びつけられていくという点である。

たとえば、勅語にある「夫婦相和シ」の徳目について井上は、「夫婦ハ一家ノ因リテ起ル所ニシテ、実ニ一国ノ大本ナルガ故ニ、一国ノ治ヲ欲スルモノハ、家々其宜シキヲ得テ、不和ヲ生ズルコトナキヲ期ス」といい、夫婦はともに助け合って仲良く暮らさなければならないが、それは夫婦関係が一家の基礎、ひいては「一国ノ大本」だからであると説明している（二一丁裏）。また「恭倹己ヲ持シ」の徳目も、「一人ノ倹約ハ、一国ノ倹約ナリ、一人富メバ、一国亦富ム、一国ハ一人一人ヨリ成レルモノナレバナリ」といい、個人の倹約という道徳は、国家の繁栄のためにこそ実践すべきなのであった（三九丁裏）。

つまり井上は『勅語衍義』で、個人の道徳と国家道徳は連続していること、また両者は連続しなければならないという説明にとくに意を砕き、反復しているのである。だから「父母ハ固ヨリ愛セザルベカラズ、子孫モ亦愛セザルベカラズ、兄弟、夫婦、朋友モ亦相愛セザルベカラズ」と普遍道徳としての愛の重要さを一方で説きながら、そのあとすぐに「然レドモ是等一切ノ愛情ヲ含有スルモノハ、即チ愛国ノ心」であると続けるのを忘れない(21)。つまり個人が日常実践すべき道徳は、ことごとく愛国心などの国家道徳に包摂されるべきものとして、理解されているのである。

だとすれば、井上が次のように修徳の〝ユートピア・イメージ〟を描いてみせるとき、私たちはその言葉の背後にも、同様のイデオロギー的作為が働いていることを確認することができるだろう。

> 苟モ徳ヲ修ムレバ、一生ハ長久ナル安息日ナリ、苟モ徳ヲ失ヘバ、此ノ身ハ此ノ心ヲ繋グ牢獄ノ如ク、苦痛ニ堪ヘザルコト多ク、是レ元ト自ラ招ク所ニシテ、追悔スルモ及ブコトナシ、故ニ一日モ徳ヲ修ムルコトヲ怠ルベカラズ、身ニ徳アレバ必ズ人ニ敬愛セラル、蓋シ徳ハ我身ノ花ニシテ、燦然タル光彩アリ、仮令ヒ園中ノ花ハ、数日ニシテ朽ツベキモ、我身ノ花ハ、其艶麗ヲ極ムルニ至リテハ、千万歳ヲ経ト雖モ、遂ニ朽ツルコトナキモノナリ[22]。

徳を修めれば人に敬愛されてやまず、「一生ハ長久ナル安息日」となる。そのような道徳のことを井上は「我身ノ花」と呼び、数日で枯れる自然界の草花に対して、一生のあいだ「燦然タル光彩」を放ちつづける不朽の花に譬えた。しかしすでにみたように、ここで井上がいう修徳とは、個人がその人の自律や生活のために志向し実践する私的道徳ではなく、むしろ「孝悌忠信」と「共同愛国」に収斂される国家道徳の方に、より大きな比重が置かれているのである。

すると井上がすすめる修徳とは結局のところ、人々の幸福や安息の実現願望に訴えかけるかたちをとりながらも、その内実は、国家道徳の奨励にほかならないものであった。そして国家が個人に優先するということの理由について井上は、たとえば「各自ノ身体生命財産等ハ、尽ヽク国家ト共ニ安全ナルモノ」であるから、「又各自ノ幸福モ、亦此レニ由リテ増進スルコト疑フベカラザルナリ」という（四五丁）。つまり個人の幸福は畢竟国家の安全によって保障されるものだから、国家は個人に優先するというのが井上の説明なのである。

とはいえ井上も、道徳世界の花園を夢想する無邪気なユートピアンではなく、その人間観の根底には、「蓋シ人ハ誰レシモ完全ナルモノニアラズ、如何ナル人モ過失ヲ免レ難シ」というリアリズムも持ち合わせていた（一六丁裏）。つまり井上は、人は元来嗜欲や不善に向かいやすい傾向性をもっており、到底過失を免れることはできない存在であることを、一方で認めているのである。しかし井上は、だからこそ人はなるべく克己心を強くし、平生からできるだけ過失を少なくするように努めなければならないのだという。そのように人々を励まし、「要スルニ、如何ナル人モ、徳ヲ修ムレバ、必ズ遂ニ善良ナル結果ヲ生ズ」るはずだと、結局は修徳のオプティミズムに帰着していくのが、国民道徳論者としての井上の立場なのであった（一八丁表）。

二　国民の新哲学と道徳モデルの探究——日清・日露戦争期

ここまでみたように、立憲制確立期である一八九〇年前後における井上は、植民地化の危機を訴えながら内地雑居に反対して排外的立場をとり、西洋列強に対抗する国民国家形成の原理を日本（＝東洋）の道徳的伝統に求め、その具体的な標徴を教育勅語にみようとしていた。『内地雑居論』のみならず、『勅語衍義』がその冒頭から日本とアジアをとりまく植民地化の危機状況の描写から起筆していることは、この時期の井上の思想や言説が、そうした対外的な強い危機意識によって規定されていたことを象徴的に物語っているだろう。

ところが、日清戦争後の一八九五年ごろになると、それまで井上にみられた排外的態度は次第に変容していく。

日本文学を論じたある文章では、これから日本の国民文学は、外国思想を拒絶して自国に固有の思想だけを叙述するにとどまらず、「外国思想を取りて以て我邦固有の思想に同化」することによって、「前代より一層衆美を兼備せる国民思想を鎔鋳」することをめざすべきだといっている。(23) 外国思想を「同化」することによって日本の伝統思想を洗練発展させることを井上は「総合的構造」とも表現しているが、こうした志向は、内地雑居に反対しキリスト教を攻撃して排外的な立場を強調していた、それまでの井上にはみられないものであった。このような変化の背景の一つに、一八九四年七月イギリスとのあいだで条約改正交渉がまとまり、内地雑居の実施が既定路線になったことがあると考えられるが、ほかにも、日清戦争の結果日本が台湾の割譲をうけ、植民地化の当面の危機を転じて植民地の統治国になったという情勢の大きな変化も、要因の一つにあげられるだろう。

ここで強調すべきなのは、「折衷主義」としばしば批判されながらも、井上研究でこれまで注目を集めてきた「現象即実在論」と（いわゆる日本儒学三部作として知られる）「日本哲学史」研究は、日清戦争後のそうした時代状況の変化のなかで、井上が排外的立場から次第に変容していった延長線上に位置づけられる実践だ、ということである。またそれらの実践はいずれも、当時晩年の老境にあった福沢諭吉、とくにその独立自尊主義や功利主義との対決を強く意識した主張でもあった。では、まずは井上が自ら「新哲学」と呼んだ、「現象即実在論」からみてみよう。

1．「新哲学」としての「現象即実在論」

「現象即実在論」とは

思想史研究で井上の「現象即実在論」は、のちの西田哲学につながる性格をもち、「日本型観念論」または「日本的哲学」の源流をなす思想であるとみなされている。[24] 日清戦争前後に順次構想を発表していった井上は、自分がこれから語ろうとする哲学は「先輩の未だ嘗て唱道せざる所」で、「十有余年の研究を経て次第に到達せる結果」であるといい、「益々其正確なるを疑ふ能はず」と強い自信を述べている。[25]

ではその主張とは、どのようなものだったのだろうか。ごく簡単にまとめていえば、「現象即実在論」とは、西洋の近代的二元論（主観と客観、唯心論と唯物論、現象と実在などの認識論的分裂）を批判し、世界・認識・価値等を「実在」として一元的に理解することによって、心の平安や満足を獲得するための方法を説く試みであった。[26]

井上によれば、人が確乎として揺るぎない世界観・人生観をもつためには、どうしても「実在」の観念が不可欠であり、もしそれを否定すれば、世界は主観―客観、現象―実在のように、二つの原理に分裂した「疑団」の世界になってしまう。ではその「実在」とは、どのような観念なのか。井上によると、「実在」とは現象界の一切の差別を超越した「世界の本体」または「理想の極処」であり、主観―客観などの区別が「失了」した、「無差別平等」の世界であるという。[27] つまり井上の「現象即実在論」とは、そのような「実在」を措定することによって、世界観の認識論的な分裂を回復し、「あらゆる難点を疏釈して人をして八面玲瓏の思あらし」めるような、「一元的世界観」を確立するための試みなのである。[28]

既成宗教との関係

このように「現象即実在論」は、人生論的な要素を色濃く含んだ哲学として構想された。そして興味深いのは、世界の統合原理である「実在」の観念は、どのような宗教の根底にも存在していると井上が指摘していることである。

たとえばバラモン教の「梵天」、仏教の「如来」、キリスト教の「ゴッド」、儒教の「天」、神道の「神」は、それぞれ別の表現をとっているが、いずれも同じ「実在」の観念にほかならないのだという。[29] そして井上にとって重要なのは、それらの宗教が人と「実在」との一致、すなわち「人天合一」の理想状態をめざすことによって、「倫理の根柢《こんてい》を我方寸の中に立つる」という役割を、これまで歴史的に果たしてきたということである（一七頁）。つまり井上は、宗教がこれまで何らかの倫理的な立脚点を人にもたらしてきた点を、高く評価しているのである。

ここで、井上が既成宗教に見出した「人天合一」の観念と、自身が唱えた「現象即実在」の世界観とが、ほとんど同じ意味内容をもっていることに注目しよう。「人」（現象）が「天」（実在）と合一して安心や満足を得ようとするのが宗教の実践ならば、井上の哲学は、現象と実在の認識論的な分裂を克服する「現象即実在」の一元的世界を構想することによって、「吾人の精神的需用を充たすべき世界観」の建設をめざす、そのような試みなのである。[30]

だとすれば、「現象即実在論」とは、井上が宗教の世界観を哲学の言葉で再解釈しながら案出した、哲学・倫理説だということになる。そして日清戦争前後の井上が、原始仏教や儒教・老子など、とくに東洋の宗教や哲学の研究に取り組んでその重要性を訴えていることを考慮すれば、「現象即実在論」は、宗教のなかでもとくに東洋のそれを強く意識しながら構想したものだと考えられるのである。[31] その意味で、井上の「現象即実在論」は、二元論を基調とする近代西洋哲学に対して、東洋の哲学・宗教がもつ世界観の可能性に注目し、それを再評価する方向性を含んでいたともいえる。

しかし一方で「現象即実在論」が、同時代に存在した仏教・キリスト教・教派神道など、既成諸宗教の歴史的特殊性を否定しようとするものであったことも、見逃せない。「抑《そもそも》諸宗教の価値は、其世道人心を裨補するの一点にあるなり」と考える井上にとって、宗教が重要なのは、それが倫理的な世界観をもつという限りにおいてなのであり、「梵天」「如来」「天」などの個別具体的な観念は、より高次の「実在」の観念において否定されるべきものであった[32]。つまり井上の唱えた哲学は、すべての既成宗教を「倫理的宗教」として抽象的に理解することによって、現実の宗教集団を国民道徳の枠内へと馴致しようとする、政治的な機能も果たしたのである[33]。

近代的二元論の克服という課題

ところでここで井上が取り組んでいる近代的二元論の克服という問題は、日本では、一九―二〇世紀転換期ごろから、哲学や文学を中心に広く議論され始めたテーマであった（『哲学雑誌』『早稲田文学』など）。そのことは、日清戦後の日本社会において、世界観の動揺が知識人をはじめとする人々のあいだで何ほどか意識されていたこと、そしてその危機意識が、認識論や存在論として語られ始めたことを、意味しているのだろう。

そのなかで井上の「現象即実在論」に特徴的なのは、二元論克服の哲学的基礎である「実在」の観念を、仏教・儒教・神道などの東洋思想のなかに求め、西洋近代を乗り越える新しい哲学として提出しようとしたことであった。つまり、東洋の思想的伝統のなかに発見した「実在」の観念を基礎として、近代の二元化した世界を生きる個人に安心と充足を与えるための哲学を構想することが、井上のめざすところだったのである。

同じころ井上は、自ら提唱した哲学を引っ提げて、福沢諭吉の独立自尊主義との対決も試みている。「福沢翁の道徳に関する根本的誤謬は、此眇たる五尺の身を以て本位とするにあり、即ち小我に拘泥するにあり[34]」。ここで井上が批判しているのは、福沢の道徳が現象界そのままの「五尺の身」を本位とするものであり、「実在」の観念をもたないということである。そのことについて井上は、自らの立場と比較しながら次のように述べている。

〔福沢が〕単に小我として之れ〔個人〕を見るのみにて、毫も小我以上に出づること能はざるが如きは、我態Ichheit に執着せる俗見に過ぎず、我態に執着すれば、独立自尊も畢竟唯だ天狗主義のみ、到底物の為めに累はさるゝを免れず、真に大我と合一し、大我の精神を以て小我を律し、此の如くにして現象界に処するものは、決して物の為めに累はさるゝことなし

（八一頁、傍点は引用者）

「小我」と「大我」をここで井上はそれぞれ「現象」と「実在」と同じ意味で用いているが、井上にいわせれば、福沢の独立自尊主義は単なる現象としての小我に執着する「天狗主義」であり、それでは人は、いつまでも人事や事物から煩わされる境遇を脱することはできない。それに対して自分が説くのは、大我すなわち「実在」の観念を措定してそれとの合一を志向することで、世界のさまざまな傾向性から解放され、心の平安を得ることができる道徳なのだという。このような福沢批判には、先にみた「現象即実在論」の立場、そして井上が第一人者として日本に紹介したドイツ観念論の強い影響をみてとることができる。こうして明治思想界の大立者福沢に挑んだ井上であったが、この翌一九〇一年に福沢は世を去っており、両者のあいだで、これ以上具体的に争点が深められた形跡はみられない[35]。

2．日本哲学史の試掘：評価と批判——「日本儒学三部作」

三部作の方法的特徴

以上が井上哲学のもっとも抽象的な側面、いわば理論編だとすれば、これからみる井上の日本思想史（哲学史）研究は、それを実際に歴史研究に適用した、応用・実践編ともいうべき関係にある。前節でみたように、井上はす

でに一八八〇年から文部省御用掛として「東洋哲学史」の編纂に従事し、東京大学でも「東洋哲学史」講義を担当していた。その後一八八四―九〇年のドイツ留学で東洋・日本哲学研究の必要を確信した井上は、帰国後に強い使命感をもって、その研究に本腰を入れて取り組んでいくのである。

井上の思想史研究は今日からみるとかなり網羅的で、西洋哲学・インド哲学・中国哲学　日本哲学の各分野にわたっている（そしていずれの分野でも開拓者的な位置を占めている）。そのうちとくに力を注いだのは日本思想史研究だが、その研究対象も実に広範で、儒教・仏教・神道等にまで及んでいる。ここでは、井上最大の「功績」ともいわれる代表作「日本儒学三部作」に焦点をしぼるが、注目したいのは、井上の思想史研究でも同様に、先にみた「現象即実在論」のモチーフが貫かれていることである。それでは、井上の描いたその日本思想史像とはいかなるものだったのだろうか。以下、みていこう。

まず「三部作」の構成だが、刊行順に『日本陽明学派之哲学』（一九〇〇年）、『日本古学派之哲学』（一九〇二年）、『日本朱子学派之哲学』（一九〇五年）の三冊で、各冊六〇〇頁を超える、浩瀚な研究である。近世儒教の学説・事蹟・著書・学派などの紹介と、原典の引用が主たる内容だが、所々に井上の解釈やコメントが挿入されている。なお「陽明学派」「古学派」「朱子学派」という名称区分は今日ではすでに定着して久しいが、その大枠を初めに提示したのが、井上のこの「三部作」だといわれている。『日本倫理彙編』全一〇巻（一九〇一―〇三年、蟹江義丸との共編）の編纂とあわせて、井上のこの「三部作」が、今日の儒学研究の最初の基礎を築いたといわれるゆえんである[36]。

それでは、井上の日本思想史（儒学）研究の方法的特徴は、どのような点にあるのだろうか。あらかじめ、そのポイントを二点あげておきたい。

まず一つは、井上が日本儒学史のなかにさまざまな二元論的モメントを「発見」し、それを読み込むことを重視していることである。たとえば「学理」と「心徳」、「功利主義」と「道徳主義」、「自然」と「作為」など、そのバリエーションはさまざまである。そして二つに、儒学史のなかに「発見」した価値・世界観等のそうした二元論的分裂を「批判」し、それに代わって、本来あるべき一元的状態を探求していることである。後にみるように、たとえば古学派では伊藤仁斎《じんさい》の「道徳主義」と荻生徂徠《おぎゅうそらい》の「功利主義」を、それぞれ価値対立的な関係として理解した上で、両者の偏りを「批判」し、二学説を合一・一致させた地点に、理想状態を求めるといった具合である。井上にとって、（近代以降の哲学者をとくに悩ませてきた）二元論は克服されるべき、不幸な観念・状態なのである。そしてこうした思想史の分節化と問題構成の方法が、先にみた「現象即実在論」のモチーフと通底していることは、繰り返すまでもないだろう。

ただしこの三部作のうち、一九〇五年の『日本朱子学派之哲学』だけは少し異色で、国体・帝室への尊崇の有無が、思想の評価基準として明確に登場してきている。これは『陽明学派』『古学派』ではほとんど目立たなかった思想評価の尺度で、日露戦後の思想状況をよく反映していると考えられるが、この点については、後であらためてふれたい。

日本陽明学派・朱子学派の批判と評価

では、井上の描く日本思想史像を、しばらく具体的にみてみよう。たとえば井上は中江藤樹や大塩平八郎について、両者とも主観的な道徳論に偏しており、客観的研究を度外視する傾向が強いと指摘している。その傾向は「東洋哲学の通弊」でもあり、とくに陽明学派において甚だしい特徴であったと批判する。(37)そして、真の道徳を実行するためには、主観的な工夫（「心法」）と客観的な智識（「学術」）の両方を「併有」しなければならないというのが、井上の主張であった（六二九頁）。同時に井上は、同じ日本陽明学派の可能性も評価している。それは、日本陽明学派は、西洋の倫理学には欠けている「得道」や「心徳の練磨」の側面を補うには、もっとも好適だということで、東洋の心法と西洋の倫理があいまってはじめて、「古今未曽有の偉大なる道徳」が実現するというのが、井上の主張するところなのである（六三一頁）。

また、こうした思想史理解の方法や態度は、朱子学派についても同様である。たとえば、井上は林羅山、木下順庵、貝原益軒らを取り上げて、彼らは自己の創見に乏しく単調で、ほとんど「朱子の精神的奴隷」というべき、活気のない「寂静主義」者だと断じる。その一方、朱子学そのものは道徳と知識のバランスがよくとれており、人格完成を志向する穏健な道徳主義だから、功利主義と対抗する「教育主義」としては最適であるとも評価している[38]。とくに朱子学派のなかでは、貝原益軒に対する評価が高い。井上によれば、益軒は日本における「教育家の元祖」というべき人で、その教育説はヘルバルトのそれと「殆んど同一轍」である。さらに仁愛こそ天地の本体と考え、その天地の恩は洪大であると説いた益軒の説は、キリスト教に通じる普遍性ももっているとまで評価している（三五〇―三五一頁、三五六頁）。

仁斎学と徂徠学――一元化への志向

さて「三部作」中でももっとも記述が厚く、井上が踏み込んだ分析を行なっているのが、伊藤仁斎と荻生徂徠についてである。『日本古学派之哲学』には、「仁斎と徂徠との学説の異同」という節が、とくに設けられている。おそらく、井上の日本思想史研究の発想と方法は、この仁斎と徂徠を論じた部分に象徴的に表現されており、もっとも注目すべき部分だと考えられる。

まず井上は、仁斎学と徂徠学の「差異点」に注目し、そこに、価値や世界観の二元論的な分裂を発見する。たとえば、「道徳主義」に偏重する仁斎に対して、政治や経済を論じて「功利主義」に立つ徂徠。あるいは、個人の「私徳」を重んじる仁斎に対して、私徳よりも「公徳」の方を重視する徂徠。そして、道は「自然」に由来すると考えた仁斎に対して、「作為」のないところに道はないと考えた徂徠、等々。[39] 最後の「自然」と「作為」について、井上は「仁斎は道を以て自然に出づとし、徂徠は全く作為に出づとせり……〔仁斎は〕畢竟道を以て人為を竢《ま》たず、天地自然に存するものとせり、……徂徠之を否定して、道は先王の作為を経て始めて存するものにて、自然にあらずとせり」とまとめている（六二一頁）。福沢諭吉を「功利主義」者と断じて批判した井上は、同じように徂徠の学問も「功利主義」的で徳性涵養の側面が欠如し、人を「智巧方便」「軽佻浮薄」にする弊害があると批判しているのである（六二六―六二七頁）。

しかし他方で井上は、徂徠の学問を「道徳を社会的に解釈する」という意味で「東洋哲学史上一異彩を放つ」独創的なものだと、評価も与えている。それはホッブズの政治思想とよく似ており、両者の思想には、同時代人としての「奇異なる暗合」があるとまで井上は解釈している（六三三頁）。つまり井上は、仁斎には仁斎の、徂徠には徂徠の長所と短所を両方みようとしているのであり、徂徠の「功利主義」に対する井上の嫌悪感にはたしかに抜き難いものがあるものの、だからといって、徂徠学を全面的に否定することはしていない。むしろ井上がこだわるのは、両学説の対立ではなくて、仁斎学と徂徠学の両者が互いに補完し合う地点に、本来あるべき一元的世界観を見出そうとする、そのことなのである。

たとえば、不足のない徳行とは、「私徳」と同時に社会の「公徳」もあわせて修めることであり、そのどちらが欠けても、完全な徳行にはならない。「徂徠は公徳を知りて、私徳を知らず、仁斎は私徳を知りて公徳を知らず」（六二八頁）とみた井上からすれば、どちらかに偏した依然として不完全な世界観である両者が、互いに補い合うところにこそ、理想の徳行というべきものがあるはずであった。そのことを井上は、「仁斎の学と徂徠の学とは、車の両輪、鳥の双翼の如く、並び行はれて、毫も扞格《かんかく》する所なきものなり」と表現している（六三〇頁）。ここにもやはり、二元論を克服して一元的な理想状態を求める「現象即実在論」のモチーフが、繰り返されているというべきだろう。(40)

三　国体論の浮上と国民道徳像の形成――日露戦後から明治末年

1. 日露戦後における変容

忠君道徳や国体への注目

前節でみたように、井上が「新哲学」と呼んだ「現象即実在論」は、日清・日露戦争期に提唱され、二元論の克服というその主題は、文学や哲学をはじめとする同時代のさまざまな思潮とも共振するものであった。またその主題は、井上の日本思想史研究を代表する「三部作」にも同様に現われていることも、すでにみたとおりである。ところが「三部作」のうち、最後に発表された『日本朱子学派之哲学』（一九〇五年）では、先の二著ではほとんど目立たなかったある論点が、明確に現われている。それは、井上が取り上げる朱子学者たちの「国体」「帝室」への尊崇の有無についてであり、それが思想評価の重要な基準として、厳しく問われるようになっているのである。

たとえば、江戸中期の朱子学者・室鳩巣《むろきゅうそう》について、井上は「鳩巣が務めて節義を説き、忠孝を論じ、以て世道人心に裨益する所あらんと期せしは、後世人の最も感謝すべき所なり」と評価しながらも、「然りと雖も、一つの疑はしきものあり、他なし、彼れが幕府を貴んで帝室を蔑如せしこと、是れなり」と、鳩巣が「帝室」を軽んじた事実をあげて難じている。(41) 同じく江戸中期の朱子学者で、崎門三傑とも呼ばれた三宅尚斎《しょうさい》についても、井上は「尚斎は闇斎学派中にありて最も考察に長じ、最も思想に富めるものなり、然れども彼れ我国体に関しては一種の謬見を懐けり、……彼れ我邦君臣の義を以て正道に合するものとせずして、反りて中和を失するものとなす、何等の僻論ぞや」といい、こちらはその「国体」観について、批判を加えている（五一三―五一四頁）。

このほかにも、『朱子学派』には足利尊氏や楠正成、赤穂義士など、忠君道徳に関する歴史的話題が多出していることも特徴である。そもそも、朱子学そのものが大義名分論や考証学の性格をもつことを考えれば、忠君や国体の話題が三著のなかで突出して多いことは不思議ではないが、やはり本質的には、当時の日露戦後におけるナショナリズムの高揚が、朱子学を論じる井上の筆勢に拍車をかけていると理解した方がよいだろう。「日露戦争已に終結を告げ、我邦の威光、大に宇内に発揚する」ことになった今こそ、我が国の「国民道徳」の発展に大きな影響を与えた朱子学派の歴史的研究が必要であると、井上は意気込んでいるのである（序、五―六頁）。

「歴史」に優越する「道徳」

日露戦後におけるこのような変容のなかで、とりわけ興味深いのが、「歴史」と「道徳」の関係についての井上の評価（理解）が、それ以前と比べてほとんど逆転していることである。

たとえば日露戦前の『日本古学派之哲学』（一九〇二年）では、井上は伊藤仁斎が「道徳」と「歴史」を混同しているとみて、その「道徳主義」の行きすぎを批判していた。つまり、「道徳と歴史を混同するは、支那古来の通弊なり、……仁斎も亦此例に洩れず、道徳と歴史とを混同し」ている。井上にとって、「歴史は史的事実を忠実に叙述して之れを後世に伝ふるものにして、其教訓として人生に裨益あるは勿論なれども、直に以て道徳書と見做すべきものにあらず」、「歴史は一箇の科学として、其特殊の範囲を有す」るべきものだった(42)。つまり、井上は歴史の「科学」性を強調し、「歴史」は「道徳」とは切り離して理解すべきだと、このときは主張していたのである。しかしそれが日露戦後の『日本朱子学派之哲学』(一九〇五年)になると、今度は「科学」的な歴史研究を「無精神没趣味の骨董的史学」と批判し、国家道徳にもとづく歴史観の優位を主張、「世教人心に裨益する所」のある歴史観を、次のように高く評価するようになったのである。

若し史的事実の研究にして、絶えて人生に裨益する所なしとせば、是れ唯一私人の道楽に過ぎず、物好的遊戯に過ぎず、……水戸学派が史学の活用的方面に着眼せしが如きは、亦一見識といはざるべからず、殊に南北朝の何れを正統となすべきかと云ふが如き問題に遭遇するときは、何を標準として之を決定すべきか、是れ単に赤裸々の史的事実によりてのみ決定すべからざるが故に、民族発展上最も有益なる国家的道徳の立脚点より之を決定せんとするが如きは、即ち水戸学派の見識の区々たる史的事実を超脱し、迥《はるか》に豁大なる処ある所以なり、水戸学派は蠢々たる世の煩瑣的史学家の如く、死せる史的事実に埋没せらるゝものにあらずして、死せる史的事実を民族の健全なる発展上に活用せんとするものなり、之れを要するに、水戸学派は王として史的事実の活用的方面に着眼せしものなり、若し史的事実の活用的方面を言へば国家的道徳の発揮の如き、殊に其重大なるものなり、……是れ亦東洋に特異なる一種の史的研究にして、其世教人心に裨益する所あるや疑なし、若し之を夫《そ》の零砕なる史的事実をのみ記憶するを以て一生の能事となし、何等の統一的認識もなく、何等の概括的見

解もなき、無精神没趣味の骨董的史学に比すれば、其優ること万々なるを知るべきなり(43)

ここには、国家道徳の立場に立つ歴史観の代表として水戸学が高く評価されていること、さらには、日露戦後における井上の変容を促した同時代史的背景として、いわゆる「南北朝正閏問題」などが大きなインパクトを与えていたらしいことが読みとれよう。

ただし、ここで井上が「歴史」に優越すると説いた「道徳」とは、あくまで「国家道徳」、つまり国体や皇室の尊崇に集約されるようなエートスのことであり、いわゆる個人主義的な道徳とは、まったく異質のものである。そしてこれ以降、井上の発言や思想史研究には、はっきりと国体論という基軸が定められることになった。もちろん国体論というその基軸は、井上の「現象即実在論」の哲学そのものから内在的には導き出せないはずの、超越的な規範観念であった。その意味で、井上にとって国体論という新しい基軸は、まさにイデオロギーという表現が相応しい、国家主義イデオローグならではの観念であったというべきだろう。

2．原理としての国体と国民道徳像の形成——『国民道徳概論』

国体の特殊性の弁証

この国体論という基軸は、井上のもう一つの代表作である『国民道徳概論』(一九一二年)にも同様に貫かれている。同書は、井上が小松原英太郎文相の命で「国民道徳概論」を中等教員講習会で講述したものを、一書にまとめ直して出版したものである。

そのタイトルが端的に語るように、同書は、単に井上国民道徳論の集大成としてのみならず、当時の「国民道徳論」を代表する一冊として、世に送り出された。当時、経済的不況による広範な社会不安とあいまって、思想界では個人主義や社会主義、自然主義の急速な広がりがみられ、政府は動揺する社会思潮への対応に追われていた。同書にも戊申詔書（一九〇八年）や大逆事件（一九一〇年）、三教会同（一九一二年）などへの言及がみられるが、そこには、明治末期の社会不安に対抗して国家秩序の強化・維持をめざす側にあった井上の立場が、よく表現されている。また、同書が出版されたタイミングも実に象徴的で、奥付によると、印刷されたのが明治天皇の死去の前日、そして発行されたのが、その死（大正改元）から二日後というタイミングであった。つまり同書は、偶然にも（？）明治の終わりと時を同じくして発表されたのであり、その意味で、立憲制確立期ごろからつづいてきた明治期国民道徳論の総まとめの一冊として、位置づけられる著作なのである。

『国民道徳概論』は附録も含めると五〇〇頁近い浩瀚な著作だが、内容はあまり複雑ではなく、その特徴も、次の二点に要約することができるだろう。一つは、同書では国民道徳の不動の原理として、「国体」とその特殊性が繰り返し強調されていることである。

たとえば、「日本の国民道徳の起つて来た重《ママ》もなる原因は、一種特色ある此国体であります」という井上は、日本がいったい他国にはないどのような特殊性を有しているのか、さまざまな例をあげながら弁証しようと努めている[44]。そして、国体の特殊性のなかで井上がもっとも重視しているのが、いわゆる「万世一系の皇統」である。井上にとってこの「万世一系の皇統」は、実態のない単なる観念ではもちろんない。それはまさに「国家成立の根本主義」ともいうべき、国家の正統性原理のもっとも重要な源泉であった。「国家成立の根本主義は万世一系の皇統——これが国体の基礎である。これが万事の根柢である。日本国家の成立つ所以は其処にあるのであります」（二七三頁）という断言を、井上は同書のなかで何度も繰り返している。

「総合家族制度」と「忠孝一致」

また井上は、国民道徳の「伝統」のなかから神道や武士道などをあげて論じているが、そのときとくに強調しているのが、「家族制度」と「忠孝一致」（忠孝一本）の道徳である。これが同書で注目すべき、もう一つの特徴である。「家族制度」については三章分の分量が割かれ、同書でもっとも力点が置かれているテーマである（第七章「家族制度と祖先崇拝」、第八章「家族制度と個人主義」、第九章「家族制度と社会主義」）。たとえば井上は、「個別家族制度」と「総合家族制度」という二つの概念を紹介しながら、「総合家族制度」を有する日本の家族制度の特殊性を、次のように説明している。

個別的家族制度と申しますのは、個々の家族が家族制度の組織をなして居るのを言ふ。総合家族制度といふのは、その個々の家族を引括めた一団体をなして、即ち一大家族をなして、その上に家長があつて、これを統率して行く所に総合家族制度が成立つ。日本に在つては、個々の家族制度が集つて一大家族制度をなして居る。その一大家族制度の家長として天皇が在らせられることは、丁度一つの家族に一つの家長が有るが如しであります。（二一二頁）

また井上は、日本の家族制度はいわゆる「家長制度」のことで西洋の「家庭主義」とは異なると指摘したり、社会主義の唱える「団体主義」も人間の生存にとって必要不可欠であることは認めながらも、それは日本の家族制度が有する「団体主義」とは違って空想的であることを批判するなど、日本の家族制度がいかに特異で優れたものであるかを語っている。

こうした日本固有の家族制度から生まれてきた国民道徳として井上が特筆するのが、「忠孝一致」の道徳であった。井上によれば、「忠孝一致」の国民道徳は、個別家族制度と総合家族制度の両方が「相合」している日本固有の国家組織を基礎として成立しているのであり、建国以来行なわれてきた、国民道徳の核心であった。一国の統率者である天皇への真心に極まる「忠」、そして親や祖先への情愛の道徳である「孝」。その「忠」と「孝」が、二つながらに対立せず一致することが、「決して他国にないといっても差支ない」、日本の国民道徳の精華なのである（二六八頁）。そしてこの「忠孝一致」の国民道徳が、日本国家存立の基礎としていかに重要であるかを、井上は次のように強調している。

さう云ふ忠孝一致は日本の国民道徳の粋である。進歩発展は永久に期すべき事であるが、それと共に矢張り忠孝一致を全うすべきである。なぜならば、これは実に大義名分の係る所であるからである。（二七三頁）

忠孝両立しない時には無論忠を取るが、日本に在つては忠孝は一致して相悖らぬものである。それは日本丈《だ》けしか無い。忠孝一本の国民道徳は、個別家族制度と、総合家族制度と、両方ある処で無ければ無い。さうして見ると、日本の特有なる国家組織といふものを能く解しなければ、日本の国民道徳を了解することは出来ない。日本には決して他国に無い特有なる社会組織のあるが為めに、この特有なる国民道徳が起つて来て居る。この国民道徳はこの社会組織を維持する為めに必要なるものであります。（二七四頁）

「国家」という大義

このような日本特殊性論は、今日からみれば客観的根拠のない軽薄な独善にすぎないかもしれない。しかし日露戦後における井上の国民道徳論の基本的立場は、必ずしもこのような国体論一色だけで塗り込められるものではなかった。というのは、一九一二年の『国民道徳概論』でも、日本固有の国体や民族的性格を基礎とし、その長所は残しながら、短所は西洋思想や普遍主義によって矯正・補足されるべきだという、それまでの主張は保持されていた（三〇四頁など）。つまり、国民道徳は世界的道徳と同一ではないが、両者は矛盾しないという自説に根拠があるのであって（差別即平等）、たとえば神道は人道主義に、あるいは武士道は個人主義にそれぞれ長所をとりながら、自らの短所を補って、世界的道徳と融合調和していくことが強く望まれるのである。

しかしそれでも、「万世一系の皇統」という国体の特殊性だけは、井上にとって揺るぎのない、「確乎不動」で「永遠不変」の原理なのであった（附録二七頁）。だから時代の要請に応じて批判的に改良できるのは、あくまでも神道や武士道、家族制度のあり方など、国民道徳の歴史的表象の領域に限られているのであって、「万世一系の皇統」という国体の特殊性は、どうしても変えられないし、変わるはずのないものであった。「この国体の基礎が永久不変である以上は、国民道徳の基礎も亦動揺する所のあらう筈がない。国民道徳を実行する仕方は時勢境遇の変化と共に変るけれども、併《しかし》ながら変らぬ方面が永遠に実在して居ると云ふことを自覚すべきであります」（附録二七頁）。

このような井上の主張を支えそれに正統性を与えたのは、「国民自衛」や「民族の存続発展」のためであるという、国家の大義にほかならなかった。そして、国民道徳の涵養と実践こそがその大役を担いうると訴えてはばからないところに、国家主義イデオローグとしての、井上の立場があったのである（三、三七二頁）。

おわりに

以上みてきたように、立憲制確立期に帝大教授となった井上は、「孝悌忠信」と「共同愛国」を国民道徳の二つの基軸として掲げ、国家が個人に優先することを強く訴える、若き国家主義イデオローグとして出発した。その背景には、欧米列強による植民地化への具体的危機状況があったが、たとえば内地雑居に強硬に反対するなど、この時期の井上は、排外的な態度において際立っていた。しかし、当面の植民地化の危機を免れた日清戦争後になると、井上のそれまでの排外的態度も、微妙に変化していく。西洋思想の長所はそれとして認めた上で、それを東洋（日本）思想に同化・融合するという志向へと、変わっていったのである。ただし、井上の関心はあくまでも西洋文明に対抗する原理の探究なのであって、それがこの時期、「現象即実在論」の哲学、そして「日本儒学三部作」の思想史研究として、結実することになった。

しかし日露戦後から明治末年になると、井上の国民道徳論ではそれまであまり目立たなかった「国体論」が、にわかに浮上してくる。「万世一系の皇統」や「総合家族制度」、そして「忠孝一致」の道徳の存在が、井上が強調するところの日本国体の特殊性であった。この時期にも西洋思想や普遍主義が完全に否定されることはなかったけれども、国家主義イデオローグとして井上が掲げた「確乎不動」で「永遠不変」の原理は、万世一系の皇統に象徴される日本国体の特殊性に求められるのであり、それこそが、すべての日本国民が拠るべき、国民道徳のもっとも重要な源泉なのであった。ここに、立憲制確立期に始まった井上の国民道徳論は、明治末年における国体論の前景化という事実をもって、ひとまずの結末を迎えることになったのである[45]。

最後に、本章では充分に論じることができなかった次の二つの問題に言及しながら、ここまでのまとめに代えたい。

一つは、国民道徳論のイデオローグとして井上が、個々の道徳（経験）をより包括的な共同性原理へと結びつけていくにあたって、説得的な理路や解釈をいかに提供すればよいかということを、一貫して腐心していることである。国民道徳がまさに国民統合の精神的紐帯であるためには、個人主義や個別の既成宗教をも、国民道徳の一部としてうまく包摂する必要があったのである(46)。

たとえば、先にみた『国民道徳概論』には「附録」として、読者からの質問とそれに対する井上の回答が掲載されているが、そのなかに次のような興味深い問答がある。明治末年当時の人格主義的思潮を反映してであろうか、「人格修養と国家主義との関係如何」を問う読者に対して、井上は次のように答えている。一個人が真面目に道徳を実行しようとする場合、たしかにすべての道徳が直接国家に関係を有するとはいえないこともある。しかし、「何う云ふ人でも国家以外に在ることは出来ない」。「国家の内に生長し、国家の内に活動し、国家の内に発展を遂げて」いる我々は、「国家を離れては人間としての目的を達すること不可能」なのである。そんな井上にとって、人格修養と国家主義は矛盾しないばかりか、「人格修養は国家の内に於てのみ成遂げ得られる」ものなのである(47)。

すべての道徳行為を国家に還元しようとするその態度は、まさに国民道徳論の権威として、面目躍如たるものがあるだろう。そして、このような国民道徳と個々の道徳のあいだには、葛藤・対立・妥協など相互にさまざまな関係性が生まれてくるはずで、そこにこそ、統治イデオロギーとしての国民道徳をめぐる、もっとも注目すべき社会的プロセスやダイナミズムがあるのだと考えたい（詳しくは本書第二章を参照）。

そしてもう一つ注目したいのが、近代的二元論とその克服という、井上も含めた近代日本の思想史に広くみることができる、興味深いテーマについてである。

以下の章でもふれるが、近代日本の知識人たちは、物質と精神、主観と客観など、二元的に分割された世界（観）をいかに再び統一するか、その論理や実践の探究を重要な課題とした。もちろん、彼らが語ろうとした具体的対象はそれぞれで異なるのだが、その論理を突き詰めていくと、やがて二元論の超克という共通のテーマに行きつくところに、おそらく近代日本の思想史を規定する、もっとも注目すべき特質がある。

ではなぜ、そうした主題が知識人たちのあいだで広く共有されたのか。それは別に明らかにされるべき、難しい問題であって、ここでこの問いに答える準備はない。ただ、たとえば前近代の思想史と比較してみるとき、近代的二元論のもつ歴史的性格は、よりはっきりとすることは確かだろう。そうした近代に固有の思惟を手がかりに、私たちは、「近代」とそこに生きる人間の生のあり方を問う、より根源的な視座を手に入れることができるはずである。ここではただ、「現象即実在論」をはじめとする井上の哲学や国民道徳論も、もっとも大枠では、この〝近代的二元論とその克服〟という主題の系譜に連なっている、その事実について確認しておきたい。

そしてこのとき重要となるのは、近代の思想家たちがいったいどのような「場所」でどのような二元論を発見・構想し、そのジレンマをいかに乗り越えようとしたのか、ということだろう。たとえば同じ二元論の統一というテーマでも、西田幾多郎や第Ⅱ部で検討する清沢満之の哲学は、井上のそれとはかなり性格を異にしている。西田や清沢の場合、その最大の関心の一つは人間における「悪」の問題であり、その「悪」の自覚から始まるはずの「宗教」の問題であった。

これに対して、すでにみたように井上の「現象即実在論」は、人々の生活世界と一部で境界を接するものの、そこからかなり離れた国家という次元で構想されたものであった。おそらくそのことが、井上の国民道徳論が人間の根源悪の問題という方向には向かわずに、（道徳の実践可能性を信じて疑わない）オプティミスティックな国家主義イデオロギーでありつづけたことの、もっとも本質的な理由だといえるのではなかろうか。

註

（1）もちろん、国民道徳は伝統的道徳とまったく切り離されてはいない。何の道徳的基盤もないところから新しい道徳を創造することは不可能だし、仮にそれができたとしても、その道徳がもつ道徳としての感化力や説得力は乏しいだろう。だから国民道徳を形成するにあたって、伝統的道徳の読みかえや再編の手続きが必要だった。ここで国民道徳は近代の歴史的産物であると主張するのも、そのことをふまえた上でのことである。

（2）井上哲次郎『懐旧録』春秋社松柏館、一九四三年。同『井上哲次郎自伝』冨山房、一九七三年。両著とも、島薗進・磯前順一編纂『井上哲次郎集』第八巻、クレス出版、二〇〇三年に所収。

（3）前掲井上『懐旧録』、一八四—一八五頁。

（4）前掲井上『井上哲次郎自伝』、四頁。

（5）前掲井上『懐旧録』、一九三—一九四頁。同『井上哲次郎自伝』、六—七頁。

（6）井上哲次郎『懐中雑記』一八八四—九二年。井上が留学中とその前後に記した日記『懐中雑記』は福井純子によって翻刻され、『東京大学史紀要』第一一号（一九九三年）と、同第一二号（一九九四年）に収められている。本章もこの翻刻版に拠った。

（7）井上哲次郎『内地雑居論』哲学書院、一八八九年、五—四四頁。

（8）井上哲次郎『内地雑居続論』哲学書院、一八九一年、三三、三八頁。

（9）同前、五—六頁。傍点は引用者。

（10）同前、「附録第二」、三二、三五頁。

（11）磯前順一「井上哲次郎の「比較宗教及東洋哲学」講義——明治二〇年代の宗教と哲学」二〇〇二年（『思想』九四二、岩波書店）〔磯前『近代日本の宗教言説とその系譜——宗教・国家・神道』岩波書店、二〇〇三年、第一部

第二章、八三、八五頁）。
(12)『懐中雑記』第一冊、一八八七年六月二六日条（前掲『東京大学史紀要』第一一号、四二頁）。
(13) 同前、一八八八年一月二八日条、一八八九年九月七日条（『東京大学史紀要』第一一号、四七頁、五八―五九頁）。
(14) 同前、一八八七年一月二二日条（「欲興新哲学」『東京大学史紀要』第一一号、三五頁）。また一八八八年六月一日条には、「此日、日本宗教史を編纂するの志を起す」とある（『東京大学史紀要』第一一号、四九頁）。
(15) 井上哲次郎『釈明教育勅語衍義』広文堂書店、一九四二年、二八五頁。
(16) 稲田正次『教育勅語成立過程の研究』講談社、一九七一年、三四〇頁。
(17) 前掲井上『釈明教育勅語衍義』、二八九頁。
(18) 稲田前掲書、三八五頁。なお、『勅語衍義』草稿に対して井上毅が寄せた修正意見について稲田正次は、冗長な哲次郎版に比べて井上毅の修正稿はきわめて簡潔なスタイルをとっていること、また哲次郎版には立憲主義や自由主義の考えもある程度反映されているが、井上毅版ではその部分が削除されていることを指摘している。そして井上毅が文部大臣であった一八九三年、『勅語衍義』を内容高尚にすぎるとして、高等小学校生徒用、尋常小学校教師用としては検定不合格とした点にも注目して、稲田は、井上毅が『勅語衍義』の内容に相当不満をもっていたらしいとみている（稲田前掲書、三三九―三四一頁参照）。
ちなみに井上毅から示された修正稿について、哲次郎は後年、「井上毅氏は自分ならばモツト簡単な註解にするであらうと云つて約十枚ばかりの見本を作つて見せたが何うもそれは形式的のもので一向精神の躍動してゐない文章であつたから自分一見して顧みなかつた」と、語っている（前掲井上『釈明教育勅語衍義』、二八八頁）。
(19) 井上哲次郎『勅語衍義』上、一八九一年、「自序」一丁裏―二丁裏。傍点は引用者。
(20) 同前、「自序」三丁表。傍点は引用者。
(21) 井上哲次郎『勅語衍義』下、一八九一年、四丁裏。
(22) 同前、一八丁。傍点は引用者。
(23) 井上哲次郎「日本文学の過去及び将来」一八九五年（『帝国文学』一月―三月）。『巽軒論文初集』冨山房、一八九九年、一一三―一一四頁。

(24) 井上の「現象即実在論」を主題とする研究は多くないが、代表的なものとして船山信一や渡部清による研究がある。船山信一『日本の観念論者』英宝社、一九五六年（船山信一著作集第八巻、こぶし書房、一九九八年）、とくに第三章。同『増補　明治哲学史研究』ミネルヴァ書房、一九六五年（船山信一著作集第六巻、こぶし書房、一九九九年）。渡部清「井上哲次郎における「現象即実在論」の仏教哲学的構造について」一九九七年（『哲学科紀要』第二三号、上智大学）。同「井上哲次郎の哲学体系と仏教の哲理」一九九九年（『哲学科紀要』第二五号、上智大学）。

(25) 井上哲次郎「現象即実在論の要領」一八九七年（『哲学雑誌』一二三号、三七九頁）。

(26) 煩瑣に渉ることを避けて、ここでは井上「現象即実在論」の主張内容について詳細な検討は省略するが、その内容はおおむね次の三点に要約可能なものである。

（一）人生には「実在」の観念が必要である。これがなければ人生の満足や安心立命は得られない。

（二）現象と実在の区別は、同一の世界を「論理的抽象」によって截断したものにすぎない。世界は「一如的実在」として、一元的に理解されなければならない（主観―客観、現象―実在の対合）。

（三）「現象即実在」の哲学はそのように世界を「正確」に解釈することで、円満な世界観を建設しようとする試みである。その営みは宗教と似ているが、宗教は「実在」を人格的に理解する場合が多く、哲学である「現象即実在論」とはその点で大きく異なる。

なお「現象即実在論」についての基本史料は、以下の三つを参照。井上哲次郎「我世界観の一塵」一八九四年（『哲学雑誌』八九号）、同「現象即実在論の要領」一八九七年（『哲学雑誌』一二三・一二四号）、同「認識と実在との関係」一九〇一年（『巽軒論文二集』冨山房、一九〇一年）。

(27) 前掲井上「認識と実在との関係」一四七頁、二〇二頁。なお井上はこうした「実在」の観念について、我々はそれを内部で「直観」することはできるが、「認識」することはできないといい、仏教でいうところの「一如」と同様のものであると説明している。同一六一頁、二二〇―二二一頁。

(28) 同前、二〇三頁。井上哲次郎「現象即実在論の要領」一八九七年（『哲学雑誌』一二四号、五一〇頁）。

(29) 井上哲次郎「宗教の将来に関する意見」一八九九年（『哲学雑誌』一五四号）。『巽軒博士倫理的宗教論批評集』

第一輯、金港堂、一九〇二年に所収、一〇―一八頁（復刻版は、「日本教育史基本文献・史料叢書」二〇、大空社、一九九三年）。

(30) 前掲井上「認識と実在との関係」、二一四―二一五頁。

(31) 井上哲次郎「東洋の哲学思想に就て」一八九四年（『日本大家論集』六。『井上哲次郎集』第九巻、クレス出版、二〇〇三年に所収）。

(32) 前掲井上「宗教の将来に関する意見」、一八頁。

(33) ただし井上は、「哲学は学者の宗教にして、宗教は俗人の哲学なり」というように、知識人には「哲学」があれば充分だが、社会がどれだけ進歩しても「無学不識」の人民は絶えないはずで、そんな彼らのためには、「宗教」も必要悪だと考えていたようである。それは、第Ⅱ部でみる清沢満之やあるいは西田幾多郎の哲学のように、「宗教」こそが哲学の根本課題だと考える立場とは、ほとんど対極的な立場であった。前掲井上「認識と実在との関係」、二三五頁。

(34) 井上哲次郎「独立自尊主義の道徳を論ず」一九〇〇年六月（『哲学雑誌』一五巻一六〇号）。前掲『巽軒論文二集』所収、八〇頁。

(35) 関口すみ子『国民道徳とジェンダー――福沢諭吉・井上哲次郎・和辻哲郎』東京大学出版会、二〇〇七年、一四三―一五〇頁を参照。

(36) 井上の日本思想史研究と「日本儒学三部作」については、以下の研究も参照した。前掲磯前『近代日本の宗教言説とその系譜』、第一部第二章。大島晃「井上哲次郎の「性善悪論」の立場――「東洋哲学」研究の端緒」一九九三年（『ソフィア』一六八号）。同「井上哲次郎の「東洋哲学史」研究」一九九六年（『ソフィア』一七九号）。同「井上哲次郎の「東洋哲学史」研究と『日本陽明学派之哲学』」一九九七年（『陽明学』九、二松学舎大学）。このうち磯前は、明治一〇年代から四〇年代にかけて井上の東洋哲学史・日本哲学史研究が形成されていく過程を、「日本のナショナリティの確立の問題」という観点から描いている。

(37) 井上哲次郎『日本陽明学派之哲学』冨山房、一九〇〇年、五一二頁。

(38) 井上哲次郎『日本朱子学派之哲学』冨山房、一九〇五年、「序」二頁、五九八、六〇一頁。

(39) 井上哲次郎『日本古学派之哲学』冨山房、一九〇二年、六二〇―六二一頁。

(40) ところで、「自然」と「作為」、そして徂徠とホッブズとくれば、どうしても私たちは丸山眞男の有名な『日本政治思想史研究』(一九五二年)の議論を想起してしまう。実際に、同書で丸山は井上の三部作から適宜引用しており、井上の研究を少なからず参照していたことは間違いない。ただし、自他ともに認める福沢派であった丸山は、徂徠の「功利主義」を井上よりも高く評価する立場から、いわば井上「三部作」のモチーフをひっくり返すようなかたちで、日本思想史を構想しているといえよう。たとえば、朱子学の評価をめぐって、丸山の次のようなコメントを参照。「この点でも朱子学をあまりに近代的に、例えば井上哲次郎博士のように独逸理想主義哲学と類比させて考えることは多分に問題であって、むしろ超越性と内在性、実体性と原理性が即自的《アンジヒ》に(無媒介に)結合されているところに朱子哲学の特徴が見出されるのではなかろうか」(丸山眞男『日本政治思想史研究』東京大学出版会、一九五二年、二二―二三頁)。

(41) 前掲井上『日本朱子学派之哲学』、二一八―二一九頁。

(42) 前掲井上『日本古学派之哲学』、三〇一―三〇三頁。

(43) 前掲井上『日本朱子学派之哲学』、五九三―五九四頁。傍点は引用者。

(44) 井上哲次郎『国民道徳概論』三省堂書店、一九一二年、三四頁(『井上哲次郎集』第二巻、クレス出版、二〇〇三年)。

(45) ここで、近年注目される昆野伸幸の〈皇国史観〉研究について、本章の立場から簡単なコメントを試みることにしたい。昆野の代表作である『近代日本の国体論――〈皇国史観〉再考』(ぺりかん社、二〇〇八年)は、「昭和一〇年代における国体論の相剋」という興味深い事実を手がかりに、大正・昭和期における大川周明や平泉澄らの歴史観を通して、これまでともすれば一枚岩的にみられがちであった国体論について、その内部に存在していた「質的相違」や、国体論そのものの変容過程を明らかにしようと試みた労作である。

他方で、本章での私の関心は、近代日本の統治イデオロギーである国民道徳論やその主体形成の論理において、国体論がどのように中心を占めるようになったかということにあるから、氏と私の関心は、必ずしも一致しているわけではない。しかし、昆野の〈皇国史観〉研究の一つのポイントは、明治以来の国体論を「伝統的国体論」と総称し、他方で大正期に台頭し昭和期に再編された（と氏が考える）国体論を「新しい国体論」と呼びながら、両者を厳密に区別した上で、新旧二つの国体論の対抗関係を明らかにするところにある。このとき興味深いのは、昆野がいう「伝統的国体論」という分析概念についてであり、それをどのように評価するかが、明治期の国民道徳論を主題とする本章にとっても、一つの重要な論点となるはずである。そして結論からいえば、井上哲次郎の国民道徳論の歴史過程を検討した本章の立場からすれば、昆野の〝「伝統的国体論」対「新しい国体論」〟という議論はやや図式的すぎて、とくに「伝統的国体論」という分析概念は、歴史の実態をあまり正確に映したものではないように思う。

たとえば、昆野は明治期の「伝統的国体論」の特徴を、「神代に根拠をおいた天皇統治の正統性、不変性・一貫性を尊ぶ時間意識、天皇と国民との自然的関係（自然的「日本人」観）」という三点にまとめている（三一七頁）。昆野のねらいは、これにつづく大正・昭和期の「新しい国体論」が、国民の「主体性」や「意志的「日本人」観」を強調する立場に転回していった事実を、「伝統的国体論」との対比において描き出すことにある。しかし、ここで昆野があげた「伝統的国体論」の特徴は、はたして氏がそう理解するように、明治期の国体論一般に共通して認められる特徴だったといえるのか、疑問がある。もちろん、明治期には国学あるいは水戸学的な国体論も存在していたが、たとえば教育勅語の起草をめぐって、それこそ伝統的な仁義忠孝の徳育を主張する元田永孚《ながざね》の意見が、近代合理派の井上毅によって周到に回避されつづけた有名なエピソードが物語るように、そうした復古的な国体論は、少なくとも立憲制確立期の明治政府において、正統イデオロギーとしての位置を占めることはできなかった（森川輝紀『教育勅語への道——教育の政治史』三元社、一九九〇年）。

また、日露戦後に国体論を基軸とするようになった井上哲次郎の国民道徳論も、昆野があげるような「伝統的国体論」の三つの特徴と、必ずしも一致するものではない。むしろ、明治期を通じて井上は、国民道徳の不足部分を倫理学説や世界的道徳によって批判的に補完する必要があることを、一貫して主張しているのである。そうした井上の立場は、国民の主体形成を積極的に促し志向するもので、決して「人為・作為の要素を排除し、自然性に徹する」（昆野一一五頁）といった類の国体論ではない。

つまり、昆野のいう「伝統的国体論」とは、少なくとも一八世紀から明治末年まで一貫したものとしてあるのではなく、日露戦争などいくつかの画期を間にはさんで出現したイデオロギー状況の産物として、歴史的に理解される必要があるのではないか。本章の議論は必ずしも〈皇国史観〉を主題とした昆野の議論と直接つながるわけではないが、氏が描き出してみせたダイナミックな国体論の展開史に対して、明治思想史研究の立場から何ほどかの補足あるいはアンチテーゼを提示することも可能だと考え、以上のことをとくに書き添えておきたい。

(46)　井上が既成宗教の統合をめざして唱えた「倫理的宗教」論と、その結果起こった「第二次教育と宗教衝突」論争については、次章を参照。

(47)　前掲井上『国民道徳概論』「附録」、八四―八六頁。

第二章　一九〇〇年前後日本における国民道徳論のイデオロギー構造

――井上哲次郎と二つの「教育と宗教」論争にみる――

はじめに

忠孝・仁義・勤勉・信義・愛国などは、近代日本の国民が遵奉を求められた国民道徳のうち、とくに中心的な徳目であった。為政者にとって、国家統合の精神的紐帯となる国民道徳の創出は、維新以来最大関心事の一つであった。国民統合の試みとしては、明治初年の神道国教化政策などがその早い例としてあげられるが、国民道徳が公的に初めて体系化されて示されたのは、一八九〇年の教育勅語においてであった。

そして勅語発布後の一八九二年から始まった「教育と宗教の衝突」論争は、教育勅語への礼拝を拒否したキリスト教徒の内村鑑三が教員辞職を余儀なくされた「不敬事件」とともに、近代天皇制国家イデオロギーの強権的性格を物語るものとしてしばしば引証される、象徴的な事件である。たとえば生松敬三によれば、「衝突」論争とは、「天皇制国家日本において信教の自由・思想の自由というものがどのようなものでしかありえないかというその原型が、この論争を通じて明らかにされ、「教育勅語」に示された国民教化・臣民教育の基本線なるものがここにはじめて現実的・具体的に明確化されたということによって、ひろくこれ以後の近代日本の思想的動向をも予示し、決定するきわめて重大な意義をもつ事件」だったということになる(1)。

だがここで留意したいのは、たしかに「衝突」論争は「国民教化・臣民教育の基本線」を象徴する事件であるが、しかし「衝突」論争をそのように評価するだけでは、未だ近代日本におけるイデオロギー支配の半面しか理解できないだろう、ということである。後にみるように、支配イデオロギーによる上からの一方的な「強制」だけでは、国民国家を効果的に統合し、その統治を安定的に持続させることはできない、ということに注意する必要がある。支配を有効に遂行するためには、さまざまな社会集団からの「同意」の調達が不可欠であって、そのときはじめて支配権力のイデオロギー的統合はいっそう有効となる。「国民教化・臣民教育の基本線」も同じく、そうした支配の両義的性格に注目しながら解明する必要があるだろう。

本章は、以上のことを念頭に、教育勅語から本格的に出発した国民道徳論の歴史過程に内在しながら、そのイデオロギー構造の全体性に接近しようとするひとつの試みである。その手がかりとしてここでは、「衝突」論争後の一九〇〇年前後に思想界で広く行なわれた「教育と宗教」をめぐる論争を取り上げてみたい。

この論争は、教育勅語公布から一〇年、日清・日露戦間期の資本主義の昂進や条約改正による内地雑居の開始など、内外をとりまく急速な近代化のなかで説得力を失いつつあった教育勅語の道徳を、いかに再構成すればよいかという、国民道徳の危機を背景としていた。そして論争は、『勅語衍義』の著者として教育勅語の権威的解説者の地位にあった帝大教授の井上哲次郎と、宗教者・学者・ジャーナリストらのあいだで行なわれ、「第二次教育と宗教衝突」事件とも呼ばれている(2)。第二次論争は規模としては一八九二年の「衝突」論争に及ばないが、それでも論争参加者約二五名、関係資料は単行本・雑誌論文・記事のみで五〇点以上を数えている。

本章では、第一次「衝突」論争だけではなく二つの論争をあわせてみることによって、国民道徳論のイデオロギー構造をより全体的・歴史内在的に理解することをめざしたい。概略をいえば、第一に、「衝突」論争時の井上哲次郎がキリスト教を排除することによって排他的な道徳的統合をめざしたとすれば、第一次論争時の井上は、そのキリスト教をも包摂する形での統合を模索した。井上が案出したのは、諸宗教を「倫理的宗教」として統一する、個別宗教の一般化・抽象化という方法であった。この志向性は、一〇年前の「衝突」論争における井上の国民道徳論から、明らかに変化している。その変化の意味を問うことは、国民道徳論のダイナミズムに接近するための有効な手がかりとなるだろう。

しかし井上の「倫理的宗教」は、既成宗教の歴史的現実をほとんど無視した主張だとして、宗教者や知識人から多くの批判をまねいた。キリスト教のみと対立した「衝突」論争に対して、第二次論争ではほとんどすべての既成宗教とぶつかることになった。これが第二の特徴である。このあいだの対立点の変化に、国民道徳論の複雑な社会的プロセスやイデオロギー構造を読み解くための鍵があるのではないか。総じていえば、統一的な国民道徳構築のためにはさまざまな社会集団との「同意」形成が不可欠だったが、それは容易なことではなく、実際にはさまざまな社会集団の「歴史的特殊性」や「私的道徳」とのあいだに葛藤をはらんでいた。本章でみる二つの論争は、近代日本の国民道徳論が決して静的《スタティック》なものではありえず、同意と強制のあいだで常に舵取りしながら、広く国民を包含する統一的な道徳の構築にむけて進んでいかなければならなかった事情をよく伝えているのである。

一　井上哲次郎の「倫理的宗教」――一九〇〇年前後の国民道徳論

教育勅語と井上哲次郎

一八九〇年に発布された教育勅語は、中段で「父母ニ孝ニ、兄弟ニ友ニ、夫婦相和シ、朋友相信シ」から始まり

「一旦緩急アレバ、義勇公ニ奉ジ、以テ天壌無窮ノ皇運ヲ扶翼スベシ」にいたる国民の守るべき徳目を列挙し、それらを記紀神話にさかのぼる肇国以来の「国体ノ精華」や「皇祖皇宗ノ遺訓」と結びつけながら規範とする、国民道徳の聖典であった。そしてそれらの徳目は、伊藤博文や起草の中心にあった井上毅によって、特定の学派や宗派に偏った内容にしない、つまり勅語がより包括的な道徳になるようとくに注意がはらわれたことはよく知られている。それは帝国憲法に定める「信教ノ自由」の規定とも通底していた。

この教育勅語のもっとも権威ある解説書『勅語衍義』の著者として知られたのが、井上哲次郎であった。第一章でもみたように、井上は観念論を中心とするドイツ哲学を専攻し、ドイツ留学から帰国直後、日本人として初めて帝大哲学科の教授に任じられたばかりの新進の学者だった。彼は教育や国民道徳の問題にも強い関心をもっていたため勅語の解説者に選ばれた。『勅語衍義』（一八九一年）は、執筆にあたって中村正直・加藤弘之・井上毅らの意見を聞き、芳川顕正文相の序文をもらい、内大臣を経て「天覧」に供された上で刊行された(3)。井上はまさに、教育勅語の公式イデオローグとしての位置にあったのである。

「教育と宗教の衝突」論争

このころ井上哲次郎がとっていた国民道徳論の立場は、一八九二年に始まった「教育と宗教の衝突」論争でいかんなく発揮されている。「内村鑑三不敬事件」でキリスト教に対する社会の攻撃が高まるなか、井上は雑誌『教育時論』に「教育と宗教の衝突」を連載し、教育勅語の権威としての立場からキリスト教批判に理論的根拠を与えようとした。当時、内村の事件のほかに、熊本英学校事件や山鹿高等小学校事件など各地でキリスト教をめぐるさまざまな「不敬事件」がフレームアップされたが、井上はそれら虚実入り交じった不敬報道をならべたてながら、

「内村氏が此の如き不敬事件を演ぜしハ、全く其耶蘇教の信者たるに因由すること亦疑なきなり」と、事件の原因をキリスト教信仰一般に帰納しようとした(4)。井上は帝国憲法第二八条を引きながら、「日本の臣民たるものハ、皆均しく信教の自由を有すと雖も、亦制限のあるあり何ぞや、第一には社会の安寧秩序を妨げざる事、第二は臣民たるの義務に背かざる事是れなり」と「信仰の自由」の「境界」を確認しつつ、「然るに耶蘇教徒は果して毫も社会の安寧秩序を妨ぐる傾向なきか、又臣民たるの義務に背く傾向なきか」とキリスト教を非難したのである（六八―六九頁）。

さらに井上はキリスト教の信仰を取り上げ、勅語道徳と「衝突」するところを数点指摘する。そのうち井上がもっとも強調したのが、教育勅語は国家主義であるのにキリスト教は世界主義であって国家主義ではない、という点であった。井上は、一家の孝悌が一村、一郷、そして共同愛国へと推及していく勅語道徳にふれ、その「主意」は「国家主義」にこそあるとみていた（七〇頁）。また井上にとって教育勅語は、「元来日本に行はるゝ所の普通の実践倫理を文章にしたるもの」にほかならなかった。これは教育勅語の歴史性を捨象して自然化しようとするイデオロギー的言説というべきものだが、そうした言説のなかで、「徹頭徹尾国家主義」である勅語道徳に対してキリスト教は国家の観念に乏しい「非国家主義」だと批判されるのである（七五頁）。

井上の論説は多くの新聞・雑誌に転載されて大きな反響を呼び、各地でキリスト教徒の迫害事件に発展していった。キリスト教は応戦に力を尽くし一年におよぶ論争となったが、内村をはじめ彼らの主張はおおむね、キリスト教も国体に背反しないという仕方での防戦であった。このように一八九二年に始まる「衝突」論争は、キリスト教を名指しして反国家主義的宗教と認定し批判することで、排他的な道徳的統合がすすめられたことを物語る事件であった。そして井上の勅語解釈は、当時の国民道徳論のオーソドキシーとしての役割を果たしたのである。

しかし井上の国民道徳論は、たとえば大西祝やキリスト教徒の植村正久・柏木義円たちから「陋俗なる国家主義者国粋論者」の偏狭な愛国論と批判されたように、まったく一枚岩的な支持を得ていたわけではなかった(5)。たとえば柏木は、もし井上のいうように教育勅語が国家を唯一の中心とし、人の良心や理性は何の権威もない「国家の奴隷」や「国家の機械」にすぎないと説くのなら、そんな勅語は「非立憲的の勅語」であると言い放ち、勅語が謳《うた》う普遍価値的側面を捉えて逆照射しながら、井上の国民道徳論の恣意性を反撃している(6)。もちろん柏木は教育勅語そのものではなく井上の道徳論を批判したのであったが、井上の立場からすればそれは、「衝突」を言挙げしながら排他的にめざした画一的国民道徳の構想を脅かすものであっただろう(7)。

日清戦後の国民道徳論をめぐる環境

「衝突」論争の余燼冷めやらぬなか、一八九四年に日清戦争が始まる。日清戦争をあいだにはさむ日本社会の変容とともに、国民道徳論をめぐる環境も変化していった。戦後の産業革命の進行、資本主義的発展のなか、体制内からも教育勅語の絶対主義的性格（解釈）に対する批判的意見があらわれてきた。それまでの国民道徳論のあり方が、問い直されることになったのである。

たとえば第二次伊藤内閣の西園寺公望文相は、「第二十世紀ノ国民」を育成して「国光ヲ宣揚シ文明ヲ誇称」しなければならない今日、「尚ホ東洋ノ陋習ニ恋々シ之ヲ改ムルニ憚ルノ徒」が「偏局卑屈ノ見解ヲ以テ忠孝ヲ説」いて人生の模範としていることを批判し、時代に即応した世界主義道徳の必要を訴えている(8)。西園寺は勅語の改訂を天皇に内奏するにまで及んだが、それは勅語が「不磨の大典」として発布されたわずか五年後、一八九五年のことであった。

そのほか、条約改正に伴って一八九九年七月から実施されることになった内地雑居の政治日程も、国民道徳論にさまざまな影響を及ぼした。政府は、内地居住の自由を認めればキリスト教がこれまで以上の勢いで流入してくることをみこして、一八九九年八月、教育と宗教の分離に関する訓令を出した（文部省訓令一二号、いわゆる宗教教育禁止訓令）。「一般の教育をして宗教の外に特立せしむるは学政上最必要とす」という教育における政教分離の徹底によって、教科課程外であっても宗教上の教育や儀式は禁じられたのである。(9) この訓令は表向きには雑居後の宗教間対立を予防するための措置だったが、実際には多くキリスト教系の学校に対する圧力として働いた。

さらに政府は内地雑居開始にあたり、外国人の信教問題もカバーする、教派神道・仏教・キリスト教各宗共通の統一的な宗教法の制定をめざし、一八九九年一二月「宗教法案」として議会に提出した。しかしこの宗教法案は、仏教勢力の猛烈な反対運動をまねいた。ほとんどの仏教教団が宗派横断的に連帯して全国の信徒を動員し、各種有志団体も加わって反宗教法案の一大キャンペーンを張ったのである。

その背景には、仏教勢力が幕末維新以来となえてきた「外教防禦」（キリスト教排撃）や「護国顕正」という彼らの存在理由《レゾンデートル》が内地雑居の実現によって脅かされたこと、そしていま一つに、明治二〇年代から急速に拡大してきた「仏教公認教運動」、つまり仏教を特別に公認の宗教法人団体に指定して他宗教よりも手厚い保護が受けられるよう国家に求める運動が、各宗横並びで統一的な宗教法案の提出によって危機をむかえたこと、などがあったと考えられる。そして宗教法案は結局、仏教勢力の頑強でねばり強い反対運動もあって、貴族院で政府案が否決されるという「異例」の結果に終わった。(10)

「衝突」論から「倫理的宗教」の構想へ――内地雑居時代の国民道徳

以上のように、日清戦後の国民道徳とその主要な構成契機である教育と宗教の関係は、急速な資本主義化やグローバル化の進行のなかで、ともに不安定なゆらぎの過程にあった。かつて「衝突」論を唱えてキリスト教を攻撃した井上哲次郎も、条約改正後にキリスト教だけを道徳論的に排除することはできなかったし、もはやそのような排他的な方法で統一的な国民道徳を構築することはとても不可能だった。こうした状況のなかで井上は、「衝突」論から歩を進めて、内地雑居時代に対応した新たな国民道徳を構想する必要にせまられていたのである。

改正条約の実施から三か月後の一八九九年一〇月二五日、井上は哲学会で「宗教の将来に関する意見」と題する講演を行なった。この講演は同年末、哲学会の機関誌である『哲学雑誌』に論文として掲載されさまざまな世評を喚起したが、そこには井上の構想する新たな国民道徳論が詳しく述べられている[11]。

まず冒頭で井上は、国民道徳がかかえる次のようなジレンマをあげる。教育と宗教は衝突するものだから、必ず分離すべきものである。だが、教育と宗教の分離の結果、今度は「人をして行はしむべき徳育の基本を失」うことになってしまった。これは教育上「一の欠陥」である（五頁）。しかしだからといって、国民道徳の動機づけを衰退しつつある既成宗教にもはや求めることはできない――。これはある意味で、当時の道徳一般をめぐる無規制状《アノミー》況を率直かつ的確に指摘した、注目すべき発言である。しかし井上の場合、そうした客観的状況の指摘は、道徳についての政治的実践と不可分であった。つまりジレンマを解決するためには、教育と衝突しない宗教、または既成宗教の代わりに徳育の基本を担うことができる新しい宗教を構想しなければならない、という方向に井上は話を進めていくのである。

そこで井上は新しい宗教の構想のために、これまでの既成宗教の「長所短所」を順に検討していく。興味深いのは、「衝突」論争時に井上の批判を免れてともにキリスト教攻撃の片棒をかついだ仏教が、ここではその厭世観・禁欲主義が短所として井上から批判され、逆にキリスト教は、西洋文明の宗教であり、誰でも理解しやすいような教義をもつため社会一般に普及しやすく、厭世禁欲の風も仏教に比べたら健全であると評価を与えられていることである（五―八頁）。これは「衝突」論の井上と比べて大きな変化だが、もちろん井上のねらいはキリスト教の再評価にあるのではない。キリスト教にもみるべきところはあるとしながら、やはり「古代より伝承せる祖先教の精神によりて催進」されてきた日本では唯一神信仰は「自家撞着に陥る」しかないのだから、キリスト教は日本民族に適さないだろうと結論している（八頁）。井上の真のねらいは、既成宗教が担ってきた人心の道徳的涵養の機能に注目しながら、今やそのどれもが国民道徳としては不完全で満足できなくなったことを示し、別に国民道徳の基礎たりうる新しい宗教の必要を訴えることにあった。

そこで井上がもちだしてきたのが、「倫理的宗教」という構想である。「倫理的宗教」は動揺する国民道徳を再構成するために井上が考案した宗教概念であったが、それはどのようなものだったか。以下、井上の説明にしたがってみてみよう。

まず井上は、「今の諸宗教が如何に相互に異なれりとするも、其実在の観念を本として建設され居るといふ一点に至りては、一なり」といい、どの宗教も何らかの「実在」の観念を基礎にもっていることに注意をうながす（一一頁）。「実在」の観念にはさまざまな形態があるが、井上はそのうち倫理的実在こそ、宗教にとってもっとも普遍的であり、「各宗教の根柢に於ける契合点」だと主張した。たとえば「婆羅門教と云ひ、仏教と云ひ、基督教と云ひ、儒教と云ひ、皆人天合一を期するもの」で、どれも「倫理の根柢を我方寸の中に立つる」ことをめざすものだという（一七―一八頁）。

ところで井上はなぜ、倫理的実在の観念を諸宗教の「契合点」として重視するのか。それは、そもそも国民道徳論者井上にとって宗教の存在価値とは「世道人心を裨補するの一点」にあり、宗教が人心に倫理的規範を与えることができるという機能こそ重要だったからである（一八頁）。ただしいうまでもなく、井上のいう倫理は勅語道徳と矛盾しないものであって、「契合点」としての倫理的実在は、各宗教の固有性を脱歴史化・抽象化したところに求められたのである。そのことはまた、「衝突」を回避しながら諸宗教をうまく包摂する統一的な国民道徳を構築するにはどうすればよいか模索していた井上の、一つの回答でもあった。

さらに井上は、「倫理的宗教」が個人の精神にとってどのような「効力」や福利があるか、説明している。そもそも井上は倫理学について、それは単に客観的な研究または対象知にとどまるべき学科ではないと考えていた。「人類の道徳的行為を対象とする学科を倫理学とす、倫理学は単に知ると云ふことの学科にあらずして、又行ふと云ふことの学科なり、即ち道徳の何たるかを知ることを期するのみならず、又如何にせば道徳を行ひ得べきかを示すものなり」（一八頁）。また井上は、「倫理学は人的行為の目的及び之れに達すべき方法の学」であって、そこが自然現象を対象として研究する自然科学とはちがう点だといいきる。ここには、哲学者であり国民道徳論者である井上の実践へのこだわりと自負をうかがうことができる。そんな井上にとって「倫理的宗教」も、単なる学知にとどまることなく、それがある人の「心の内に感ずる所」となって「意思を誘起し、発して一切の道徳的行為となる」とき、はじめて国民道徳として意味をなすものとなるのである。

井上によれば、「倫理的宗教」を取り入れることは国民の精神にとって次のような意味がある。それは、倫理的実在という「無限の大我より来たる声」によって自己を規定すれば、その人は必ず「内外一致」の悩みなき状態、そして「八面玲瓏の境界」に達することができるというのである。

若し此内に感ずる所〔倫理的実在、大我〕を本として己れが行為を規定せば、必ず、内外一致の結果を来たし、一切の外物は己れを中心として旋転するの感なくんばあらず、此の如くなれば外界の利害得失の如きは、総べて大空を度《わた》る浮雲と異なることなきなり、此の如くなれば己れが為す所己れが感ずる所と調和し、始めて自己充足Sebrstbefriedigungを得て、寂然不動、如何なる事変に遭遇するも、雲烟過眼に外ならず、……己れが為す所をして己れが感ずる所に合一せしめ、始めて何等の自家撞着もなく、遂に八面玲瓏の境界に達するを得ん、(二一〇頁)

ここで井上がいっていることは、世界を主観と客観（または主体と客体）の二元に分裂したものとみながら、それらをどのようにすれば統一することができるのか、またそのユートピアはどのような姿をしているのかという、近代のとくに知識人が強い関心をもって問いつづけたテーマに連なるものといえるだろう。(12) たとえば同時代、真宗大谷派の清沢満之は「精神主義」という言葉で、同様のテーマを追求している。その意味で井上の「倫理的宗教」は、必ずしも時代から遊離した特殊なイデオロギーではない。

ただ、井上の「倫理的宗教」は、（少なくとも井上の主観では）それが統一的な国民道徳たりうるところに正統性の根拠があるのであって、そこに清沢の「精神主義」とは明確な区別や種差があるはずだった。「一切宗教の形体を離れて、我教育現今の欠陥を充たすべきもの」は、「倫理的宗教」をおいて「他に求むべきにあらざるなり」というのが、井上の立場なのである（二一三頁）。

そのような井上にいわせれば、「兎に角、宗教の歴史的特殊性は一日も早く打破すべきもの」であった。「之れを打破し了らざれば、其変形せる普遍的の宗教を発揮すること能はざるなり」という理由からである（二一八頁）。そして、そうした井上の主張を支えていたのは、「一切の歴史的宗教は日に月に勢力を失ひつ、ある」という、「世界の大勢」が示すところの「現実」であった（二五頁）。たしかに、資本主義と世俗化が同時的に亢進《こうしん》する客観的状況のなかで、歴史的宗教が勢力を失いつつあるという井上の観察は一面で当たっていた。だが、宗教法案をめぐる仏教勢力の反対運動ひとつをとってみても、既成宗教が依然として社会的勢力を保っていたことは明らかだし、たとえ相対的に衰退していたとしても、それが既成宗教を打破すべき理由づけになるはずはなかった。つまり井上のいう「現実」は、「倫理的宗教」という彼の構想する国民道徳＝イデオロギーを自然化するためにとくにもちだされた「現実」とみるべきだろう。そして「倫理的宗教」に対する批判は、井上が自然化・抽象化しようとしてもしきれなかった、既成宗教をはじめとする歴史的現実の領野から立ちのぼってくるのである。

二　「倫理的宗教」への批判と応酬――「教育と宗教」第二次論争

「倫理的宗教」批判の諸相

井上哲次郎が「倫理的宗教」として構想した国民道徳論は、『教育公報』『教育実験界』など教育関係の雑誌をはじめ、一般の新聞雑誌にも掲載・紹介されてさまざまな反響を呼んだ。そのうち主なものを集めた『巽軒博士倫理的宗教論批評集』には、哲学者・キリスト教徒・仏教徒またはフランスのレビュー誌など、井上の「倫理的宗教」に関する二一の批評論文・記事が収録されている。[13] その他本件に関する資料は前述のように単行本・雑誌論文・記事だけで五〇点以上にのぼっており、井上の「倫理的宗教」がいかに広範にわたる注目を集めたか知られよう。なかには井上に賛意を示すものもあったが、反響のほとんどは「倫理的宗教」への批判を試みようとするものだった。

対する井上も批判に応酬しながら、「倫理的宗教」が国民道徳論として説得的により広範な支持を取り付けることができるように、自説を修正していかなければならなかった。こうして井上の投じた一石は、一九〇〇年から一九〇二年半ばにかけて、ふたたび国民道徳または「教育と宗教」をめぐる論争を引き起こしたのである。

井上の「倫理的宗教」に向けられた批判にはさまざまなものがあった。たとえば、『毎日新聞』の松野翠は、井上が「倫理的宗教」を「日本主義」と調和させようと苦心していることの矛盾をついた。[14] 井上は先にみた「宗教の将来に関する意見」（一八九九年）のおわりに、「倫理的宗教」と「日本主義」は「決して衝突することなし」と念をおしていた（二九頁）。これは、かつて井上が内村たちキリスト教徒を教育勅語の国家主義と「衝突」する世界主義であると攻撃したときの論拠に関わる重要な問題だったから、井上はぜひとも「倫理的宗教」は「日本主義」と「衝突」しないことを明示する必要があったのである。それに対して松野は、「未開の祖先教を基礎とする日本主義なるものは、極力学者の攻撃せざるべからざる所」であるはずなのに、「博士は汲々として此れを弁護す、是れ豈に自家撞着にあらずして何ぞや」と井上を批判するのである（六〇頁）。

ほかに、井上の「宗教」理解の矛盾をついた批判もあった。キリスト教徒かその関係者と思われる「憑実居士」は、井上が「一方に於て教育宗教相分離せられたるは我国の一進歩」といいながら、「他方に於ては儒教と仏教を捨て、又基督教をも取らざるが故に、即ち教育と宗教は相互分離したるが故に教育上に一の欠陥を生ぜり」というのは、「実に驚くべき程見易き矛盾」であり、「己れの主張を以て己れの主張を破る最も明かなる表本とするに足る」ものだと批判している。[15] これは、かつて井上自身が教育と宗教の「衝突」を唱えて宗教を攻撃しておきながら、教育と宗教が分離すると今度は徳育の基盤が失われてしまったと危機を訴えるのは矛盾ではないか、という批判であった。ただしすでにみたように井上は、「倫理的宗教」が必要であることの根拠づけのために、意図的にそうしたジレンマをもちだしてきた向きもある。だとしたら「憑実居士」は井上のねらいを充分に捉えていたとはいえないが、それでもその批判は、「衝突」論から「倫理的宗教」へと歩を進めていく井上国民道徳論の変容の過程を、鋭く捉えたものであったといえる。

「倫理的宗教」の抽象性・形式性への批判

数ある井上批判のうちもっとも多くの批判が集中したのは、「倫理的宗教」の抽象性・形式性に対する批判であった。そもそも井上は内地雑居時代に対応した新しい国民道徳として、諸宗教を包摂しながら「衝突」することのない、統一的な倫理規範を構想していた。その実現のために井上が世に問うた方法は、すべての既成宗教を脱歴史化し、倫理的実在という「契合点」にまで抽象化することによって、新たに「倫理的宗教」という国民道徳の基礎を創出するというものだった[16]。

このような井上の国民道徳論は、一見すると普遍性を志向し、キリスト教も排除しない進歩的で寛容な意見にみえる。しかしそれはまた普遍主義の名のもとに、個別的宗教の特殊性や多元性を捨象しようとするものでもあり、その意味で井上の「倫理的宗教」は、より強力に包括的な道徳的統合をめざした国民道徳論であったともいえる。だからそうした井上の「倫理的宗教」に対して、抽象的・形式的だという批判が集中して出てきたのは当然のことといわねばならない。そしてそうした批判こそ、井上の国民道徳論の核心に斬り込むもっとも注目すべき論点なのである。

「既成宗教」からの批判――村上専精・井上円了

この論点について、もっとも精力的に井上の「倫理的宗教」批判を行なったのが、当時最大の宗教教団である浄土真宗（大谷派）出身の二人の文学博士、村上専精《せんしょう》と井上円了であったことは注意してよいだろう。

村上は真宗大谷派の学僧であるとともに、実証的な仏教史研究の道を切り拓いた、明治・大正期を代表する仏教史学者の一人である。のちに東京帝国大学教授そして大谷大学学長を務めた。一九〇〇年前後には、帝国大学文科大学で印度哲学の講師を務めていたが、一八九六年、清沢満之の主唱する真宗大谷派の「革新運動」に参加したため、宗派内の資格をすべて停止される処分をうけていた。その村上が、一九〇〇年三月の『哲学雑誌』で、井上の「倫理的宗教」に対する批判を行なったのである。

村上は、「我国新宗教発生の機運は、今や已に切迫せること」は認めつつも、しかし井上のいうような、「仏教も、耶蘇教も、儒教も、神道も、皆其契合点あり」といって諸宗教を一緒くたに統合するような新宗教の創出は不可能に近い、という。「歴史的特殊性の宗教を打破し去りて、唯一普遍的の宗教が、之れに代りて興るべしと云ふことは容易に予想し得ざるものなり」(17)。宗教の「歴史的特殊性」を重視する村上にいわせれば、「公衆信仰を堅くして、人心感化の効大なるものは、根本的原理を人格視する宗派」でなければならない。それに比べると井上の「倫理的宗教」は、人格を捨象して抽象的な倫理に立脚するものだから、「宗教の資格を以て、人心を感化すること恐くは難からん」ということになる（一一九―一二〇頁）。この村上の指摘には、「人格的仏陀」を説きながら民衆世界に根を下ろし、長年仏教界をリードしてきた真宗の教化活動に対する自負をうかがうことができるだろう。

宗教は歴史的性質のものなり、故に全く旧慣を脱却する能はず、多少古に徴し、旧きに慣ふ傾きなくんばあるべからず、よし仏教儒教基督教回々教神道、孰れも皆契合点ありとするも、既に井上博士も之を説き、また姉崎学士の最も尽砕攻究せらるゝ如く、諸宗教は孰れも皆幾千歳の長日月を経て、歴史的に漸く開発し来るものなり、釈迦孔子基督と雖も、其国の歴史より来る宗教の改造者なることは贅言を俟たざることなり、然れば未来興らんとする、新宗教は、各宗教の旧慣を全く脱却して興ること恐くは難からん、

（一一一頁、傍点は引用者）

どのような宗教も、「歴史」や「旧慣」をまったく「脱却」したところに成立することはできない、それが村上の主張であった。それは仏教が担ってきた人心教化の実績と伝統をアピールするものであると同時に、井上の「倫理的宗教」論の困難と性急さを鋭くつくものであった[18]。

次に井上円了の批判をみてみよう。円了は東京大学在学中に哲学会を組織し、一八八七年には哲学館を創設して、西洋哲学の原理にもとづいて東洋思想を解釈し体系化することをめざした在野の仏教哲学者であった。越後の真宗大谷派の末寺に生まれたが、哲学館創設のころ大谷派の僧籍を離脱している。明治二〇年代には国粋主義に共鳴して政教社の創立や『日本人』の発行に関わり、仏教の国粋論的顕揚に努め、仏教公認運動を起こした。円了思想の根幹は「護国・愛理・排耶」の三点にあるといわれるが、それは仏教を哲学的・合理的に解釈し直し、それにもとづいて仏教の国家的役割を明らかにし、対してキリスト教の反哲学的、反国家的性格を論じて排斥しようとするものであった[19]。これは井上哲次郎のかつての「衝突」論を思わせるものだが、事実明治二〇年代の哲次郎と円了は、思想的にも学問環境的にもごく近い関係にあったのである。

しかし明治三〇年代、井上哲次郎が「倫理的宗教」の構想を公にすると、円了の仏教的護国愛理の立場との違い

が明らかとなった。そこで円了は一九〇一年、『哲学雑誌』に「余が所謂宗教」を投稿して「倫理的宗教」の批判を行なったのである。まず円了は、「倫理は倫理なり宗教は宗教なり」と、倫理と宗教は厳密に区別されるべきであるといい、倫理と宗教を「同化」しようとする哲次郎は「宗教を暗殺するに均しきもの」であり、「是れ余が巽軒博士〔巽軒は井上哲次郎の号〕の説に賛同すること能はざる所以」であるとした(20)。

その上で円了は、「倫理的宗教」という新宗教の「困難と不利」について、次の二点をあげる。まず一つは、諸宗教の「契合点」を人為的に決めて「普遍的宗教」を組織するといっても、それはきわめて困難なことで、学者の夢想にすぎないのではないか、と皮肉まじりに井上を批判する。

……若し諸宗教の根柢に於ける契合点を取りて、一切の宗教に共通せる普遍的宗教を組織するに至らば、是れ固より誰れの宗教と云ふことなく、人類一般に適合するものなれば、仏教も耶蘇教も皆之に同化し去るが如く論ぜらる、も、是れ学者の迷夢に過ぎず、第一に其契合点と認むる所衆説必ず一に帰するにあらず、……加之《しかのみならず》其説巽軒博士の主唱に出づるとせんか、人之を呼びて巽軒教と云はんのみ、井哲宗と云はんのみ、其本山は井上山巽軒寺と云はずんば、必ず大我山内容寺と云はんのみ、

（三一五頁）

もう一つは、「一切の歴史的関係と諸宗教の特殊性」を抽象化したような「倫理的宗教」では、人心を結合することはできるはずがない、という批判である。円了は、少数者の特権ともいえる学術とちがって、宗教は多数の人間を対象とし彼らに開かれたものでなければならないと考えていた。そんな円了にとって、哲次郎の「倫理的宗教」はあまりに学者的で、「無味無色」なものにみえたのである。

……学術と宗教とは其性質を異にするにあり、学術上の道理は社会少数の者之を知り、多数の者之を解せずして敢て不都合なきも、宗教上の道理は少数の人より寧ろ多数の人をして之に帰向せしめざれば、其用をなさゞるべし、然るに学術研究の眼を以て諸宗教の契合点を看破し、之を抽出総合し来るも斯くして造り上げたる宗教は、余り無味無色に過ぎて、人心を結合すること能はざるのみならず、人目を引くことすら猶ほ難からん、

（三一五―三一六頁、傍点は引用者）

円了にしてみれば、「倫理的宗教」というのは、「恰も味噌汁、醤油汁、スープ、牛乳の特殊性を除きて総合的美味を作らんと欲し、之を蒸露して無味無色の水」とするようなものであって、「宗教としては更に功用なきもの」なのであった（三一六頁）。

以上、村上と円了が井上の「倫理的宗教」論にむけた批判をみてきた。それらはいずれも、諸宗教の「歴史的特殊性」を抽象化・一般化して「普遍的宗教」を新たに創ることは不可能であるということ、そして仮にそのような宗教を拵《こしら》えたとしても、多くの人心を「感化」「結合」することはできないだろうという、既成宗教の立場からする井上批判であった。「衝突」論から一歩進めて、より包括的な国民道徳の構築をめざした井上の「倫理的宗教」は、このように〝歴史的現実〟や〝具体的世界〟（または、その立場を代表しようとする言説）からの批判をいっせいに浴びたのである。[21]

円了は最後に、「余が専ら論ぜん」としたのは、ほかならぬ、「凡そ世界人生の事たる極めて多様錯雑にして、到底一二の学問芸術を以て尽すべきにあらず」ということだった、と記している（三一七頁）。すると井上哲次郎の「倫理的宗教」はさしあたり、「極めて多様錯雑」な世界と人生を一つの鋳型にはめこもうとする国民道徳論であっ

た、ということになるだろうか。

加藤弘之からの批判

そのほか、啓蒙思想家の加藤弘之も井上に対して批判的コメントを発表している。「倫理的宗教」への批判は、「既成宗教」や国粋論的立場からのものだけでなく、加藤のような〝進歩的〟知識人からも寄せられたのである。加藤からの社会進化論的批判は、井上がのちに「倫理的宗教」を再構想するときのヒントになったと思われるので、ここで簡単にみておきたい(22)。

啓蒙思想家を自任する加藤にとって、宗教は基本的に「智識の進歩を妨ぐる様な害」であり不要なものである。ただし社会にまったく宗教が不要かというとそうではなく、「智識に乏しい階級即ち、下等階級」には多少の宗教が必要であろう、という(23)。つまり加藤も、宗教の「迷信的方便」が「無智識な階級若しくは子供」に対してもつ教化力を認めていた（一九二―一九三頁）。その上で、加藤が指摘する井上「倫理的宗教」の問題は、おもに次の二点である。

一つに、下等階級は、三世因果・六道輪廻や地獄極楽という「迷信的方便」ならともかく、「今日の学者抔《など》が唱へるやうな、真理的、科学的宗教を立てゝ、さうして其宗教に依て人民の信仰を求めて以て安心立命を与へると云ふやうなことの出来やうと云ふことは、私にはどうも考へられない」（一九五頁）。これは先にみた村上・円了らの批判と、同様の趣旨である。しかしここから先が啓蒙思想家ならではの批判で、それは、下等階級以上の文明社会や智識ある人には、どのような宗教も不要である、ということであった。「……今日以後の智識ある人に対しては、右の如き迷信的宗教が不用であるばかりでなく、所謂真理的宗教も不用である」。「今日の智識ある人は、学問研究をこそ望むが宗教はいかなるものでも、決して望みはせぬことである」（一九七頁。傍点は原文）。

下等階級を教化するには「倫理的宗教」よりも「迷信的方便」がふさわしく、また、たとえ「倫理的宗教」であっても宗教である以上、文明社会の智識ある人間はもはやそれを必要としないだろう――。このような考察の結果、加藤は次のような明快な結論に到達する。「将来の宗教と云ふやうなものは必要もなし、又出来る道理もなからうと思ふ、宗教は今日ので充分である」（二〇〇頁）。


こうした加藤の批判はたしかに、社会の不均等発展という「現実」に立脚することによって、「倫理的宗教」がかかえる問題を鋭く批判するものであった。ただし加藤は、村上や円了のように「歴史的特殊性」擁護の立場をとるわけではない。そうではなくて、社会不均等の「現実」は、やがて文明化の進展によって解消されていくはずであるというのが、社会進化論者加藤の立場なのであった。つまり、いまはまだ下等階級のために宗教は必要悪だが、彼らが文明社会の強者に淘汰される将来、たとえそれが合理的なものでも、もはや文明社会に宗教は無用なのである。それは井上が「将来の宗教」と呼ぶ「倫理的宗教」とて、同様なのであった(24)。

井上哲次郎の応酬――「倫理的宗教」の再構想

これらの批判に対して、井上はどのように対応したのだろうか。

井上は、とくに矛先が集中した論点である、「倫理的宗教」は抽象的・形式的で人心教化には力をもたないという批判について応えなければならなかった。初め井上が構想したのは、諸宗教を抽象化して「倫理的宗教」に統合すれば、諸宗教が「衝突」しない包括的な国民道徳を創出することができるはずだということであった。しかしその試みは、脱歴史化にあらがって「歴史的特殊性」に訴える「既成宗教」からの厳しい批判にあった。そこで井上は、自らの抽象的な国民道徳論からはみ出した「既成宗教」も包摂できるように、「倫理的宗教」を再構想・修正していかなければならなかったのである。

まず井上は、批判者が自分の「倫理的宗教」について「単に旧宗教の長処を湊合」したものとか「折衷補綴によりて無造作に製造するもの」と速断するのは「大なる謬見」である、「宗教は活物」であり、どうして「人の故意捏造」を許すものであろうか、と弁明する[25]。では井上のいう新宗教はどこから生まれてくるのか。それは、「宗教の大革新」のなかから、「従来の宗教の形体を一変」して生まれてくるというのである。

ここで注目したいのは、井上が従来の説から軌道修正して、「倫理的宗教」を「既成宗教」との連続のなかに位置づけようと努めていることである。これは、「倫理的宗教」が井上の作為であるという批判を免れるためにも、ぜひとも必要な修正であった。ただし井上にとって、「倫理的宗教」と「既成宗教」は単にそのまま連続するもの同士ではなかった。「新宗教も……仏教若くは基督教と歴史的関係を有せざるにあらず、然れども尚ほ一歩進んで宗教上一生面を開かんとするものなり」（五頁）。つまり井上は、「倫理的宗教」は「既成宗教」とつながる歴史的存在であると同時に、それはまた「既成宗教」から一歩離れた理念でもあるという、ほとんど矛盾した二つの命題を一度に説明しようとしているのである。

それはどのようにすれば可能なのか。井上は、自らの国民道徳論に進化論を取り入れることで、この困難な課題を解決しようとした。

仏教若くは基督教は新宗教〔倫理的宗教〕の起りたる後、尚ほ其形体を存し、容易に無有に帰せざるべきも、社会の中心には已に其勢力を失ひ、僅に愚夫愚婦の間に存続すべきのみ、然れども学問は次第に普及し、智識は漸次に開け行き、人文の発展は歳と共に其程度を加ふべきが故に、仏教若くは基督教の如き、荒誕無稽なる古風の宗教が遂に大に其領域を縮小するに至るべきこと、推して知るべきのみ、（一〇頁）

いまも「既成宗教」が勢力を保っているが、それは「愚夫愚婦」のあいだだけであって、文明のさらなる浸透にしたがってやがてそれらも「領域を縮小」するだろう。そして、「既成宗教」は文明への過渡的形態にほかならない以上、それはやがて新宗教へと進化をとげていくはずである。「新宗教は歳と共に其領域を拡充し、一切従来の宗教に代はりて人心を律すべき希望を有するなり」（一一頁）。

これは、抽象的な「倫理的宗教」からはみ出していた「既成宗教」を、きたるべき「新宗教」への過渡的形態と位置づけることで、両者を区別しながら歴史的に接続させようとする試みであった。これこそ井上が「倫理的宗教」に施した、もっとも重要な修正点であったのである。それはまた、抽象的と批判された「倫理的宗教」に歴史性と具体性を持ち込み、国民道徳としてふさわしい内実を与えようとする、まさにイデオロギー的作為そのものであった。

おわりに

ここまで、一八九二年の「衝突」論争から第二次論争までの一〇年間、井上の国民道徳論がたどった道をみてきた。それは、「衝突」論の提起によって排他的な統合をめざすところから始まり、「倫理的宗教」を内地雑居時代――または「グローバル化」時代――の国民道徳の基礎とする構想へといたる、包括的な統合原理を求めつづけた過程であった。井上は、イデオロギーの強制だけではなく同意形成も重視して国民道徳論を展開したが、それでもさまざまな社会集団とのあいだに絶えず葛藤を生み、井上もそれに対応して自らの道徳論をさらに修正して練り上げていかなければならなかったのである。

「倫理的宗教」とは結局のところ、一方で教育（勅語）と衝突する「既成宗教」の個別的性格は排除しなければならないが、他方で「既成宗教」が歴史的に担ってきた人心の教化や統合の機能も無視することはできないと考えた井上が、これら二つの相反する要請のあいだに仮構した国民道徳であった。つまり井上は、国民道徳の構想の場に「既成宗教」を迎え入れながらそれらを馴致することによって、教育と衝突しない新しい宗教すなわち「倫理的宗教」を原理とする、国民の道徳的統合をめざしたのである。

それはキリスト教をも国民道徳の範疇として包摂しうるという意味では、「グローバル化」時代に適合的な道徳論だったともいえる。しかし井上の「倫理的宗教」は、「既成宗教」がそれぞれにもつ道徳の個別的性格をすっかり包含し去るにはあまりに抽象的で人為的な教説だったから、仏教をはじめ多くの宗教集団から批判をまねくことになったのである。

もう一度、「既成宗教」（またはそれを代表しようとする立場）から上がった声に耳を傾けてみたい。村上専精は、井上の「倫理的宗教」の構想に対して、「歴史的特殊性の宗教を打破し去りて、唯一普遍的の宗教が、之れに代りて興るべしと云ふことは容易に予想し得ざるものなり」と批判した。「歴史的特殊性」の場に道徳や宗教の足場を求めた村上は、「倫理的宗教」のような抽象的な道徳では、多くの人心を「感化」「結合」することはできないというのである。井上円了が「倫理的宗教」について「余り無味無色に過ぎて、人心を結合すること能はざる」ものだと評したのも、村上と同様の立場からの批判であった。

このような村上や円了の道徳論は「既成宗教」そのものの主張というより、正確には、近代思想によって再解釈された伝統思想の立場だと位置づけられるべきかもしれない。村上はすでにみたように仏教の普遍化を志向する一面をもっていたし（註(18)）、円了は国粋主義の立場から排耶論を唱えつつも、「純正哲学」の体系化をめざす哲学者という一面ももっていた。[26] また何より、どのような「既成宗教」も近代化・資本主義化する世界のなかに組み込まれながら存在するしかない以上、もはや伝統宗教は、それ本来の「純粋」なかたち（そういうものがあるとすれば）そのままでは存在しえなかったはずだともいえる。そのことからすると、村上と円了は主観的には「既成宗教」の代弁者として振る舞っているようにみえるが、実は彼らも客観的には井上と同じ世界の住人なのであり、「近代」という共通の場において、国民道徳の構築をめぐって争っているプレーヤーなのであった。

だとすれば、国民道徳の形成過程における葛藤や対立の諸相を明らかにするためには、本章でみた「既成宗教」と「倫理的宗教」という（ある意味で）見かけの対立だけではなく、彼らの主観的な対立を超えた部分にも踏み込みながらの考察が、必要となるだろう。

たとえば、第二次論争の前後に清沢満之が体系化した有名な「精神主義」などは、そうした考察のためにもっとも有力な思想の一つだと思われる。第四章でみるように清沢は、カントやヘーゲルの西洋哲学を媒介として、親鸞の仏教思想のなかにある普遍的契機を発見することで、実践倫理としての「精神主義」を提唱したが、それは「既成宗教」か「倫理的宗教」かという単純な図式には、そもそもおさまりきらない性格の思想である。そしてたとえば清沢が親鸞に見出した「悪」の思想などは、井上の「倫理的宗教」以上に普遍的な志向性をもつばかりか、「善」を本位とする国民道徳論の常識的な規範意識が背後に隠しもっている、排他的な偽善性や権力性を鋭く照射するような道徳論でもあったといえる。本章の議論にこうした清沢の「精神主義」を組み入れてみれば、国民道徳をめぐる対抗の構図はまた違った相貌をみせるだろうし、相克や葛藤のさらに深層の部分にまで分け入っていくことができるはずである。この点については、清沢思想を主題とする第四章で詳しく論じたい。

このように国民道徳論の世界は、さまざまな社会集団が対抗・妥協・反目する、イデオロギーの絶えざる出会いと葛藤の場であった。近代日本は教育勅語の成立以後も、ある画一的な国民道徳が所与の道徳原理となるのは難しく、あいかわらず複数の社会集団や道徳が相対的な自律性を保ちながら、複雑に葛藤してひしめき合っていたのである。そして、このような対立点に内在してみるとき、私たちは近代日本の主体形成や心性のあり方をもっとも直接的に規定してきた国民道徳論の社会的プロセスやイデオロギー構造を、より全体的に、動態に富んだものとして理解することができるはずである。

国民すべての規範となる道徳を構築するはずだった井上の場合も、キリスト教・「既成宗教」・「愚夫愚婦」など、そこから排除される存在を常に生み出すことになった。本章では、井上哲次郎の国民道徳論と、それを批判した村上専精や井上円了らの道徳論をならべて検討してみたが、その背後には清沢満之をはじめ、ほかにもさまざまな道徳論や「悪」の領野が控えているはずである。統治権力の側からすれば、そのように不断に現われてくるさまざまな批判や逸脱に対して、強制と同意調達を使い分けながら、国民道徳のしなやかな陶冶を繰り返していく必要があったのである。(27)

註

（1）生松敬三「「教育と宗教の衝突」論争」、一三六頁。宮川透・中村雄二郎・古田光編『近代日本思想論争――民選議院論争から大衆社会論争まで』青木書店、一九六三年、所収。傍点は引用者。

（2）「第二次教育と宗教衝突」事件という呼称は、教育学者の久木幸男の命名による。久木幸男編著『20世紀日本の教育』サイマル出版会、一九七五年、および、久木ほか編集『日本教育論争史録』第一巻近代編（上）、第一法規出版、一九八〇年を参照。ところで、「第二次教育と宗教衝突」事件という名称はまだ歴史的用語として一般に定着しているとはいいがたく、一八九二年の「衝突」論争と比べてそのような命名が適切か、さらに論争の内容を検討してみる必要があると思われる。そこで本章では、「教育と宗教」第二次論争、または単に第二次論争と呼んでおきたい。

（3）山住正己『教育勅語』朝日新聞社、一九八〇年、一〇六頁。なお井上『勅語衍義』については、第一章で詳しく論じた。

（4）井上哲次郎「教育と宗教の衝突」一八九三年（関皐作編『井上博士と基督教徒』正・続、一八九三年、五二頁。ここではみすず書房リプリント版、一九八八年によった）。

（5）大西、植村、柏木の井上批判については、前掲生松「「教育と宗教の衝突」論争」に詳しい。

（6）柏木義円「勅語と基督教（井上博士の意見を評す）」一八九二年、『同志社文学』五九・六〇号。『教育の体系』日本近代思想大系六、岩波書店、一九九〇年に所収。

（7）このような柏木や植村・大西の井上批判を、生松敬三は「衝突」論争のなかで「もっとも勇敢にまた的確につくべきところをついた白眉の論文」と評価している（前掲生松二六〇頁）。ただし生松はつづいて、「けれども、柏木の認めた「立憲君主国の通誼」が「通誼」として通用せず、「奇々怪々なる現象」の一そう増大し横行するに至る以後の近代日本においては、この正統的キリスト教信仰護持の立場も逼塞を強いられ、変様《ママ》を余儀なくされる運命を担ったのである」との見通しを与え、ひいてはそれが広く「近代」日本の思想、学問に課せられた運命であったと結んでいる。

ここで生松が描いている見取り図はおおむね正しいといえるだろう。しかし本書の立場から批判を試みるとすれば、生松は近代日本のイデオロギー構造をいささか静的《スタティック》に描きすぎているきらいがある、ということになる。たしかに柏木の批判は井上の道徳論を克服するには至らなかったし、それを支持する社会的基盤もなかったが、しかし円融状態をめざす井上の国民道徳論にとって、そうした批判の存在は憂慮すべきものであったろう。だからこそ井上は次に、柏木らの批判をも包摂するような国民道徳論を構想しなければならなかったのであり、井上の「衝突」論がそのままのかたちで、その後も一貫して説得力をもちつづけることは難しかったとみるべきだろう。

（8）「高等師範学校生徒卒業式における文部大臣西園寺公望の演説」一八九五年三月三〇日、『官報』第三五二五号。佐藤秀夫編『教育　御真影と教育勅語Ⅰ』、続・現代史資料八、みすず書房、一九九四年に所収、三七六頁。なお西園寺の勅語批判をはじめ日清戦後の「勅語」体制の動揺については、森川輝紀『国民道徳論の道――「伝統」と「近代化」の相克』三元社、二〇〇三年、一三四―一三六頁、また山住正己『日本教育小史――近・現代』岩波新書、一九八七年、七四頁を参照。

（9）同前山住『日本教育小史』、七四頁。

（10）仏教公認教運動や一九〇〇年前後の宗教法案反対運動については、柏原祐泉『日本仏教史　近代』吉川弘文館、一九九〇年、一四一―一四七頁に概略が紹介されている。また、宗教政策の観点から、宗教法案の調査・立案、議会提出、委員会審議、否決の過程を追ったものに、山口輝臣『明治国家と宗教』東京大学出版会、一九九九年、第二部第四章がある。

（11）井上哲次郎「宗教の将来に関する意見」一八九九年一二月、『哲学雑誌』一四巻一五四号。なお第二次論争に関する主な史料は、秋山悟庵編『巽軒博士倫理的宗教論批評集』第一輯、金港堂、一九〇二年にまとめて収められている。ここでは、その復刻版である「日本教育史基本文献・史料叢書」二〇、大空社、一九九三年によった。以下、本書一〇四頁までの本文中に註記したページ番号は、同復刻版のページ番号を指す。

（12）「近代」におけるこのような二元的心性やコスモロジーの特徴については、安丸良夫『文明化の経験――近代転換期の日本』岩波書店、二〇〇七年、とくに「補論一」を参照。

（13）『巽軒博士倫理的宗教論批評集』については、前掲註(11)参照。

（14）松野翠「巽軒博士の宗教論」、前掲『巽軒博士倫理的宗教論批評集』に所収。以下、『批評集』と表記。

（15）憑実居士「井上博士の「宗教の将来に関する意見」を読む」一九〇〇年二・三月、『天地人』二八―三一。『批評集』七三―七四頁。

（16）このような「通宗教的なるものの追究」が、井上哲次郎のみならず、実は近代日本における「宗教学の思想」

（宗教学的思考）に広く一貫してみられる「哲学的土台」であったことを詳細に描いた研究に、前川理子『近代日本の宗教論と国家——宗教学の思想と国民教育の交錯』（東京大学出版会、二〇一五年）がある。前川によれば、「通宗教」の理念は、それ自体としては国家主義を必ずしも前提としないにもかかわらず、早くからそれが三教協同による国家貢献のためのイデオロギーとなったり、アジア・太平洋戦争期には、東西対抗史観や日本盟主論の浸透に寄与することになった。こうした「宗教学の思想」が、大正・昭和期以降の敬虔主義的な「宗教的国体論」の形成にも深く関わっていくとする指摘とあわせて、前川の研究は、「近代日本の宗教学史」全体に対する（自己）批判的考察となっている点が、とくに重要である。

（17）村上専精「未来二十世紀間に於ける宗教観」一九〇〇年三月、『哲学雑誌』一五七号。『批評集』一一〇頁。

（18）伝統や旧慣を重視する村上は、一見するとただの守旧派にみえるが、当時の真宗教団内における村上の位置はむしろ進歩的といえるものであった。「革新運動」に参加して教団から処分されたことはすでにふれた。また引用文のすぐあとで村上は、歴史的背景の異なる「仏教と基督教の合同論」は難しいが、「仏教各宗派の合一論の如きはサホド難きにあらざるべき」と述べている。これは当時も現在もほとんど絶対視されている宗派の別を解体しようとする、きわめて大胆な「仏教統一」の提言であった。

　なお、村上の「仏教統一論」は、これまでの研究史では普遍主義的性格を示し始めた「近代仏教」の指標《メルクマール》として位置づけられることが多かった。しかし、「倫理的宗教」をはじめ当時の有力なイデオロギーであった「宗教統一論」と比較してみるとき、村上の「仏教統一論」は、ある意味で仏教という個別主義に立とうとするものであって、それ自体すぐれて政治的な意味をおびた主張であったことが分かる。すると村上の「仏教統一論」は、一面ではたしかに普遍主義を志向し始めたという意味で「近代仏教」のメルクマールであったが、見方によっては、宗教一般への還元を拒否して歴史的特殊主義の立場をとる保守的主張であったともいえるだろう。

（19）前掲柏原『日本仏教史　近代』、八三―八七頁。

（20）井上甫水（円了）「余が所謂宗教」一九〇一年七、一一月、『哲学雑誌』一七三、一七七号。『批評集』三〇五、三二七頁。

（21）円了と井上の対立点に焦点を当てた研究に、長谷川琢哉「円了と哲次郎——第二次「教育と宗教の衝突」論争を中心にして」（『井上円了センター年報』二二号、二〇一三年）がある。長谷川論文は、円了と井上がほぼ同じ「純正哲学」（現象即実在論）を理論的根拠としたこと、にもかかわらず、その哲学理論の「応用」の次元において両者が対立した様子を、宗教論をはじめとする二人の論説に内在しながら詳細に検討している。

（22）なお、のちに井上は明治哲学界をふり返って、「最も激しく戦つた相手は加藤弘之博士であつた」と述懐している（井上哲次郎『明治哲学界の回顧』岩波書店、一九三二年、七二頁）。井上が加藤の進化論を批判するのは、加藤の進化論が極端な唯物主義に立脚しているからという理由であった。そうした加藤の立場を井上は「唯物的機械的進化論」と呼び、それに対して自分は「哲学的方面から見た精神的進化主義」の立場をとるのだという（同、三三、七三頁）。つまり井上も「進化論を尊奉する」という点では加藤と同じだが、「極端な唯物論者」の加藤とは違い、現象界・物質界以上のもの（「実在」）である精神界や宗教世界の進化も認めなければならないというのが、井上の唱える「精神的進化主義」の立場であった。そのことを井上は、「進化といふことを単に有形の世界に限るべきではない。精神界に於ても矢張り進化の事実を認めなければならない」（同、三四頁）とか、「進化論はただ物質的方面の進化のみを以て満足すべきではない。精神的進化といふ方面を考へなければならぬ」（同、七三頁）と表現している。

ただし、井上がこのように加藤流の進化論との距離や対立点を明確に自覚し、自身の旗幟を鮮明にするようになったのは、一九一〇―一一年にかけて加藤とのあいだに闘わされた、いわゆる「進化論論争」後であったと考えられる。進化論論争については、船山信一『明治哲学史研究』（船山信一著作集第六巻）こぶし書房、一九九九年、三六二―三六八頁を参照（増補初版は一九六五年）。つまり本章でみている「教育と宗教」第一次論争の時点では、まだ井上と加藤の思想的対立の焦点は明確ではなく、むしろ批判を受けた井上が「倫理的宗教」論の補強のために、加藤の進化論を自説に応用的に適用しようと試みている側面の方が強いように思われる。

（23）加藤弘之「所謂将来の宗教に就て」一九〇〇年六月、『社会』二巻一五号。『批評集』一八九―一九〇頁。

（24）ちなみに加藤は「宗教は今日ので充分である」といっても、「蓮門教や天理教」のような民衆宗教は「固より悪いに相違ない」と区別をもうけ、はじめから排除していた（『批評集』二〇〇頁）。このようなところにも、民衆世界の「歴史的特殊性」は畢竟淘汰の対象にすぎないと考える、加藤の社会進化論の立場と独善ぶりをうかがうことができるだろう。

(25) 井上哲次郎「余が宗教論に関する批評を読む（其一）」一九〇二年一月、『哲学雑誌』一七九号、四頁。

(26) たとえば舩山信一は井上円了を、ドイツ観念論の日本的体系化をめざした哲学者として、井上哲次郎や西田幾多郎に先立つ先駆者と評価している。前掲註(22)、舩山信一『明治哲学史研究』、一〇八—一三一頁。また、同『日本の観念論者』（舩山信一著作集第六巻）こぶし書房、一九九八年〔初版一九五六年〕、一七頁も参照。

(27) 第Ⅰ部の終わりにあたって、国民道徳研究に新しい局面を切り拓いた関口すみ子『国民道徳とジェンダー——福沢諭吉・井上哲次郎・和辻哲郎』（東京大学出版会、二〇〇七年）について若干のコメントを試みながら、本章の議論を別の角度から敷衍しておきたい。

関口が同書で目的としているのは、日本における「国民道徳」の形成過程と展開を、「家族と国家との関係、そこにおけるジェンダー（男／女）の機能の仕方に注目」しながら、明らかにするということである（ⅳ頁）。具体的には、福沢諭吉・井上哲次郎・和辻哲郎という三人の思想家の、道徳や家族についての言説を主として分析することで、関口はその目的を果たそうとしている。同書のストーリーをあえて単純化すると、儒教の伝統とスコットランド啓蒙思想の受容のなかで福沢は新しい人倫の体系（〝夫婦や家族の「独立」こそ道徳の大本〟）を構築したが、国民道徳樹立にむけての抗争が激しくなるなか、福沢の道徳論は教育勅語を掲げた国家とその立場を代弁する井上哲次郎たちによって内容を逆転され（〝妻は夫に、家族は国家に「服従」することが国民道徳の基礎〟）、その後和辻らの議論を経由しながら十五年戦争下になると、家や家族が国民道徳論のなかで与えられる位置と役割は、次第に国家に溶解する方向に向けられていった（「忠孝一致」から「忠」の一元化へ）、という内容になるだろう。

関口によれば、福沢の人倫・道徳論の独自性は次の二点にある。一つは、一身一家の本は（親子ではなく）夫婦関係にあると明快に打ち出した点。もう一つが、その一身一家で（「孝悌」ではなく）「独立」を涵養することが重要であり、それが国の「独立」の本になると鮮明に打ち出した点にあった、という（二五頁）。そして、同書でもっとも鮮やかなのは、その福沢と井上哲次郎の国民道徳論、なかでも家族制度をめぐる彼らの議論の「対抗」関係を分析した部分であろう。

その箇所をみておくと、関口は、「先づ家族の中に於て練習して来た所の服従の徳を推拡めて郷村に及ぼすのであります。郷村に及ぼす所の其服従の徳を更に拡充して之を国家の上に及ぼすのであります」という井上の主張（一九〇六年）を引いて、これは福沢の、「一身独立して一家独立し、一家独立して一国独立し、一国独立して天下も独立すべし」（一八七〇年）のみごとな「転倒」である、と指摘する。そして関口は、「要するに、井上の構築した「家族」「国家」の構想は、福沢の、家族を本にした「文明の日本国」の構想を、「家族」という核において「独立」を「服従」に入れ替えたものに相当する」とまとめながら、福沢と井上の道徳／家族論の違いと対抗関係を浮き彫りにしている（一五七―一五九頁）。しかも、福沢と井上は必ずしも単純な二項対立関係として描かれてはいない。福沢の主張や論理が国家や井上によって利用されたり意味を逆転させられたりしていく過程も、丹念に明らかにされている。このように、福沢道徳論の一つの柱である「独立」が（必ずしも個人ではなく）「家族」を足場として構想されたものであり、それを井上が「服従」へと逆転させる過程を示してみせる関口の手捌きは鋭く、説得的だと思う。

　しかし、井上から和辻以降になるとやや趣が変わって、（福沢→井上では鋭く分析されていた）国民道徳論の葛藤や対抗関係への関心・分析が、次第に後景に退いていくようにみえる。つまり、井上や和辻流の国民道徳論への対抗軸を発見し、その論理や関係性を構造的に描き出すというよりも、むしろ井上・和辻から近いところに位置する藤井健治郎・吉田熊次・穂積八束らの国民道徳論を参照しながら、そうした保守的思想家たち内部における国民道徳論の（対抗ではなく）交流やズレの問題に、分析の力点が移動していくように思われる。

　本章の立場からすると、関口が素描してみせた国民道徳論の「表通り」（メイン・ストリーム）の分析はもちろん貴重であるが、それとは別に、井上以降の国民道徳論にも伏在しているはずの社会的対抗や葛藤の諸契機も明らかにしながら、そこに分析の光を当てていく作業も同様に不可欠であると考える。そうすれば、国民道徳の形成過程と展開を、より起伏に富んだ過程として、立体的に描き出すことができるのではないだろうか。

　ただし、従来の国民道徳（論）研究では、「ジェンダー」や「家族」という問題は、主題として充分に光が当てられてこなかった論点である。近現代日本の国民道徳あるいはイデオロギー構造をより深く理解するためには、「ジェンダー」や「家族」の問題が避けては通れない論点の一つであるということを、同書で関口からあらためて教えられた。またそのことは、現代日本の場合を考えてみるとき、一層明瞭だろう。家族のあるべき理想像や男女の「品格」をめぐる論議は、相変わらず幅広い関心を集めながら繰り返されているし、そのとき皇室が、国民道徳の理想的な体現者を期待されながら陰に陽に登場してくることは、現に私たちが直面している光景なのである。こうした状況とその背後にある意味を的確に読みとり根源的に問題化することも、私たちの歴史研究に求められている今日的課題なのだと思う。

第Ⅱ部

「悪」と宗教——清沢満之を中心に

第Ⅱ部の概要と課題

近代日本で「悪」への共感的な態度、あるいはそれを可能にした思想はどのような内実のもので、それはそもそもどのようにして生まれてきたのだろうか。またそうした「悪」の思想は、統治権力による近代的統治と、どのような関係を切り結ぶことになったのだろうか――。このような問題について考察することが、第Ⅱ部の課題である。第三章と第四章では、そのための具体的な手がかりとして、真宗大谷派の改革派の僧であり、日本でドイツ観念論を理解した最初の哲学者ともいわれる、清沢満之（一八六三―一九〇三）の思想に注目したい。

近代日本では、たとえば近代小説のリアリズムの立場から、人間の「悪」を描くことの重要性を訴え始めた明治二〇年前後の新しい文学運動（坪内逍遥、北村透谷）、そして二〇世紀初頭には、政治思想（北一輝）や哲学（西田幾多郎）においても、「悪」の問題はそれぞれ重要なテーマとされるようになった。近代日本の宗教では、「悪」の問題と向き合った宗教としてまずあげられるのは、明治中期以降に盛んとなったキリスト教であろう。また序章でみたように、大本教には他の民衆宗教にはないような明確な「悪」の観念がみられるという、島薗進の指摘もある（序章註(17)参照）。

そして仏教においては、明治三〇年代前半（一九〇〇年前後）に、仏教思想のなかに西洋哲学と重なり合う普遍的な契機を発見し、独自の宗教哲学を経て自らの信仰を形成していった清沢満之とその「精神主義」において、初めて「悪」の問題が明確に問題化されるようになった。清沢が、しばしば『歎異抄』の近代における発見者だといわれるのも、そのためである。第Ⅱ部ではこの清沢の思想と実践に注目することで、はじめにあげたいくつかの問いに迫ってみたい。

第Ⅱ部で注目したいポイントの一つは、清沢の「精神主義」は、結果として、当時の支配イデオロギーである国民道徳とは多くの点で相容れない、道徳性・主体性の様式を確立しようとした主体的実践であった、ということである。とくに、禁欲生活の挫折後の清沢が、道徳・倫理の実践不可能性を繰り返し主張したことが、重要であろう。このような（特定の歴史的状況における）善の不可能性の認識が、自己の有限性や「悪」の自覚となり、さらにそれが、他者の「悪」を共感的にみつめようとする眼へと、開かれていくのである。

こうした主体形成の実践や思想の展開過程については、第三章で検討する大谷派教団の革新運動や、清沢の書いたテクストを適宜参照することによって、かなり具体的に跡づけることが可能である。そしてこのとき、自己の「悪」についての省察が、統治権力によって支配される従順な主体ではなく、逆に「自己の統治」を追求するような主体を生み出していったことは、とくに注意されるべきだろう。

そのうち第Ⅱ部では、清沢思想が有する「部分否定」ともいうべき独自の否定性と、近代社会におけるその意味や可能性に注目したい。

「部分否定」とは、清沢の思想にみられる独自の否定性の特徴を表現するために、本書で仮にそのように名付けたものである。つまり「部分否定」とは、現世を完全に否定するような生き方をめざして挫折し、（現世を完全に否定することはできないという）有限者の自覚に至った清沢が、それでも現世にありながら、有限者として真理（無限）を体現して生きるにはどうすればよいかと省察や実践を重ねた結果到達した、固有の否定の論理といってよい。

もっと明確な二元論的構成をとり、現実社会への妥協なき（完全な）否定の立場や構えをとることが多い近代知識人のなかで、清沢が到達した否定性の立場には、近代化していく日本社会と厳しく格闘した清沢ならではの経験がよくふまえられており、一定の説得力をもつ独自の否定性だったと考えられる。

そして第Ⅱ部で注目したいもう一つ重要なポイントは、清沢における「悪」の問題は、決して観念的な次元にとどまるものではなかった、ということである。そのことは、第四章で詳しくふれるように、清沢たちが実際に出会ったある死刑囚との交流をみても、確認できる。突き詰めて考えると、清沢にとっては殺人のような凶行でさえも、誰でも犯すことがありうる、その意味で日常性の内にある問題なのであった。なぜなら清沢にとって、人は、自己の行為や境遇すら究極的には自由にできない「相対有限」な存在なのであって、社会人道に反したり、殺人を犯したりする可能性とも、常に隣り合わせだと考えるべきだからである。

また、清沢が「悪人の宗教」とも呼んだこのような晩年（一九〇〇年ごろ）の信仰運動は、そのころ浄土真宗がほぼ独占していた監獄教誨や教誨師たちにも、無視できない影響を与えたらしいことが確認できる。つまり清沢以降、犯罪や囚徒たち、そしてその「悪」を共感的にみつめようとする姿勢が、真宗大谷派を中心とする教誨師たちの一部で実際に生まれてきたのである。

そうした教誨師たちは教団内では少数派で、むしろ異端派ともいうべき、ごく例外的な存在ではあった。しかし統治権力を支えるべき教誨師のなかから、そのような異端派が生まれてきたことは、近代的統治（他者の統治）を完全に達成することの不可能性を示唆するような、重要な歴史的事実であろう。このような清沢の「悪」の思想と監獄教誨の関係については、つづく第Ⅲ部で詳しく検討したい。

第三章　日清戦争前後の真宗大谷派教団と「革新運動」

――清沢満之「精神主義」の起原――

はじめに

清沢満之の提唱した「精神主義」は哲学的にも宗教思想的にも多様な相貌をもち、一概な定義は難しい。しかしあえて単純化すれば、「精神主義」とは外物に心奪われ他人に追従して不足や煩悶に落ち込んでいる「有限」な個人が、いかにすれば満足や安心を得ることができるかという問いを正面に掲げ、その答えを追求した実践的思想だったということになるだろう。そして清沢はその問いに対して、「精神主義は自家の精神内に充足を求むるものなり。……其充足は之を絶対無限者に求むべくして、之を相対有限の人と物とに求むべからざるなり」と応えている(1)。つまり「有限」個人の安心・満足は、その人の精神内に求めるか、またはそれに連なる絶対無限者との交渉によって獲得することができると清沢は主張したのである。「精神主義」とは、明治三〇年代の社会に向けて発せられたこのような存在論的な問いと、それに対する回答として清沢が打ち出した思想態度を、同時に表現するような概念／用語であった。

このような清沢の「精神主義」は仏教思想のみならず、広く近代日本の思想史上に位置づけられさまざまな評価が試みられてきた。そしてそのとき必ずといってよいほどいわれてきたのが、「精神主義」は「内面主義」的な思想であり、経済や政治権力といった客観的社会構造を分析するにはあまりに主観的な思想であったという批判である。そのなかでも清沢思想の内面主義的性格を「精神主義の限界」としてとくに厳しく批判したのは、赤松徹眞と福嶋寛隆であった(2)。たとえば福嶋は、清沢の精神主義は「その構造からして、現実の国家や社会を具体的に問題とすることができない」といい切り、さらに宗祖親鸞の近代的再生というはおろか、その歴史的内実は支配権力に対する「「従属の理論」のいわば近代版」であったと手厳しく批判している(二六、三〇頁)。

たしかに「自家の精神内」に充足を求めるという清沢の主張は内面的な色彩が強く、その意味でこれらの批判は「精神主義」の一面を衝いているようにみえる。しかし本章で注目したいのは、内面主義といわれてきた「精神主義」が、大谷派教団の「革新運動」という、すぐれて実践的な環境のなかから生まれてきたという一見逆説的な事実である。

以下でみるように清沢らが展開した「革新運動」は、きわめて合理的な論理や運動論を背景としたものであった。たとえば一方では、財政学や議会制度論など近代的学知に裏打ちされた「革新」論を展開し、他方では雑誌発行による言論活動や同盟会の組織、そして演説会や建白運動など、近代の新しい運動形態(政治文化)をほぼ全面的に導入している。これらを「内面主義」というには、「革新運動」はあまりに積極的な内容を含んだ運動であったというべきだろう。本章はある意味で、内面主義といわれる「精神主義」の起原に、そのような合理的・実践的な運動があったという事実への、素朴な驚きから出発しているといっていい。

以上の本章の立場からいえば、清沢「精神主義」の意味を明らかにするためには、まずは彼らが生きた場と時代そして経験に内在しながら、それらを歴史過程に即して総体として描出してみる努力が必要だ、ということになる。日清戦後の大谷派教団で行なわれた「革新運動」をここで考察の対象とするのも、実践的運動のなかから「精神主義」が生まれてきたという事実が、「精神主義」を理解するためには決定的に重要であると考えるからである。「精神主義」が内面主義かどうかという問題は、少なくともこの「革新運動」との関係をふまえて議論されなければ充分でないし、当時の社会状況や大谷派教団そして清沢たちの経験を度外視した「精神主義」論は、それこそ歴史的経験を無視した空疎な議論となりかねないだろう。

本章はさしあたって、「革新運動」の全体像とその思想史的意味を明らかにすることを通して、清沢「精神主義」の起原をたずねることを目標とするものである。先取り的にいうと「革新運動」は、日清戦後の大谷派教団が陥った危機的状況のなかから生まれてきたきわめて合理的かつ実践的な運動であり、また全国の門末と連帯行動を行なうなど、観念論とはほど遠い豊かな内実をそなえた運動であった。またそれは可能的には、近代日本の政教関係のあり方など、社会またはイデオロギーの構造的全体性をその内側から批判的に照らし出すような意味をもつ運動だったともいえる。しかし「革新運動」はその後、次第に「制度」論と「精神」論の二つの道に乖離していき、運動の方針をめぐっては主唱者の清沢らと末寺層、そして門徒たちとのあいだで意見の相異が生じてくる。そして二極的に分解していく「革新」論のうち、一方の「精神」論的立場を先に延ばしていったところに、清沢の「精神主義」が生まれてくるのである。

清沢の「精神主義」はこのように、革新運動の過程から次第に姿を現わし、そのなかから意識的に選びとられていったひとつの実践的立場であった。そして現実の革新をめざした運動が二つの道に分離していかざるをえなかったということは、一体何を意味しているのか。そこには、「制度」論と「精神」論の対立を超えて、実はより大きな「近代」そのものの問題がよく表現されていると考えられる。そのことの意味も、「近代」に生きる人間の経験という観点から、本章の最後で考察してみたい。

一　「革新」をうながすもの

真宗大谷派の「近代」

真宗大谷派教団にとっての「近代」は、幕末期における幕府・朝廷双方への献金や、北陸門末に幕府助勢を呼びかけたことなどにみられるように、そのはじめから避けがたく支配権力との関係のうちにあった。ほかの仏教教団と同様、廃仏毀釈から神道国教化政策の時期にかけて末寺の整理削減や宗義の布教を制限された大谷派は、「護法」「護国」「防邪」、つまりキリスト教防禦の一体論を展開することで、新時代に適合的な役割を自ら担っていこうとした。[3] 以下にみる「革新運動」を考察するためにはまず、当時の大谷派教団が国家への同調を志向していたこと、そして近代日本ではそのような政教関係が一般的であったことをあらためて確認しておくことが重要である。

たとえば大谷派にとって一八六九（明治二）年に開始した北海道開拓は、「教団をあげて国家的要請に応えると共に、新時代における教団の再興を懸けた使命感と意欲に満ちた最初の大事業」であった。[4] 大事業を成功させるために、教団は全国門末に北海道への移住を奨励したが、一八七〇年には法嗣の現如（光瑩）が自ら中山道を経由しながら同地に向けて出発し、その道々に北海道開拓の重要性を説いたり、「酔歌」を歌いながら移住同行者を募集したという。[5] こうして一八七一年末までに、有珠新道（本願寺街道）をはじめ四道の切開・改修を行ない、「本願寺百姓」と呼ばれる開拓民の札幌入植事業を果たした。しかしこうした「国家的要請」への応答は、計三万三千四百余両もの大出費と、それを負担する門末の犠牲を伴うものであったことに留意しておきたい。

また大谷派の国家への同調は、そうした実践的な事業にとどまらなかった。第二章でみた「教育と宗教の衝突」

論争では、大谷派を代表する学者・村上専精《せんしょう》が、内村鑑三らキリスト教徒の「反国家主義的態度」を批判していた井上哲次郎を擁護する論陣を張った(6)。これは大谷派の教義が、教育勅語の説く国民道徳や国家主義と矛盾背反しないという公的なアピールとみるべきだろう。このように近代の大谷派は、日清戦争以前からすでに実践的にもイデオロギー的にも国家への同調を基調としていたことが分かる。そして「革新運動」の社会的位相を理解するためには、次にみる、運動を直接的にうながすことになった二つの契機、つまり「二大事業」と日清戦争協力が、以上のような政教関係に規定されていたことを見逃してはならない。

明治二〇年代大谷派教団の「二大事業」

一八九六年一〇月に清沢満之ら改革派の僧侶たち（白川党）が全国の門末にむけて発した「大谷派の有志者に檄す」と題する声明文は、「革新運動」開始の声を告げるもので、これにつづく全国各地における同盟会の結成、そして法主への請願・建白統一行動へといたる運動の、大きなうねりの端緒を開くことになった檄文である。この檄文をみると、「唯刻下その最も重要にして且つ緊急なるものを数ふれば、蓋し三あり。内事、財政、及び教学に関するもの則ち是なり」と、「内事」「財政」「教学」の三つこそが現在大谷派の「弊害」であると訴えている(7)。

革新派による批判の具体的内容は後にみることにして、ここではやや視野を広げて、そうした批判を掲げる彼らが当時経験していた客観的状況に注目してみたい。そのとき大谷派にとってとくに重要になるのが、「二大事業」と日清戦争という二つの歴史的経験である。

一つめの「二大事業」とは、〝負債償却〟と〝本堂再建〟という、明治二〇年代に宗門をあげて取り組んだ二つの大事業のことである。大谷派はすでにみたように幕末維新期からの度重なる出費によって多額の負債をかかえていたが、一八八七年には負債総額三三〇万円あまりに達し、禁門の変で焼失した堂宇の再建さえままならない状態であった。そこで一八八八年に渥美契縁《かいえん》が執事に就任し、〝負債償却〟と〝本堂再建〟の「二大事業」に取り組むことになったのである。

渥美は内事・会計・教学の三部長を自ら兼任して専制的な体制をしきながら辣腕をふるい、三井銀行などから融資を取りつけ、また募財に努めた。そして一八九三年末に負債を完済、一八九五年には本堂の再建を果たした。しかしそのような荒療治の陰には、募財に応じて末寺の寺格が上がるという信仰の形骸化や、経済的負担による門徒たちの疲弊という犠牲を伴っていたことに注目しなければならない。

実際、本堂の再建には、「実に多くの門徒大衆の、生活までをかけた献納」があった(8)。献納には総瓦、総畳、用材、敷石、礎石、毛綱、手伝人夫など、物納・労働奉仕を問わずさまざまなものがあったが、たとえば用材の伐り出しでは一〇五人の死者、三〇〇人近くの負傷者を数えている。そして貧困生活中にある門徒からも種々の「御取持」がなされた。たとえば柏原祐泉は、貧困で余財一銭もない豊前国の「某信女」が機織り中の木綿を外して本山に進納したことや、同じく豊前国のある篤信の貧農が日々使用の鍬を外して再建の万分の一にと差し出した話など、いくつかのエピソードを紹介している(9)。

このように明治二〇年代、大谷派は宗教的活動よりも、「二大事業」の完遂を優先課題とした。それでも門末が貧苦のなか生活をかけてまで献納を絶やさなかったのは、宗恩に報いようとする彼らのひたむきな信仰心によるものだったろう。

日清戦争と大谷派

しかし一八九三年末に負債を完済し、一八九五年本堂の再建を果たしたのも束の間、大谷派教団は日清戦争に全面的にコミットしたことで、ふたたび六〇万円を超える負債をかかえることになる。当時の仏教界では日清戦争を「義戦」とする見方が大勢であり、国家的要請に応えうる宗門を自任していた大谷派が、近代日本初の本格的対外戦争で積極的な役割を果たそうとしたのは当然であったろう(10)。

大谷派の日清戦争へのコミットメントは、従軍僧の派遣と慰問、戦死者の追弔、捕虜撫恤、台湾開教や清国朝鮮をはじめとする海外布教など、多岐にわたった。たとえば大谷派は戦中戦後にかけて、たびたび朝鮮半島や日本各地で戦死者の追弔法会を行なっている。戦後の一八九五年五月には大山巌陸相の依頼で「清国軍人戦死者追悼大法要」（各派合同）を行ない、同月一六日には、本山から全国の末寺にむけて、国威発揚表祝のために臨時法要ならびに従軍戦死者の追弔法要を執行するように布達した(11)。本山では、同年一〇月に盛大な「征清軍隊死亡者追弔法要」と「戦捷祝賀式」を執行している。また海外布教では、下関条約の調印から一か月後には太田祐慶を台湾兼澎湖島布教主任に命じ、早々に台湾開教に着手している。

大谷派教団の財政が再び深刻に悪化したのは、このような状況のなかでのことであった。戦後に大負債を背負った教団は、門末に対する三六〇万円の大勧財に再度着手し、負債の負担を門末に転化しようとしたが、これがもう一つの、そして直接的な「革新運動」の引き金となったのである。

従来大谷派の「革新運動」は、教団の「民主化」や「近代化」の指標《メルクマール》として一般的に語られることが少なくなかった。しかし以下の節でみるように、「革新運動」を担った白川党や門末たちの主張や行動原理は、必ずしも教団の「民主化」や「近代化」といった抽象的な理念に端を発するのではなく、それ以前に彼らが直面したリアルな生活経験、具体的には「二大事業」から日清戦争へとつづく経済的・身体的負担増大への憤懣や怨恨をひとつの駆動力としていたとみる方が、より実態に近いのではないだろうか。

そして運動主唱者の清沢たちは、大谷派の日清戦争協調が「門末疲弊」の原因であることを、自前の言葉と論理で訴えていくことになるのである。

二　「革新」の論理

「革新運動」の前夜

とはいえ、清沢たちは「革新運動」に踏み切るぎりぎりのところまで、本山当局とのあいだでねばり強い交渉を行なっている。

日清戦後まもない一八九五年七月九日に清沢が、村上専精らとともに執事・渥美契縁宛に提出した「寺務改革建白書」をみると、これまで門末一丸となって努めてきた「二大事業」はその甲斐あって今日の成功をみたのだから、今後は、いままでなおざりにしてきた「教学」の振興を「最大急務」とすべきである、という意見が述べられている（「万事に先ち予め一宗教学の根柢を鞏固にするを以て最大急務と存候」）。あわせて、寺務所組織の「立法と行政との別」を明確にし、行政では各部に専任の部長を置いて各部長が責任を負う体制に変更すべきであると、専制的体制をしいてきた渥美に勧告もしている(12)。ここでは、清沢らが最大の急務という「教学」の復興が「二大事業」と対置されながら主張されていること、そしてその方策を立法・行政の別という具体的な「制度」論として提言していることに注目したい。そこで渥美をはじめとする本山当路者は、議制局と呼ばれる宗門の「議会」を設置して建白に対応しようとした。しかし議制局は清沢らが要求した「立法と行政との別」を実現したものではなく、依然として渥美ら行政部門（上局）の関係者が過半数を占めるような「議会」であった(13)。

「革新運動」は、こうした穏当な手続き的手段が拒絶されたところに始まった集団的実践ともいえる。またこのころ、本願寺教団に対する社会的評価がかなり悪化しており、それも彼らを直接行動に駆り立てた要因の一つであった。一八九六年六月東西両本願寺門主に伯爵位が授けられたが、それが「本願寺法主、天爵の尊きを忘れて人爵におもねる」と揶揄され、『国民之友』や『日本人』などが本願寺批判の論陣をはっている。宗教界以外にも幅広い読者層をもっていた『仏教』も、「今の本願寺は洵《まこと》に金銭を喜捨するを以て唯一の功徳となせるなり。金銭と蓮台とを交替貿易する一大商店なり」とか、「彼等の念頭如何にして布教せんかを夢想せしもの稀なり」と攻撃している(14)。

一八九六年一〇月ついに清沢は、本山の職を辞した井上豊忠《ぶんちゆう》・清川円誠《えんじよう》・月見覚了《かくりよう》らと京都白川村に籠居して、同志の稲葉昌丸《まさまる》・今川覚神《かくしん》から資金提供をうけながら「教界時言社」を設立した。そしてそこを拠点に雑誌『教界時言』を毎月発行し、宗門の「革新」を社会に訴え始めた。清沢らの一連の行動は新聞雑誌などで随時報じられ広く社会の耳目を集め、彼ら革新主唱者六人は本社の拠点にちなんで「白川党」と呼ばれた。

なお本書で「革新運動」というとき、それは一八九六年一〇月の「教界時言社」設立から、一八九七年一二月に全国同盟会が解散するまでの、一年あまりの期間の運動をさす。そのうち全国的にもっとも運動が盛り上がりをみせたのは、一八九六年一〇月三〇日『時言』創刊から、一八九七年二月、三月に実行した法主への建白行動までの、およそ半年間であろう。その後運動は、白川党と末寺層そして門徒層のあいだで惹起してきた運動方針と思惑の不一致が解消されないまま終息に向かったが、そのことは第四節で考察したい。

「革新」の立場

「革新運動」の性格を理解するためには、まず運動本部の教界時言社が発行した機関誌『教界時言』を基礎史料として検討することが基本となるだろう。創刊号の巻頭に社説として掲げられた「教界時言発行の趣旨」をみると、そのなかで「大谷派の実際的方面」こそが改革の目標だと、三度も繰り返して強調していることに注意したい[15]。

これは、「革新運動」がめざすのは宗門の礎石である「教義」内容の変更ではなく、制度を中心とした「実際的方面」であるということの表明であり、運動の基本性格――自己認識としての――を語っている重要な表現である。大谷派をはじめ真宗教団では伝統的に、教義内容に関わる議論は宗祖親鸞の教えと異なる「異安心《いあんじん》」として擯斥の対象となることが多かったから、「実際的方面」という言葉には、そのタブーにふれないための予防的意味合いもあったかもしれない。また、そうした宗教的土壌において運動の正当性を担保しつつ門末の支持を取りつけるためには、教義内容には手をつけないことが最低限の条件という、真宗教団ならではの特殊事情もあっただろう。

しかし次にみるように、彼らが展開した制度論は、こういってよければ近代的な学知を内面化したきわめて合理的なものであり、単なる内面主義者たちの運動というにはあまりに積極的な内容を含んでいた。白川党にとって制度論とは「教学振興の為」、つまり雑多な事業に専注してきた教団体制を、本来あるべき――と彼らの考える――教学本位に戻すために、どうしてもなくてはならないものだったのである[16]。その意味で「革新運動」は、明確に制度論的改革という立場から出発したといえるだろう。そしてこのことは、のちに清沢が提唱した「精神主義」の意味を考えるためにも、重要な論点となるはずである。

財政改革と議会開設の要求

『時言』に掲載された白川党の制度論は多岐にわたるが、ここではそのなかから「革新」の論理をもっともよく伝えている論説を二点選んでみよう。

まず一つに、本山の財政状況を多くの統計データに照らしながら緻密に分析して批判した、井上豊忠の「吾派本山財政の紊乱」がある。すでにふれた門末にむけた檄文でも、「財政」の弊害はとくに大きく取り上げられていた。檄文は、「二大事業」の直後にふたたび六〇万円余の負債をつくった当路者の不手際を批判し、さらに今次三六〇万円の大勧財は教学振興に名をかりた、負債返弁のための資金集めではないかと指摘し、門末に「諸君は此の如き不整頓なる財政によりて我本山の会計を支持するに足るべしと認め得るか」、「噫《ああ》、大谷派本山当路者の耳には、門末の饑《うえ》に泣き寒に叫ぶの声は聞えざるか」と訴えた。(17) こうした檄文のメッセージは当時門末たちがおかれていた生活実感にかなり説得的に響いたはずで、「革新運動」がまたたく間に全国に広がった背景には、経済的負担の過重という現実的生活レベルでの問題が大きな位置を占めていたことは疑いえない。そして井上の「吾派本山財政の紊乱」は、その大谷派の財政問題についてさらに踏み込んだ分析を加えたものである。(18)

井上の提起する財政上の問題は多くの論点にわたっており、たとえば大谷派の会計法（一八九五年制定）には予算制定期日の規定がないという「不備」があること、また「教学費用」と「非教学費用」を一緒くたにして前者を後者に流用している問題などを指摘している。しかしここでは、そのなかでも井上が「実に一驚を喫するの外なし」「実に呆然たるものあり」といった、予算費目の問題に注目してみたい。

井上が「本山歳計予算書」（一八九六年度）をみながらもっとも批判するのは、大谷派の予算のうち、教学関係の費用の占める割合があまりに少ないということであった。井上の試算によれば、支出総額六八万七〇〇〇円のうち、純粋教学費とよべるものはわずか一四万三九〇五円にすぎない。それは、「宗門の財政は、其収入の大半を、勧学と布教とに使用すべき」と確信していた井上はじめ白川党としては、到底受け入れられない数字だったのである。(19) さらに井上は、教学費用が僅少となった原因について、具体的数値をあげながら分析していく。その結果井上が問題として指摘したのは、(一) 軍人追弔会に多額の出費があること、(二) 経常布教費のうち地方布教費はごくわずかで、大半は軍隊・監獄などへの布教費であること、(三) 台湾布教に一万五〇〇〇円も予算を計上していること、の三点である。

もちろん井上も軍人追弔会や台湾布教そのものを否定するのではないが、そのためにもっとも重要な地方門末への布教がなおざりになっているのは、「軽重」逆転であり「不権衡」だと批判するのである。そして「少しく門末を休養せんことを望むなり」と門末の負担軽減を訴えていく(四四六—四四八頁)。このように井上が大谷派財政の問題を批判しようとするとき、その矛先が軍事・司法・植民地政策といった近代国家権力との境界領域にまでたどり着いたのは、ほとんど必然だったといえるのではないだろうか。本章の立場からいえば、このような井上の視座を媒介とすることで、私たちは近代日本の構造的全体性というべきものの理解に、なにほどか接近することができるのである。(20)

さて、井上の論説とならんで注目されるもう一つの制度改革論は、清沢が提出した「革新の要領」である。これは全国の門末から「革新」の具体策を求められた清沢が白川党を代表して発表した、「革新運動」の綱領にあたる文章である。

「革新の要領」で注目すべきは、ここで清沢たちが教団制度組織の改革案を詳細かつ具体的に提示していることである。その制度組織改革案はざっと一〇項目にわたり、主なものだけでも、(一) 宗制寺法の改正、(二) 末寺会議の開設、（三）上局組織の改正、（四）財務部の改正があり、いわば「革新」のグランド・デザインとでもいうべきものであった。事実、全国の門末たちはこの綱領をみて「革新運動」に参加するかどうかまず判断し、参加を決めた門末は、各地で同盟会を結成してこの綱領を参照しながら、めいめい本山宛の「請願書」を起草・採択し、京都での建白統一行動に合流していったのである。その意味で「革新の要領」は、運動の制度論的側面を象徴する論説といえる。だがこの革新プランのなかには、のちに運動が白川党と末寺層そして門徒層のあいだで乖離していく大きなきっかけとなった論点がすでに含まれていることに、留意しておきたい。それは清沢が改革案の二番目にあげた、「末寺会議の開設」要求のことである。

末寺会議とは宗門の立法機関（議会）のことで、このとき大谷派では、一八九五年九月に設置された議制局がそれに当たるものだった。しかしすでにふれたように、議制局は行政部門関係者が構成員の多数を占めており、清沢たちのいい方では、近代的政治制度の大原則である「立法と行政との別」が守られていない不完全な「議会」であった。清沢は代表制の観点から、議制局を「派内多数の意志を表明するに足るべきもの」ではないと批判し、大谷派議会制の「革新」とその具体案を訴えるのである[21]。ところで、人々の能動性と活力を動員することで国民国家を形成するという論理的枠組を所与の前提とした近代日本では、「議会」制度論は、自由民権運動の焦点にもなったように「容易には反論しがたい文明史的背景」をもっていたといわれる[22]。だとすれば、そうした文明史的背景が大谷派内で白川党の「革新」論に説得性を与え、門末層の活力や願望の求心点となったことは想像に難くない。

「革新の要領」で清沢が描いた大谷派の「議会」像は、運動の終わりまで基本的に一貫しているので、この論説と白川党の「議会」論の内容は、第四節でもう一度立ち返って検討することにしたい。ここではただ、そうした白川党の「議会」論は、教団革新のイメージと結びついて漠然と門末層のあいだで共有されているうちは運動の強力な凝集点たりえたが、運動過程のなかで具体的な「議会」像が一つの像を結び始めるとき、それは白川党・末寺層と門徒層の連帯を大きく揺さぶる震源へと転化していったということを、あらかじめ指摘しておきたい。

ここまで述べてきたように、白川党が掲げた「革新」の論理は大谷派教団の「実際的方面」に内在するものであった。とくに財政・議会制度の改革論などはきわめて具体的な制度組織論であって、およそ観念論とはほど遠いものである。もちろん、彼らの「革新運動」は、所詮は大谷派という一つの社会集団を舞台とするローカルな運動に過ぎなかったかもしれない。しかし大谷派という場を掘り下げて獲得した「革新」のまなざしは、彼らを取り囲む「近代」の客観的状況やその構造を何ほどか照らし出す、貴重な証言となっているのである。清沢たち白川党はそうした地点から、「情弊を掃蕩し、冗費を節減し、制度を改め、人才を選び、一意専心斯《この》勧学と斯布教とに従事せざるべからず」という「根本的一大革新」を、全国の門末たちに訴えたのである（三八三頁）。

三　運動形態からみた「革新運動」

言論・演説・同盟会

白川党が全国多数の門末を動かしたのは、ここまでみてきたように、日清戦争前後の負担増大や生活苦に対する門末層の憤懣と、白川党の掲げる「革新」のイメージとがうまく共振したからである。しかしそれだけでは、「革新」に呼応して各地で燎原の火のように同盟会が次々と結成されたことの説明として充分ではない[23]。「革新運動」がひとつの集合的運動体として拡大していった背景として、『時言』発行や遊説、懇親会や演説会など、彼らがとった運動形態にも注目してみよう。

新聞雑誌の発行や演説会は、自由民権運動を契機に近代日本の政治文化として定着していった新しい社会運動形態だが、白川党もこれらの形態を踏襲して運動を展開しているのである。[24]大谷派にはこれ以前にも改革運動と呼ばれるものがあったが、こうした運動形態をとったのは、白川党が初めてだった。

たとえば『時言』は、論説を掲載して「革新」理論を発信する中央広告塔としての役割を担っただけではなく、全国各地の同盟会や運動の状況を詳細に報じることで、運動を統一的に進めるための機関誌としても機能した。さらに『時言』で報じられた記事をさまざまな一般紙誌がすぐに転載したことで、教団外にも運動の理解者・協力者が現われた。そして白川党やその協力者による精力的な遊説活動もあり、「革新運動」に同調する全国各地の門末が次々と同盟会を結成した。各地の同盟会が採択した決議には若干の違いがあったが、それはおおむね、(一)白川党の「革新」論を支持すること、(二)会計法が整備されるまでは本山に講金を上納しないこと、(三)門末会議の開設を求めること、の三点に収斂するものだったといえよう。

なお同盟会の成立過程には地域によってさまざまな事情や経緯があって、興味深い。ここではすべての地域と同盟会についてみることはできないが、『時言』の報道をみていて気がつくのは、教団「革新」論は各地域で必ずしもすんなりと受け入れられたわけではなく、物議をかもしたり、なかには地域の末寺や門徒のあいだで運動参加の可否をめぐって対立・分裂を生じている場合が少なくないということである。たとえば姫路の同盟会が決議した綱領のなかに、「同盟者にして万一破盟する時は宗教上の交際を謝絶し其旨を県下の二新聞及大阪朝日新聞上に広告すべし。／加盟せざるものも……同一の取扱をなすべし」という制裁的な規約が設けてあるのは、同盟の統一を保つことが容易ではなかった事情を物語っているだろう。[25]また大谷派の「財源」とも「一派咽喉の地」ともいわれた篤信地帯の尾張（海東郡津島町）では、改革派と非改革派が厳しく衝突し、地域の日刊紙『扶桑新聞』はその様子を、「昨今改革非改革の二派暗に軋轢を生じ、非改革派の信徒は改革派の僧侶を一切取合わず自然八分と云ふ有様にて、甚だしきは祖先より伝はる檀徒の縁故さへ絶つものあり」と報じている。(26)

こうした門末層における対立は彼ら個々人の判断によるところもあるだろうが、ほかにも、「革新運動」を抑制しようとする渥美契縁ら教団本部からの圧力も目にみえるかたちで働いていた。たとえば本山は、白川党と同盟会が共催する各地の演説会に役僧・使僧を送り、さまざまな手段で妨害を試みている。それゆえというべきか、「革新運動」のなかでもっとも活力に満ち精彩を放っているのが、この演説会の場であった。演説会という場は、白川党が末寺僧（各地同盟会の組織者）を介して門徒と出会い、また本山当路者と対決する、運動全体の縮図であり最前線でもあったのである。

尾張の「革新運動」と演説会

ここで、運動がもっとも盛り上がり、改革非改革の衝突がもっとも激しかった尾張地方を例に、同盟会結成の経緯と、白川党員清沢満之・井上豊忠を招いて開催された演説会の様子をみてみよう。(27)

尾張が革新のよびかけに呼応したのは早く、『時言』創刊一週間後の一八九六年一一月七日には、すでに全末寺が合同で協議会を開催している。初めは白川党を支持すべきか意見が分かれたため独自に改革運動を行なうことにしていたが、一一月二〇日、京都視察の報告を受けた第二協議会で、尾張も「革新運動」の戦列に加わることに決定、各組から選出された代表のうち二十余名が上京して清沢ら「革新」派本部と交流した。一二月一日には第三協議会で、「法臣義会」という同盟会の旗揚げを行なっている。また同じころ、尾張在住の中学・大学生有志は「大谷派革新青年有志会」を組織し、末寺僧侶らの「法臣義会」と連携して運動を推進していく。

一八九六年一二月四日、この二団体が「演説及懇話会」を企画し、そこに京都本部から清沢と井上が参加した。懇話会の会場は名古屋市洲崎橋畔金城館で、『時言』の記事によると、集まってきた「国内中流以上の僧俗」二百余名の前で、井上は会計の方面から当局の失政を批判し、つづいて清沢は「根本的改革てふ意義を弁明」した。『時言』は懇話会の様子を「蓋し稀有の盛会なりき」と報じている（四六一頁）。同日、さらに会場を変えて二か所で演説会が開催された。このときの演説会の記事は断片的ながら、「革新運動」の縮図そのものといってよいほど活気にあふれた会場の雰囲気を伝えている。まず大津町円光寺で開かれた一回目の演説会を、『時言』の記事は次のように報じている。

……井上は、財務不整頓の細況を弁じ、次に清沢は、本山寺務の紊乱を叙し、転じて根本的革新に説き及ばんとするに当り、突然本山より中止解散の命令下る。こは兼ねて寺務所より訓示せられたる所なる由なる〔ママ〕が、此命令を読み聞かすに及んで、聴衆の激昂一方ならず、清沢の慰諭により纔《わず》かに事なきを得たり。

（四六一―四六二頁、傍点は引用者）

つづいて東橋町崇覚寺では郡部の来聴者が対象で、「懇篤平易」に演説が行なわれたという。しかし「清沢の演説将に終らんとする時、本山の命令再び下る。朴訥一途の聴衆のこととて、激昂一層甚しく、非常の激語を発するものもあり、来聴者は総て二千名を超えたりと云ふ」と伝えている（四六二頁）。

門徒ら多数の聴衆の前で「革新」の弁をふるう白川党、そこに飛び込んできた本山からの演説会中止命令と、それに激昂して激語を発する二〇〇〇を超える聴衆たち――。このように演説会は、白川党・門末層と本山の三者が入り交じり角逐する場であり、またそこで醸成されたエネルギーが、「革新」の機運をさらに後押しする力としてはたらいたのである。また大谷派革新をめぐる演説会活動は地域の治安秩序にも不安を与えたらしく、同じ尾張地方の海東西郡で一二月二三日に行なわれた演説会（村上専精・月見覚了が弁士）では、「憲兵一二名、平服巡査二三名出張して警戒」にあたったといわれている(28)。

全国同盟会の結成と請願書建白運動

こうした全国門末の動きをみて清沢たち白川党は、『時言』に「緊急広告」を掲載し、京都への結集と統一行動への参加をよびかけた。「革新の気焔益す熾《さかん》に相成候へば此際　某《それがし》等区々の衷情を縷陳し状を具して弊政革新の儀を我法主台下に哀願仕度候」(29)。つまり「革新運動」はこのときから、大谷派法主への「哀願」すなわち請願書の建白をめざす統一行動へと転化していったのである。そして白川党は門末および「地方有志」者にむけて、「革新の要領」に賛同する同志は各地域で代表委員を選定の上、それぞれ「請願書」を起草して上京（京都）してほしいとよびかけた。

ここで注意したいのは、各地の同盟会が京都で合流し全国同盟会を結成して統一行動を開始する以前、すでに各地域でめいめいの「請願書」を起草していたという事実である。

各地の「請願書」の内容は『時言』の報道から断片的にうかがいうる程度だが、次節でみるようにこうした請願書のなかには、「門末総会議」の開設要求のように、白川党の「議会」制度論とは明らかに意見を異にする急進的な請願も含まれていた。しかしこうした地域の多様な声は、運動のなかでいったんは平準化されていった。運動拠点として市内に設置された「大谷派宗務革新請願事務所」に各地の僧俗委員が結集して、さっそく開かれた「請願書打合せ小会」前後の動きは、そうした地域の多様な声が白川党の方針のもとに収斂していく過程をよく伝えている。

打ち合わせの席上で、各地域の請願書に盛り込まれた「改革案の具略」が「容易に一致を見難」いことが問題として議題にあがり、そこで白川党が「自ら各国委員の寓に就き、其異点の在る処を打ち合す」という方向で、個別的に請願内容を調整していくことが決まった。ところがその数日後には、「都合ありて各国委員悉く一致を以て、万般の事皆〔時言社の〕社員即ち主唱者に一任する事と為せり」と、一転して請願内容決定の全権を白川党に委ねることになった。[30] そして白川党は、「立法部の権限」つまり議会制度の詳細について明記していない請願書が多数あることにふれ、それは「当路者の利する所」となりかねないから、各地域請願書の「頗る具略の相違」ある点を統一することに理解を求めたのである（四九八頁）。

これにつづく請願書建白運動については、要点をかいつまんで概観しておきたい。一八九七年一月二〇日、清沢をはじめとした「革新」派二百余名は、署名数二万八千余の「請願書」をもって本山に出頭し、当路者に法主との面謁を迫った。『時言』はこのときの様子を、「請願書に就きて之を見れば、六十余通、四十余個ヵ〔ママ〕国、之を堆積すれば三尺以上に達し、捺印の数殆んど三万の多きに至る」と伝えている（五〇〇頁）。しかし当路者と押し問答になり法主には面謁できず、その後二日間にわたって請願活動を繰り返したが、面謁の形式などをめぐって当路者と衝突するばかりで、なかなか建白にまで及ばなかった。

そこで一月二四日、新たに「大谷派事務革新全国同盟会」を発足させ、運動の長期化も視野にいれて組織の団結・強化をはかった。そこへ、法主からの「親言」があり、清沢・井上らの除名処分と、議制局を拡張して教学諮詢会を開設すること（寺務改革）が発表された。これは、「革新運動」の主唱者の処罰と寺務改革を抱き合わせ的に発表したものであった。清沢らの除名理由は、「本山寺務改革ヲ主唱シ公刊雑誌ヲ以テ其趣意論説等ヲ発表シ一派ノ寺務ヲ非議シ為ニ門末ノ人心ヲ激昂セシメ派内ノ静謐ヲ妨ケ」たためだと説明されている[31]。こうして清沢らは当路者と直接交渉する権利を失ったが、引きつづき同盟会に参加して運動方法を講究し指導している。

そしてついに請願書提出願が寺務所に受理され、二月一八日、白服・黒衣・墨袈裟といった出立ちで本山大寝殿に列席した僧俗委員は、法主への陳情書および請願書の捧呈を遂げた。その後いったん委員は各国に帰国したが、議制局臨時会の開催にあわせて再び二百余名の委員が上京、第二回請願書捧呈について検討を行なった。

彼らが二回目の建白を決意したのは、未だみるべき「革新」を実行しない寺務所側に対する抗議のためであった。改革を約束した議制局（議会）は「未だ純然たる宗門立法部の性質を有せざる」ものだという清沢の認識を、委員たちは共有していたのである[32]。そして三月一五日、「革新」請願者および除名中の清沢ら「革新」主唱者も特別に含む計五〇〇名が本山に招集され、そこで全国からの請願書三九〇通を法主に捧呈した。法主は、議制局組織の拡張と、財務明朗化の方法とを、大谷派教団の「憲法」にあたる宗制寺法に記載することを約束した。

ただし、このとき革新側の要求にあった「門徒会議」開設の件は、慎重を要する問題だからという理由で、当面保留されることになった。そしてこの「門徒会議」をはじめとする大谷派「議会」制度の改革は、「革新運動」の中心的な目標であると同時に、はじめから白川党・末寺層と門徒たちのあいだで意見の相異があり、連帯を揺るがしかねない繊細な問題として、運動の背後に控えていたのである。

四　運動の乖離と終焉

白川党の大谷派「議会」像

法主への建白を遂げた「革新運動」は制度の細部をめぐる交渉を引きつづき本山と行なっているが、所期の目標をおおむね達成したことで、全体としては次第に終息の方向へと向かっていった。しかし運動の幕切れで注目したいのは、白川党が制度改革の次に「精神的改正」を主張して全国同盟会の解散へと歩んでいったのに対し、門末とくに門徒層からは引きつづき制度的改革を推し進めるべきだという、運動の継続を求める声があがったことである。そして精神論的な色彩を強めていった白川党と、運動の継続を求める門末層との関係を象徴しているのが、「議会」制度をめぐる両者の認識の相異であった。

白川党が提唱した「議会」論の特徴をひと言でいえば、それは教団旧来の立法制度の改革を志向しつつも、あくまで大谷派の歴史的背景をふまえながらその範囲内で漸進的な改良をめざした点にあるといえるだろう。従来議制局の議員はすべて本山からの特選で、過半数が行政部門との兼職だったことを考えると、それを「派内多数の意志を表明するに足るべきもの」ではないと批判し、本山・末寺の両方から半々で議員を選出する「複選法」による「末寺会議」開設を訴えた白川党のプランは、まさに「革新」的だった。[33]ただし本山からの「純特選」でもなく門末からの「純公選」でもない「複選法」という中間的な選挙方法を提言したところに、白川党の微妙な立場が表われているともいえる。

そうした白川党の漸進的な立場からすれば、門末の一部から要求のあった純公選の「門末総会議」という形態は大谷派では決してとるべきではない、ということになる。事実白川党は、総会議という形態は「主権在門末主義」のような考えが現われてきて「和合の本領を失」いかねず、それは「特殊の歴史的関係に依りて本末の結合を保持」してきた大谷派にはふさわしくない制度だと考えていたのである（四三四頁）。そして白川党は、一方で「門末の意志を達して、而も本山の威厳を失は」ず、他方では「一派の歴史的特質を保ちて、而も社会の大勢に反」しない議会、すなわち本山と門末が和合調和してしかも社会の趨勢に悖《もと》らないような「議会」像を構想したのであり、それが複選法による「末寺会議」だったのである（四三五頁）。

そしてもう一つ、白川党がそのような漸進的「議会」制度論をとるとき避けて通れなかったのが、「門徒会議」の位置づけをめぐる問題であった。門徒の宗政参加に道をひらく「門徒会議」は、教団の結束を強固にするためにぜひとも必要だと白川党は考えていた。しかし彼らが想定した「門徒会議」は、「末寺会議」とは切り離された別個の「議会」であり、その権限は予算・決算など「財務に関する諸般の事項」に限定されたものだったのである（四三〇頁）。つまり白川党にとって「門徒会議」は、たとえば門徒の「愛山護法の心」を養成するために必要な手段ではあっても、「末寺会議」開設要求のように運動の中心的位置を占めるほど重要な目的ではなかった。むしろ、「門徒をして安んじて褪志を致さしめんと欲せば、之をして財務に参与せしむるに若くは莫《な》し」といういい方には、門徒層をある意味で教団改革の客体的存在とみなすような響きさえ、含んでいたといえるかもしれない(34)。

門徒たちの声

対して門徒層の描いていた「議会」像は必ずしも体系的に提示されているわけではなく、しかも白川党が主宰していた『時言』からその全体像をよみとることは困難である。しかし、『時言』の情報のなかにも門徒たちの「議会」像や願望は断片的ながら表象されており、私たちはこれを手がかりとして、「革新運動」に参加した門徒たちの心性にある程度接近することができるのではないかと思う。

たとえば、全国同盟会を結成して建白運動を開始する以前、各地域でめいめいの「請願書」を審議・起草していたことはすでにみた。そのうち一八九六年一一月末に「革新同盟会」をつくった越後地方では、大会で「門末総会開設を建白する事」が決定されている（四六三頁、傍点は引用者）。また同じころ「和順会」を組織した近畿地方（摂津・河内・和泉）でも、大会で議決した条項のなかに「教学資金を中止すること」とならんで、「門末会議の開設を望むこと」という一項があげられている（四九二頁、傍点は引用者）。ここで彼らが請願している「門末総会」と「門末会議」は、いずれも白川党が敬遠していた門徒・末寺一体型の「議会」形態であった。つまり運動の初期にはこうした多様な声が含まれていたわけだが、それが全国同盟会結成から建白運動にかけて、白川党の指導のもと次第に平準化されていったことは、先にみたとおりである。

しかし建白運動の達成後、門徒たちのあいだからふたたび「門徒会議」の問題が噴出してきた。一八九七年三月一七日に開催された「全国上京委員懇話会」で、「門徒諸氏」は次のような二つの議案を提出している。一つは「門徒会議設立迄は教学資金等総て勧募徴発を為す者には一切応ぜざること」、そして「門徒委員を滞京せしめ僧侶委員と共同して専ら門徒会議の速成を謀ること」の二つである[35]。これは、「門徒会議」を設置するまでは本山に講金を上納しないという門徒たちの強い意思表明だが、この議案は全国同盟会のなかで「大多数を以て」可決された。しかし「門徒会議」の問題は、引きつづき全国同盟会内部で意見調整に難航した様子がうかがえる。『時言』は、「交渉委員及同盟会幹事会を開き、門徒会議に関する熟議をなせしも、説頗る分れて纏らず、漸く二三の要目を定むるに深更に及べり」と伝えている（五五七頁、傍点は引用者）。

彼らがこのとき「門徒会議」の何について意見が割れていたのか、引用箇所だけでは明らかでない。しかし次にあげる投書の内容からみて、白川党・末寺層と門徒たちのあいだで意見の相異があった「門徒会議」の権限をめぐる問題だったことは、ほぼ間違いないだろう。

その投書とは、黒川藤松なる人物が『時言』第七号に寄稿した「門徒会議に就て」という文章である。黒川が末寺僧なのか一般門徒なのかはっきりしないが、その投書は白川党の「門徒会議」論を「偏狭なる方針」だと批判する主旨のものであった。では白川党の方針のどこが偏狭なのか。黒川によれば、白川党は「門徒会議」の権限を財務関係だけでよいというが、それだけでは不充分である。財務関係のほかに少なくとも「予算に関連する条例等発案及び議定の権」「質問及建議の権」「上申する権」「請願書を受くるの権」などの権能が必要である。黒川はこれらの権限をもたない議会を「不具なる議会」と呼び、「寧ろ設立せざるの勝れるに如かず」とさえいう[36]。また、もし白川党が「門徒会議」について「偏狭なる方針を取り、財務に限るが如き制度を立る」ことがあるならば、それは「輿論を蔑視した」行為というべきであり、そんな議会に誰が好んで参加するだろうか、という（五七九頁）。そして黒川はさらに語を継いで、「完全なる門徒会議」設立のためには実力行使も辞さないとの覚悟を、次のように訴えている。

余輩は本山の根本的改革を希望するものなれば、前記の権能を具備し、完全なる門徒会議の設立するを切望するものなり。否輿論の之を希望するなり。輿論にして終に当局者に容れられざらむか、余輩は席捲勇進して、献身的運動をも辞せざるべし、幾百万の信徒以て如何となすや。（五七九頁、傍点は引用者）

つまり黒川からすれば、財務以外にも充分な権限を備えた「完全なる門徒会議」の設置こそが、「根本的改革」と呼ぶにふさわしいものだったのである。当初清沢たちも「根本的革新」という同じ言葉を旗幟にかかげて、「革新運動」をリードした。しかしこのとき白川党は、制度的改革から徐々に離れて次なる「精神的改正」へと進もうとしていた。「根本的革新」をめざした運動は、ここに制度論と精神論の二つの道に分岐を始めたのである。

「実際的方面」から「精神的改正」へ

白川党が「形式的改正より精神的改正」への転換を本格的に訴え始めたのは、法主への建白運動を終えた一八九七年六月ごろからだった。『時言』第八号に「革新の前途」と題する社説を掲載し、そのなかで「一派の弊根は深く精神の上に在」るのだから、「区々たる制度機関の改良」だけではもはや満足できないと述べている。[37] 白川党は、これまでの「革新運動」は「精神的改正」のための「階梯」に過ぎないと総括し、「革新の前途」はそうした「形式的改正」の先の、精神的領域にこそあるのだと訴えたのである。

権限の範囲をめぐって紛糾した「門徒会議」の問題は結局、全国同盟会が議制局会議（議会）に提出した「財務商議会（即ち門徒会議）条例案」が、「空しく提出者へ返付」されるというかたちで決着した。つまり権限云々以前に「門徒会議」そのものが開設されないことに決まったわけだが、その理由は、一八九七年一一月に本山が突如発布した「宗制寺法補則」に、「門徒会議」の存在が抵触するからというものだった。[38] 先にもふれたように、宗制寺法は大谷派教団の「憲法」というべき根本法規だったが、その補則が議会を経ずに降下的に発布されて「門徒会議」の計画が頓挫したことを、『時言』は「議制会は殆ど木偶《でく》に等しく、門徒会議は永く開設の機会を失」うことになったと、当局の「擅制的精神」を批判している（六七一頁）。しかし「精神的改正」へと歩みを進めつつあった白川党は、これ以上「門徒会議」の開設を追求しようとはしなかった。

さらに全国同盟会では一八九七年八月一日から評議委員会を開き、同盟会の解散不解散を討議し始めた。一一月には全国総代委員会を開催したところ、「甲論乙駁」の議論があったが、ついに一二月九日、「満場一致を以て／同盟会を解散すること」が決定した。(39)『時言』に掲載された「全国同盟会解散之理由」をみると、同盟会解散の背景には本山が新たに告達した「講会条例」の影響もあったらしい。「講会条例」とは、大谷派の僧侶・門徒が連合して講会を結成するときには本山の認可を必要とすること、また「地方ノ和合ヲ害シ宗務ヲ妨クルモノト認ムルトキ」は認可を取り消すことなど定めたもので、白川党は自ら全国同盟会がこの条例に抵触する団体だと、自主的に判断したのである。(40)

ただし全国同盟会にとっては、白川党のあげたもう一つの「解散之理由」の方がより切実な問題だったと思われる。それは、「破壊時代に誕生」した全国同盟会が「構成時代」へと成長していくにつれ、「会員各自の見る所多少趣を異にするもの」が出てきて、同盟会としての統一性を維持できなくなったという問題である（六七九頁）。そのとき、「門徒会議」をめぐる問題などは、同盟会の結束を揺るがす火種の最たるものだったろう。そして白川党は、今日の全国同盟会は決して「革新的精神の暢発を扶翼すべき適当の形体」ではないといい、「精神上の解散」と区別しながら「形体上の解散」を決行したのであった。

こうして「実際的方面」の改革をめざして始まった「革新運動」は、「精神」論的な色彩を強めていった白川党と、「制度」論的改革の継続を求める一部門末たちとの溝が埋められないまま、全国同盟会の解散とともに終わりを告げたのである。

おわりに――「革新運動」の経験の意味するもの

清沢満之の「精神主義」をよりよく理解するためには、その思弁性のみに注目するだけでは充分でなく、少なくともそれに先立つ「革新運動」の経験をふまえながら、思想の意味を全体として考えてみる必要があるというのが、本章の立場であった。

そして本章ではここまで、真宗大谷派の「革新運動」をうながした日清戦争前後の客観的状況や「革新」の論理、そして運動形態や門末との連帯に注目しながら、運動の全体像とその意味について考察してきた。重要なことは、「革新運動」がきわめて実践的な運動を展開したこと、にもかかわらずそれが次第に「精神」論と「制度」論の二つの道に乖離していったという事実である。このように本章では、ふつう内面主義だと批判される清沢「精神主義」の起原を、それとは一見正反対の外向的な「革新運動」のなかに求め、そこから次第に「精神」論的立場を強めていくプロセスを、歴史内在的に描き出すことができたのではないかと思う。

ただしこれは、いまだ運動の現象的な説明にすぎず、なぜ運動が二つの方向に分岐していったのか、そしてそれがどのように「精神主義」へとつながっていったのかという問題については、ここでは充分に答えられていない。では、大谷派教団の革新をめざした運動が、二つの道に分離していったということは、一体何を意味しているのだろうか。最後にそのことの意味を、考えてみることにしたい。

運動の現象そのものを素直にみれば、制度改革という現実的地平に立脚して「門徒会議」開設を求めつづけた末寺僧や門徒たちの革新的エネルギーを、清沢たち白川党が教団保守の立場から「精神」論に解消しようとしたために、運動が二つに分裂していったとみることもできるだろう。本文でみたように、各地の同盟会が示した連帯や、そこに参加した門徒たちの行動は、ときに白川党の指導を逸脱していく、独自の光彩を放った運動であった。しかしここでは、「革新運動」が行き着いた二元論的乖離という結末には、先行研究で繰り返されてきた「精神主義の限界」という以上の、より普遍的な問題が表現されているのだと考えてみたい。

それは、白川党と門末層の対立を超えたところにあって、そこで生きるすべての人間の生や心性に二元化をせまる、「近代」に固有の規制力のことである。

本章でみた日清戦争前後の時期は、経済的功利主義や競争主義といった資本主義的諸原理がいよいよ昂進し、伝統的諸価値にかわるもっとも有力な原理として、その地位を獲得していく過程であった。この時期、大谷派教団が何度も深刻な負債問題に直面したのも、そうした社会の急速な構造的変化に、大谷派も同様に規定されていたことを意味している。さらにそれから一〇年も経たない一九〇一年には、一連の「精神主義」論文で清沢が、社会の「物質的文明」化が著しいこと、そしてそれが「競争相奪の害」や「奢侈贅沢の弊」をもたらしている状況を、繰り返し語ることになる。

一方で、人はもとよりそうした時代の原理に規定されながら生活するしかない存在だから、そのことは彼らの生存する社会が、競争からの落伍や経済的貧困へと落ち込んでいく危険が遍在する場になったということを、意味している。そうなると人々は、自然状態に安住しつづけることが難しくなり、彼らと客観原理または外的環境とのあいだには、さまざまな緊張や葛藤が生まれてくるだろう。ここでは、そうした緊張や葛藤が二元論的な心性や世界認識として表現された例として、運動直前の清沢の精神生活をみてみよう。

一八九〇年、清沢はそれまでの華美な暮らしを突如一転し、厳格な禁欲生活に入ったことはよく知られている。

その生活は、喫煙・肉食を絶って松ヤニを嘗め、日々厳格な行規を守り独居で修養にはげむという徹底ぶりであった。しかしその結果、清沢は結核を発症し、「革新運動」までの二年間は療養生活のなかにあった。その養痾のある日、清沢は禁欲生活の挫折をふりかえって次のような省察をめぐらせている。「所謂穢十ノ仮名人」である我々がこの世界で安心して正しく生きるためには、もはや「有限ヲ表トシ無限ヲ裏トスル」ような生き方しか残されていないのではないか、と（「在床懺悔録」一八九五年）。

ここには一方で、人はこの世界からまったく自由な無限者のごとき存在となることは不可能だという、禁欲生活の失敗に学んだ清沢の厳しい自覚が表明されている。しかしもう一方で清沢は、それでも有限者にも、有限者としてこの世界にありながら、自由へと通じる確かな道があるのではないかと、実践的に思索を深めていこうとしていた。「有限ヲ表トシ無限ヲ裏トスル」という処世上の決意は、まさにそのような思想の二元論的格闘のなかで、清沢が到達したひとつの立場を象徴的にあらわす表現なのである。

この世界を有限として否定または相対化し、それと対抗する理念的な無限世界に自律的領域と実在の源泉を求めた清沢の宗教哲学は、「有限対無限」というきわめて明確な二元論的構成を一貫してとっている。その意味で清沢は、日本の思想史でおそらく初めてとなる「近代」の哲学者だった。この清沢の立場からすれば、革新運動を「制度」改革だけに限定することは、よそよそしい世界から自由になるどころか、むしろそのために世界からからめとられ、現前の価値原理に棹さす結果になってしまうことを意味しただろう。

ただし清沢は、すでにみたように現象世界を単純に全否定したわけではない。有限界を忘れなかった清沢の哲学は、「革新運動」のように積極的な実践運動を生みだす素地も、確かにもっていたのである。清沢のいい方では、有限と無限が織りなす複雑な関係のあり方を、有限者としての立場から徹底して考え抜こうとしたところに、その哲学の本領はある。

現前の世界そのままで人生の意味や価値を十分に充たし満足させることが困難になった「近代」社会では、現実に徹して制度の改革に勤しむのがよいのか、それともそこからあえて距離をとって精神的領域に訴えていくのが正しいのか、究極的な答えはおそらく無いだろう。「革新運動」の経験とはある意味で、そのような「近代」の困難が構造的に免れがたいものとなったことを物語る、歴史の証言とはいえまいか。だとすれば、「近代」の規制力からまったく自由になることは容易でないにしても、そこから発せられた声に光を当てるだけの準備や心得さえあれば、私たちは「近代」の経験やその意味ということを、その内側から、今よりもっと反省的に考えてみることができるはずである。

註

(1) 清沢満之「精神主義」、『精神界』第一巻第一号、一九〇一年一月一五日。『清沢満之全集』第六巻、岩波書店、二〇〇三年、三頁。
(2) 赤松徹眞「近代日本思想史における精神主義の位相——清沢満之の信仰とその陥穽」(二葉博士還暦記念会編『仏教史学論集』永田文昌堂、一九七七年)。福嶋寛隆「「精神主義」の歴史的性格」(『日本仏教』五〇・五一、一九八〇年)。
(3) 大谷派をはじめとする近代の真宗史については、柏原祐泉『真宗史仏教史の研究 Ⅲ近代篇』平楽寺書店、二〇〇〇年。とくに同書中、第一篇「近代真宗の進展」を参照。
(4) 同前、一四四頁。
(5) 吉田久一『改訂増補版 日本近代仏教社会史研究(上)』川島書店、一九九一年、一四三頁。
(6) 「教育と宗教の衝突」論争における仏教勢力の一般的動向については、吉田久一の研究に詳しい。『日本近代仏教史研究』吉川弘文館、一九五九年（吉田久一著作集第四巻、川島書店、一九九二年）、とくに第三章。村上専精については、同書二一一頁参照。なお、第二章でみたように、のちに村上は井上の「倫理的宗教」論を批判する立場に回ることになる。

（7）『教界時言』第一号、一八九六年一〇月三〇日。以下、本章では『時言』と略記し、『真宗史料集成』（以下『集成』と略記）第一二巻、真宗教団の近代化、同朋舎、一九七五年所収の復刻史料によった。三七九頁。〔追記―その後『時言』は、二〇一八年に不二出版より全号が復刻出版された〕。

（8）前掲柏原『真宗史仏教史の研究　Ⅲ近代篇』、一五三頁。

（9）同前、一五三―一五四頁。

（10）日清戦争における仏教界の活動については、吉田久一「日清戦争と仏教」に詳しい。笠原一男博士還暦記念会編『日本宗教史論集』下巻、吉川弘文館、一九七六年に所収。

（11）同前、三九三―三九四頁。

（12）『集成』、三九八―四〇〇頁。

（13）柏原祐泉『近代大谷派の教団――明治以降宗政史』真宗大谷派宗務所出版部、一九八六年、一一七―一一八頁。

（14）「本願寺攻撃の極筆」（『仏教』一一〇号、仏教学会、一八九六年）。なお『仏教』誌の論説も含め、このころの本願寺批判の主な史料は、『真宗大谷派革新事情』仏教学会、一八九七年、七―一八頁に収録されている。

（15）『時言』第一号、一八九六年一〇月三〇日。『集成』、三七七―三七九頁。

（16）「革新の要領」、『時言』第三号社説、一八九六年一二月二五日。『集成』、四二六頁。

（17）「大谷派の有志者に檄す」、『時言』第一号。『集成』、三八一頁。以下、本章第四節までの本文中に註記したページ番号は、『集成』第一二巻のページ番号を指す。

（18）井上豊忠は、すぐあとでみるように、主に大谷派の財政問題に鋭く切り込んだ批判論文を次々と発表し、「革新運動」の中心を担った白川党の一員だったが、その詳しい人物像は長らく不明であった。しかし、山形県に埋もれていた井上の三十余年にわたる詳細な日誌を発掘した森岡清美の重厚な研究によって、そのライフヒストリーと、「軍師」役としての井上からみた「革新運動」の経験が、近年初めて明らかにされることになった。森岡清美『真宗大谷派の革新運動——白川党・井上豊忠のライフヒストリー』吉川弘文館、二〇一六年。なお、同書の紹介と私の理解については、拙稿「書評」を参照（『歴史評論』八一五号、二〇一八年）。

(19) 井上豊忠「吾派本山財政の紊乱」、『時言』第三号。『集成』、四四六頁。

(20) 本章は第一五回日本近代仏教史研究会研究大会（二〇〇七年五月）での報告がもととなっているが、そのときの質疑のなかで、清沢たち白川党は本当に大谷派教団の日清戦争協調体制を批判したのか、という主旨の質問が寄せられた。これは私の、「「革新運動」は日清戦争前後の政教関係を内側から照らし出す対抗運動としての意味をもつ」という発言に対する、疑義をこめた質問だったのではないかと思う。本文中でも述べたように、たしかに白川党は直接に教団の戦争協力を批判しているわけではないし、そのような目標も掲げていない。そのことは、いわゆる反戦運動が近代日本で生まれたのは日露戦争以降だという通説とも符合するだろう。しかし、たしかに清沢や井上は教団と国家の関係を今日のように自覚的に明確な対象知で語ったわけではないが、本章のように彼らの「革新」の論理を歴史の文脈のなかに再配置してみると、それはやはり教団の戦争協力を批判する可能的な意味と論理をもっていたのだと考えたい。

(21) 前掲「革新の要領」、『時言』第三号社説。『集成』、四三三頁。

(22) 安丸良夫『文明化の経験——近代転換期の日本』岩波書店、二〇〇七年、二二二頁。同二八四頁も参照。

(23) 同盟会は判っているだけで、摂津・河内・和泉・伊勢・尾張・三河・駿河・相模・東京・近江・美濃・信濃・陸前・陸中・陸奥・羽前・羽後・若狭・越前・加賀・能登・越中・越後・播磨・豊前・豊後・筑前・肥後の二八地域で結成されており、それは「門末の少い四国・山陰を除くほとんど全域に及」ぶものであった。森龍吉「解題」、『集成』第一二巻、四八頁。

(24) 自由民権運動とその政治文化を、民衆意識・民衆運動とのかかわりで論じたものとして、前掲安丸『文明化の経験』、第四章・第五章参照。

(25) 「革新の潮勢」、『時言』第四号、一八九七年一月二八日。『集成』、四八九頁。

(26) 『扶桑新聞』一八九六年一二月一三日、第二面、二八六七号。なお引用文には適宜読点を付した。

(27) 以下、尾張地方の革新運動については、『時言』第三号「革新の潮勢」、一八九六年一二月二五日（『集成』、四六一―四六二頁）の報道を参照。また『真宗大谷派革新事情』、二一五―二二二頁も参照。
(28)『扶桑新聞』一八九六年一二月二六日、第二面、一一八七八号。
(29)『時言』第三号「緊急広告」、一八九六年一二月二五日。『集成』、四二四頁。
(30)『時言』第四号「請願書打合せ小会」、一八九七年一月二八日。『集成』、四九八―四九九頁。
(31)『時言』第五号、一八九七年三月二八日。『集成』、五二五頁。
(32)『時言』第六号「懇話会」、一八九七年三月二九日。『集成』、五四九頁。
(33)前掲「革新の要領」、『時言』第三号社説。『集成』、四三三、四三五頁。
(34)「大谷派宗政の革新」、『時言』第六号社説、一八九七年四月二九日。『集成』、五三九頁。
(35)「革新の潮勢」、『時言』第六号。『集成』、五五三頁。
(36)黒川藤松「門徒会議に就て（寄書）」、『時言』第七号、一八九七年五月二九日。『集成』、五七七頁。
(37)「革新の前途」、『時言』第八号社説、一八九七年六月二九日。『集成』、五八五頁。
(38)「宗制寺法補則の発布」、『時言』第一三号社説、一八九七年一一月二九日。『集成』、六七〇―六七一頁。
(39)「報告書」、『時言』第一三号「全国同盟会記事」。『集成』、六七八頁。
(40)「全国同盟会解散之理由」、『時言』第一三号。『集成』、六七九頁。なお「講会条例」の全文は、「本山報告」一八九七年一一月五日、『常葉』第三号附録（『常葉（一）』「宗報」等機関誌復刻版六、東本願寺出版部、一九九一年、一三九―一四〇頁）に掲載されている。

第四章 清沢満之「精神主義」再考
——明治後半期の社会と「悪人の宗教」——

はじめに

「近代仏教」の歴史を振り返るとき、清沢満之はとりわけ重要な存在として多くの注目を集めてきた。前章でみたように、真宗大谷派の僧として一九〇〇年前後に教団の「革新運動」をリードした清沢は、同時に、日本でドイツ観念論を理解した最初期の哲学者でもあった。哲学者としての方面は、彼が二〇代後半に宗門人として生きる決意をし、宗門系学校の運営や教団の「革新運動」に邁進するようになってからは、充分に展開されたとはいえない。しかし、清沢が仏教とりわけ親鸞の思想のなかに西洋哲学と重なり合う普遍的な契機を発見し、そこに自らの哲学的課題を見定めて粘り強くつづけた探究の歩みは、単に真宗史上のみならず、明治二〇―三〇年代の思想史のなかでもとくに独創的なものであった。そのためこれまで清沢とその「精神主義」は、近代仏教史はもちろん、思想史研究からも注目される、〝花形〟テーマの一つでありつづけてきたのである。

たとえば斯界の第一人者として近代仏教史の通史を描いた吉田久一は、清沢の「精神主義」、そして同じころ仏教界で大きなうねりとなった「新仏教」運動に注目し、この二つの信仰運動が出揃った明治三〇年代を、「近代仏教」の到達点として高く評価している。(1)「精神主義」と「新仏教」運動を近代仏教史の二つの高峰とみなすこうした理解は、今日ではほとんど通説的理解といってよいだろう。二〇一一年にまとめられた新しい通史で大谷栄一は、「精神主義」が個人の内面における信仰の形成と確立を重視した「個人志向型」だとすれば、「新仏教」運動は国家・社会への関わりを重視した「国家・社会志向型」と類型化できること、そしてこれまで研究史では、「精神主義」と「新仏教」運動がそれぞれ体現した内面性と社会性の二方面に、「近代仏教」成立の指標が求められてきたことを指摘している。(2)

ところで個人（内面）志向と社会志向という（対立的な）指標であるが、これは私たちの日常的な感覚からして、とても分かりやすい図式である。歴史研究が何ほどかの抽象化を介して歴史的世界の全体を体系的に理解しようとする試みだとすれば、これらの指標は、私たちに明快な歴史像をもたらしてくれる有効な方法であるともいえそうだ。しかし、大谷も注意しているように、こうした歴史の抽象化はどうしても研究者（主体）の問題関心や主観と切り離せない領域であり、そのことに私たちは常に自覚的でなければならない。吉田の場合、「精神主義」の内面性と、社会活動を重視した「新仏教」の外向性を相互補完的に合わせたところに、「近代仏教」のあるべき全体性を展望している。こうした明快な対抗軸の設定が、吉田の研究に独自のダイナミズムと緊張を与えているのは確かである。しかしそれがひとたび自明視されると、その図式は逆に躓きの石となって、本来より複雑で豊かな可能性に満ちているはずの歴史的世界を明快すぎる二極の指標で割り切り、ややもすれば形式的で単純化された歴史理解へと容易に反転してしまう、そのようなことにもなりかねないだろう。

たとえば、清沢研究でこれまで繰り返されてきた次のような議論はどうだろうか。それは、〝清沢は個の内面や自我の領域を先駆的に問題化し、仏教や信仰の近代化を推進した。しかしそれは個に沈潜する内面主義であったために、客観的な社会構造を問題化することができなかった〟という、お馴染みの議論であろ。つまり清沢は、その思想の顕著な内向性ゆえに非社会的な観念論や天皇制国家との妥協に帰結し、それが「精神主義の限界」を示すものとして、たびたび批判的に論じられてきたのである。(3) しかしそもそも、清沢の「精神主義」は、本当に社会性に乏しい内面主義だと一義的に規定できるような思想的営為なのだろうか。またそれは、清沢思想の歴史的解釈として、適切な理解だといえるのだろうか。本章でまず問い直してみたいのは、そのことである。

ここで、近年清沢と「精神主義」について「限界」説の立場から優れた論考を精力的に発表してきた、近藤俊太郎の研究に注目してみよう。(4) 近藤の研究は、研究者の主体的立場性を問いそれを強く前面に押し出すスタイルに著しい特徴があるが、その近藤が清沢研究において一貫して強くこだわっているのが、「信仰と歴史的立場の総体的把握」と氏が呼ぶ方法である。清沢に即していうと、それは清沢の思想を単に彼個人の問題に限定して理解するのではなく、その思想がいかなる社会的・歴史的な意味を有していたのか、それを総体として把握し評価しなければならない、とする立場である。近藤が実際に行なっているのは、同時代の「新仏教」グループや平民社を中心とする初期社会主義などの有力な諸思想と清沢思想を比較・対照することによって、「精神主義」の特質を浮き彫りにする作業である。そしてそこから導き出される近藤の結論は、清沢の「精神主義」は、たとえば問題を「心」に集中することによって現実の観念的〈転換〉を行なって現実の無条件的肯定や放恣なエゴイズムへとつながり、またそれが政治的には天皇制国家や国家神道体制(民族宗教)への従属に帰結した、というものである。

詳細な論証部分は割愛せざるをえないが、ここでは近藤が清沢「精神主義」の非社会的な性格を強調し、明確な「限界」説の立場をとっていることを確認しておきたい。ここには、ある思想や信仰が歴史のなかでどれだけ厳しく現実と「否定」的に対峙することができるのかという近藤の真摯な問いがあり、それは、ともすれば安易な清沢「鑽仰」論に自足しがちな真宗教団の大勢や私たち研究者に対して、強く反省を促すものでもあろう。またこうした近藤の「限界」説は、形式的には第二章のはじめにもふれた福嶋寛隆や赤松徹眞の主張を継承したものといえる。しかし近藤が二一世紀の時代状況――たとえばアフガン・イラク戦争や靖国問題、あるいは新自由主義イデオロギーの跋扈や貧困問題の深刻化など――に対して強い批判意識をもちながら、仏教はそうした状況といかに切り結ぶことができるのかという現代的な問題意識を背景に一連の清沢論を発表してきたことは、氏の研究の性格を考える上で、見逃せない事実である。つまり今日近藤が清沢「精神主義」の「限界」説を再び議論し、それが自ずと厳しい調子を帯びざるをえないのは、かなりの程度まで今日の時代状況のしからしめるところが大きいといってよいだろう。

以上が近藤説のごく大雑把なまとめだが、ここではひとまず、仏教に国家・権力・社会問題などに対して批判的にコミットしうる社会性を期待し、その契機を歴史のなかに見出していこうとする、近藤の規範的な問題意識あるいは歴史観には同意しておきたい。だがはたして、清沢思想を近藤のように「新仏教」や平民社と対比しながら内面主義と規定し、批判する方法によって、現実批判的な仏教史研究は可能となるのだろうか。清沢を社会派に対する内面派の代表とみなしてきた通説的理解を前提とするならば、たしかにそれはもっともらしい議論のようにみえる。しかし、第三章で指摘したように、内面派と社会派という類型化自体いちど疑われてしかるべきだろうし、何よりそのような図式化は、清沢の思想や実践に活き活きと表現されているはずの歴史的世界の動態をみえにくくし、かえってそれを今日的な通念の枠内に押し込めることになってしまうのではないかと思う。

観念的な性格の強い清沢思想の歴史的可能性を問うためには、清沢がいう「否定の方法」やそこから生まれてくる禁欲生活、「悪人」観などの独自の実践に、まずは光が当てられるべきであろう。「限界」説が志向するような思想や仏教の可能性は結局のところ、清沢の外側ではなく、その思想や経験そのものにもっと内在してみることで、

はじめて十分に探究することができるのではなかろうか。(5)

以上、本章の関心と立場を確認した上で、まず第一節では、清沢が明治二〇年代という歴史的時点で探究した宗教哲学と、そこから実践的に展開された禁欲生活の様子を具体的にみるところから始めたい。つづく第二節では、そのような哲学や禁欲生活の実践がどのように清沢の「自己」の省察を深めながら、一九〇一年以降の「精神主義」提唱につながっていくのか、明らかにしたい。そして第三節では、そうした清沢の「精神主義」が、たとえば同時代に支配的イデオロギーとして確立しつつあった「国民道徳」とは多くの点で相容れない道徳性・主体性の様式を形成したことを明らかにする。最後に第四節で、もっとも本質的には人間の有限性や「悪」をみつめようとした清沢の「精神主義」が、現実の常識的理解や善悪の通念を超えていくような深い洞察を可能にするラディカルな認識主体の形成を促したことを、実際に起きたある殺人事件を例にあげながらみてみたい。

結論的にいえば、哲学研究から「精神主義」にいたる清沢の思想や観念的態度は世界や現実から遊離するための内面主義ではなく、むしろ明治二〇―三〇年代の歴史的現実との格闘のなかで、その現実への批判をより原理的に遂行しようとした清沢が自ら選びとっていった、それなりに一貫した論理をもつひとつの積極的立場であった。内面的か外向的かという二項対立的な議論の地平を越えて、むしろその間に広く横たわる領域に人間の生や自由の意味を求めつづけた清沢の探究や実践の様子を明らかにすること、それが本章が全体としてめざす目標である。

一　宗教哲学と禁欲生活の実践

宗教哲学研究

東本願寺の命で一八八二年から東京大学に留学し、大学院哲学科に進んで宗教哲学を専攻した清沢は、日本でドイツ観念論を理解した最初の哲学者だったといわれている。同じ明治二〇―三〇年代に活躍した重要な哲学者に、「日本のカント」と呼ばれ『良心起原論』（一八九〇年ごろ）や『西洋哲学史』（一八九五年）で知られる大西祝《はじめ》がいる。しかし一歳年長の清沢は大西に少しだけ先行してカントやヘーゲルを学び、ドイツ観念論（デカルト批判）を経由して、さらにソクラテスやエピクテトスら古代哲学の研究に向かっていた。つまり清沢は何よりもまず明治期を代表する哲学者の一人だったのであり、その哲学には、清沢思想のエッセンスがもっとも原理的なかたちで表現されているはずである。そこでまず、清沢宗教哲学の性格や特徴を明らかにするところから始めたい(6)。

清沢哲学の二つの主著というべきは、『宗教哲学骸骨』（一八九二年）と「他力門哲学骸骨試稿」（一八九五年）である。前者は清沢の禁欲生活のさなか、後者は結核発病後、教団「革新運動」の開始とほぼ時を同じくして執筆された(7)。両著を貫くテーマを簡単に要約すれば、「有限」存在はいかにして「無限」すなわち真理の主体へと到達できるのかということが清沢の問いであり、その有限から無限への開発・展化（開展）のプロセスを論理的に考察していくことが、清沢哲学の主題であった。

もちろん両著とも他にも多くの論点を含み、たとえば仏教思想における「自力」と「他力」の哲学的意味の考察などは、仏教の普遍性を探究しようとした興味深い内容である。しかしここではとくに、清沢が繰り返し強調している次の三つの主張に注目しておきたい。それは、（一）宗教の究極の目的は、有限を無限に開展させること（「転迷開悟」）である、（二）そして有限が無限に開展するには、必ず無限による媒介（「縁素」）が必要である、（三）ただし有限存在は、「信心決定」の後にも有限者として現世にある限り、無限そのものには完全には開展できない、という三点である。

ここに表現されているのは、有限と無限の二項に分割された、明確な二元論的世界観である。しかし清沢哲学の主題は、有限者（悪）がいかにして無限（善）に開展することができるかということにあるから、問題は、そのように分裂した世界を、再びどのように統一するかにあったといってよい。だが清沢によれば、有限者は有限者である限りこの世界では無限そのものに完全には開展できないのだから、重要なのは、そうした有限者が現世にありながら、無限へと部分的に到達する道を追求することなのである。

有限者が無限とつながる道として、清沢はたとえば有限者による「無限ノ覚知」や「信行」が重要だといっている。これは此岸における阿弥陀仏への信仰や念仏といった浄土門の実践を、哲学的に言い換えた表現ともいえるだろう。そしてこの観点から清沢は、「他力門哲学骸骨試稿」の最後で、親鸞の次のような和讃に注目している。「有漏ノ穢身ハ変ラネド　心ハ浄土ニ住ミ遊ブ」（「帖外和讃」）[8]。つまり清沢は有限と無限の完全な一致ではなく、有限者が現世のうちで無限を内在させながら、それを部分的に実現していく道を追求しようとしたのである。そして究極的には無限そのものになることはできないという有限者の自覚は、無限に少しでも近づくための絶えざる修練や「日夜幾多ノ行業」を、その有限者に要請するのである[9]。

なお清沢がいわゆるデカルト的二元論を批判し、ソクラテスやストア派などの古代哲学に大きな関心を寄せたことは、清沢の哲学が近代日本における実存的哲学の濫觴であったこととおそらく関係がある興味深い事実だが、ここでこの問題を詳しくみる余裕はない。ただ繰り返すならば、清沢の哲学は後でみるような彼の禁欲生活と相互不可分の関係にあったのであり、そのような強い実践との親和性こそが、清沢哲学の性格を理解するための重要なポイントなのである。

「精神主義」の時代──二つの歴史的条件

有限と無限、相対と絶対など、清沢の宗教哲学はそれ自体をみると、きわめて抽象度の高い、観念の堅固な構築物のようにみえる。しかしどれだけ抽象的な哲学もその時代の歴史的条件に何ほどか規定されて形成されるものだとすれば、清沢の場合もまた例外ではない。その思想や実践を規定した歴史的条件を考え合わせることで、私たちは清沢哲学を歴史的コンテクストに即したかたちで、もう少し具体的に理解してみることができるはずである。そして清沢哲学の歴史的意味を理解するためにとりわけ重要だと思うのは、「資本主義化する生活世界」と「一般化する国家理性」という、清沢が生きた明治中期のあらゆる生や思想をもっとも大枠で規定した、二つの歴史的条件である。

「国家理性」の問題については、行論の関係上、国民道徳にふれた第三節で確認することにしたい。ここではまず「資本主義化する生活世界」に注目してみよう。

イギリスで一八世紀中ごろから始まった産業革命は、周知のように機械の発明・応用によって生産機構の変革をもたらした、人類史上の一大画期であった。政府の保護・育成のもと後発的に近代化を開始した日本では、日清・日露戦争という二つの対外戦争を大きなバネとして、急速に産業革命を推進した。日清戦争前後には軽工業部門、日露戦争前後には重工業部門を中心として日本の産業革命は進んでいき、日清戦争後の繊維産業を中心とする企業勃興とともに、日本社会で初めて本格的に資本主義が成立することになった（一九〇〇年には最初の資本主義恐慌）。資本主義社会の成立によって、たとえば日清戦争前（一八八六年）に約七万五〇〇〇人だった工場労働者は、日露戦後（一九〇九年）には約八一万人となり、いわゆる賃金労働者が急速に増加したのもこの時期である。[10] またそれと軌を一にするように、近世幕藩体制を支えたもっとも重要な基盤である農村では、下層民の多くが小作農に転落し、多数の子女が出稼ぎ労働者として都市に労働力を供給するような社会構造が一般化した。

本章にとって重要なのは、清沢の宗教哲学やこのすぐあとにみる禁欲生活が、まさに日本資本主義形成期という歴史の大きな転換期に生まれ、そのなかで遂行された実践だったということである。清沢の思想形成や「精神主義」の意味は、やはり同時代の歴史的条件との関係のなかで考えないと、うまく理解することはできない。

禁欲生活と「外俗内僧」の発見

清沢の宗教哲学が深められたのは一八九〇年以降のことだが、その謹厳な哲学の印象とは裏腹に、それ以前の清沢の私生活はかなり派手で贅沢なものだった。[11] 宗門が運営を請け負っていた京都尋常中学の若き校長として、清沢は高給をとって広壮な家に住み、人力車で学校に通った。身なりもモーニングコートに山高帽をかぶってステッキをもち、香水をふりかけ西洋煙草をくゆらせるという、いかにも文明開化のハイカラ知識人という体であった。しかし一八九〇年二八歳のとき、清沢は突然校長職を辞し、生活を文字どおり一変させた。伸ばして真ん中から分けていた髪を剃り、煙草をやめ、洋服は黒衣姿に変わった。そして自ら「ミニマム・ポシブル」の実験と呼ぶ生存最小限度の生活を始め、魚肉や塩を断って煮炊きをやめ、松ヤニを嘗めて水に溶かしたソバ粉を食べるといった禁欲生活を、それから四年間継続した。その間も清沢は宗門の中学校開設準備のために奔走しながら授業を多数担当し、生活は多忙を極めた。このような極端な禁欲生活と多忙な日々は生来蒲柳《ほりゅう》の質だった清沢の健康を徐々に蝕み、一八九四年四月、清沢は肺結核を発病して療養入りを余儀なくされた。

以上はよく知られた清沢の禁欲生活と発病までの経緯だが、ここで注目したいのは、発病後の清沢が、療養中にもかかわらず継続して試みたさまざまな省察や修練の実践である。当時の日記や書簡などに残されている記録のなかから、そのいくつかをみてみよう。たとえば一八九四年九月、喀血や発熱に苦しみ「終日怏鬱《おううつ》」とした日々を過ごしていたある夜、清沢は突然「我法の観想」に入り、死について省察をめぐらせて「宗教は死生の問題に就いて安心立命せしむるもの也」という〝発見〟を、日記に書きつけている。[12] また同じ月の末には、「発声は有害なる徴顕然たる」という理由で一週間の「無言の行」を行なってみたり、坐禅や減食（一日一食）を実践したりもしている。[13] 沈黙や減食の実践は古代ギリシアのピュタゴラス派やストア派を髣髴とさせるが、同じころ同志の沢柳政太郎から贈られた『和漢高僧伝』に描かれる高僧たちの事績や高風に、触発されるところもあったらしい。

しかし翌一〇月の日記には、結核の養痾のために肝油・肉汁・牛乳などを摂取し始めた記録があり、古の高僧のように清廉に生きたいという思いと、病気のためにそれを完全に実行することができないという清沢のジレンマは、ますます大きくなる一方だった。そしてこのような心身両面の危機が、清沢の宗教哲学に深化をもたらしていく。それから数か月にわたる省察ののち、清沢はそれまでの禁欲生活をふり返りながら、「断内清独、是れ宗旨の要素なるや否や」という注目すべき問いを自らに問うている。そして親鸞の意に照らしながら清沢が辿りついたのは、現世を全く否定するような修練は真宗の宗旨そのものではなく、「外俗内僧（非僧非俗）の身」と「俗諦勤倹（素朴）の旨義」に十分留心しなければならない、という結論であった。[14]

一二〇七年、朝廷と権門寺院による専修念仏の弾圧で還俗させられ越後に流罪となった親鸞は、世俗のなかにあって仏法を生きようとする自らの立場を、僧でもなく俗人でもない「非僧非俗」だと語ったが、ここで清沢はそれを「外俗内僧」と表現している。この「外俗内僧」とは、有限者が現世のうちで無限を部分的に実現する道を追求した清沢宗教哲学の主題と重なり合う実践であったことを、指摘しておきたい。すなわち「外俗内僧」という処世の方法は、当時急速に資本主義化する社会のなかで、文明生活とそこからの離脱という両極に身を置いた清沢が、病をかかえる有限者としてどこまで現実を否定しそこから離脱することができるかというジレンマを突き詰めた結果、経験的に到達した立場でもあったのである。

二 「精神主義」へ

「自己意念ノ範囲」の「自由境」

ここまでみてきたように、清沢の哲学はその観念的な外見の一方で、絶えざる修練や省察を生活者に要請する実践的な内実をもっていた。たとえば一八九六年から翌年にかけて、病に小康を得た清沢が指導して社会の大きな注目を集めた大谷派の「革新運動」は、清沢思想のもつ実践的性格がもっとも外向的に表現された例だろう[15]。「革新運動」のみならず、実践との不可分性は、「精神主義」を提唱した晩年まで変わらない清沢思想の重要な特徴だというのが、本書の見方なのである。以下そのことを、「精神主義」提唱にいたる清沢の歩みのなかに探ってみたい。

寝食を忘れるほど没頭した「革新運動」直後の一八九八年初め、清沢は再び喀血に襲われ、五〇日間の病臥に就いた。病状がやや回復してからは『阿含経』やエピクテトス『人生談義』を熱心に読んで過ごした。そのころの日記をみると、とくにストア派のエピクテトスとの「対話」のなかで、有限者はどのようにすれば無限とつながり無限へと変容できるのかという思索が、清沢のなかで再び深まりをみせていく様子が確認できる。この思索は、同年一〇月の日記に記された、清沢研究ではよく知られる次のような省察において一つの結論に到達したように思われる。

此ノ如ク四顧茫々ノ中間ニ於テ吾人ニ亦一円ノ自由境アリ。自己意念ノ範囲乃チ是ナリ。……Know Thyself is the Motto of Human Existence? 自己トハ何ゾヤ。是レ人世ノ根本問題ナリ。／自己トハ他ナシ。絶対無限ノ妙用ニ乗托シテ任運ニ法爾ニ此境遇ニ落在セルモノ即チ是ナリ(16)。

ここには、絶対無限に「乗托」して世界に「落在」する人間は、「自己意念ノ範囲」すなわち精神のなかに自由を有していること、そして人間にとって重要なのは、そのような自己自身のあり方を認識し配慮することであるということが、断片的なかたちながらも語られている。ここでいわれる「汝自身を知れ」(Know Thyself) とは、西洋古代の哲学的態度を特徴づける根本的原理であった「自己への配慮」という処世術から派生し、キリスト教成立以降は西洋思想の中心に位置しつづけた哲学的教えであり観念であったといわれる(17)。清沢はエピクテトスを介して西洋哲学の核心にふれただけでなく、自らの修練の経験も省みながら、「精神主義」の提唱へと向かっていくのである。

「否定の方法」

一九〇一年から雑誌『精神界』で清沢が提唱し始めた「精神主義」の要点は、ひとまず次の二点にまとめられるだろう。（一）人は「相対有限の人と物」や「外物他人」に対してではなく、「自家の精神内」に充足を求めるべきである。（二）そしてそれは無限者を媒介とし、処世の完全な立脚地を獲得することで可能となる[18]。自己の精神内に充足を求めるというのはいかにも観念的にみえるが、しかし「精神主義は、吾人の世に処するの実行主義」だと清沢は語っており、単純な内面主義と同一視されるべきではない[19]。実際清沢が、境野黄洋《こうよう》「羸弱《るいじゃく》思想の流行」（一九〇二年、『新仏教』）などから寄せられた論難に対して、精神主義は「隠逃主義」でも「非社会主義」でもなく、ひとつの「積極主義」であると繰り返し主張していることに注意が必要である[20]。また何より精神の充足は無限（者）を媒介しなければ得られないのだとすれば、人は眼前の世界や現実をそのまま素朴に肯定することはできないはずで、その相対性や有限性を直視してそれを何ほどか「否定」する方向に向かわざるをえないはずである。一連の「精神主義」論文で清沢が、当時の生存競争や「優勝劣敗の根本義」、あるいは文明化による「物質的の支配」を厳しく批判しているのも、そうした文脈のなかで理解されるべきだろう[21]。

ここで、「革新運動」直後の清沢が、養痾のなか一八九八年に発表した論文「仏教の効果は消極的なるか」を参照しよう。これは従来注目されることの少なかった論文だが、清沢が自身の「否定の方法」とその立場をもっとも明瞭に語った、とても重要な文章であると思われる。反語的なタイトルから予想されるように、同論文で清沢は、当時厭世的とか消極的と社会から攻撃されていた仏教の「無我」や「空」の概念を取り上げ、それらがもつ積極的な意義を明らかにしようと試みている。すなわち、物質文明化が急速に進む当時の社会のなかでは、仏教のような消極的な立場を選択することこそが「積極的の至極」、つまりもっとも積極的な立場にほかならないのだ、と[22]。これは一見奇妙な逆説的主張だが、それが意識的に選びとられた「否定の方法」なる立場であったことが、たとえば次の引用によく示されている。

> 吾人が相対有限より絶対無限を開説せんとするに、吾人は肯定の方法に従ふ能はざるなり、何となれば、吾人は未だ肯定すべき絶対無限を獲得し居らざればなり、故に吾人が相対有限より絶対無限を開説せんとするに当りては、吾人は必ず否定の方法によらざる能はざるなり、而して是れ正に吾人が為し得べき範囲に属する所なり[23]、

清沢はまた、「否定の方法に従ひ、絶対無限を開説せんとせば、吾人は何物をか否定すべき、曰く相対有限界を否定し尽さゞるべからず」（二〇〇頁）とも述べている。これは単なる自我の肯定や内面主義ではないだろう。さらに相対有限界を否定し尽くすという「否定の方法」は、人々に真理の探求やそのための不断の実践を要請する。たとえば当時清沢は「精神主義」論文を多数執筆する一方で、真宗大学の東京移転と開学の責任者として資金や予算の獲得、人選などに日々奔走しており、とても超俗的な「アキラメ主義」に安住しているといった様子ではない[24]。また最晩年の日記には、いくら信念を獲得しても我々は相対有限である以上苦悩が完全に消えることはないのだから、「信後に於ける精練修養」が必要であると書き記している[25]。

こうしてみると、恩寵主義とも評される「精神主義」の提唱以降も、清沢は有限者としての自己の主体的契機や能動性を問題としているのであり、それはすでにみた宗教哲学から一貫して変わらない清沢終生のテーマであった。また清沢は、自己が「暗愚無能」であり「罪悪生死の凡夫」であることを、反観内省によって感知することの重要さを説いた[26]。ただし清沢にとっては、内省それ自体が目的なのではない。重要なのは、凡夫（有限）の自覚が阿弥陀（無限）による救済の確信をもたらし、さらにそこから、無限へと向かおうとする有限者の不断の実践が生み出されるということであった。より一般的にいうならば、清沢が追求したのは、真理の認識が同時に主体の実践や自

己変容を導くような、〈知―主体〉のあり方であったといえるだろう。それは、生存競争や優勝劣敗がますます支配的原理となり、知と精神生活が限りなく乖離していく近代資本主義社会において、まさに失われつつあった「哲学」であり生の様式だったのである。

三　「国民道徳」と「精神主義」

社会の危機と「国民道徳」

ここで清沢「精神主義」の歴史的意味をさらに理解してみるために、再び当時の社会的文脈に注目してみよう。清沢が禁欲生活を開始した一八九〇年は、ちょうど日本立憲体制の確立期にあたる。また同年開会された第一回帝国議会の直前には、「国民道徳」の正典ともいうべき教育勅語が発布された。その公定の解説書である『勅語衍義』（一八九一年）を執筆したのが、ドイツ留学から帰国し帝国大学哲学科の教授に就任したばかりの井上哲次郎（一八五五―一九四四）であった。同書で井上は、国家自衛のための道徳として「孝悌忠信」と「共同愛国」の二徳目を強調し、一八九二年にはその立場から内村鑑三とキリスト教を非国家主義として攻撃し、いわゆる「教育と宗教の衝突」の大論争を引き起こしたことは、第Ⅰ部ですでにみたとおりである。その後井上は天皇制国家のイデオローグとして、明治後半期の「国民道徳」論をリードしていった。

清沢が「精神主義」の提唱を始めた一九〇〇年前後、井上は新哲学と称して「現象即実在論」を唱えたり、いわゆる「日本儒学三部作」を発表したりと、彼自身のいい方では西洋思想の「長所」と東洋・日本思想を融合・同化する試みを進めていた。ここで注意したいのは、同じころ井上が「倫理的宗教」ということを提唱し、これまで歴史的に存在してきた既成宗教はもはや不要であり、これからは倫理や道徳が国民全体の実践原理となるべきだと主張していたことである。井上はいう。「今後は世界及び人生観を基礎とせる倫理（即ち宗教的倫理）さへあれば足れり、……一切過去の宗教の如き、最早其必要あるを見ざるなり、……今後の宗教は道徳の実行のみにて足れり[27]」。

こうした独断的な主張の背景には、一八九九年から内地雑居が始まり、もはやキリスト教の排斥論がリアリティをもたなくなるなか、キリスト教やそれに対抗する仏教などを包摂しながら、いかに国民の道徳的統合を維持していけばよいかという、国家主義イデオローグとしての井上の苦慮の跡がうかがえよう。また世界史的にみて近代国民国家のほとんどが世俗化の過程とともに成立したことを考えれば、既成宗教の不要を説く井上の主張は必ずしも特殊日本的なものではなく、むしろ形成期の国民国家では普遍的にみられる言説だといえるかもしれない。そして、井上の「倫理的宗教」論が引きがねとなって、宗教家や哲学者らのあいだで「倫理と宗教」の関係をめぐる大きな論争が起こったのも、本章の主要な対象時期である一九〇〇年前後のことだったのである（第二次衝突論争、本書の第二章を参照）。

さらにこの時期は、道徳・倫理・宗教論が全社会的に盛り上がり、さながら道徳論の争鳴ともいうべき状況が現出していた。たとえば一九〇〇年には、大西祝や姉崎正治ら若き哲学者・宗教学者たちが一堂に会し、国家主義に対抗して人格主義と「宇宙大道」にもとづく倫理運動を展開した丁酉《ていゆう》倫理会が結成された。そして翌年には『読売新聞』をはじめ多くの新聞雑誌で「公徳問題」をめぐる論争が起こり、一九〇二年には井上円了主宰の哲学館で行なわれていた倫理の講義に対し、文部省が介入して社会問題となった哲学館事件が起きている。

歴史的にみれば、清沢の「精神主義」も、一九〇〇年前後のこうした道徳論の隆盛のなかに位置づけられるものだろう。それでは、この時期の道徳論の総花的ともいうべき現象は、そもそもどのように理解すればよいのだろうか。ここではD・ハーヴェイの議論を参照して、一九〇〇年前後の道徳論の目覚ましい流行は、近代資本主義システムの社会的浸透とワンセットであらわれてきた現象であると考えておきたい(28)。ハーヴェイによると、市場原理や商品化によって社会的連帯が破壊されつつある共同体では、それを再構築するための原理として、宗教や道徳、そしてナショナリズムへの関心が著しく高まってくることが、世界のさまざまな国や地域で確認できるという。ハーヴェイは主に現代資本主義＝新自由主義を対象に論じているのだが、それを歴史的に敷衍して考えてみれば、資本主義形成期の日本で道徳論がこのように流行したことの意味も、よく理解できると思う。井上も清沢も、ともに生存競争の現実や優勝劣敗の原理を繰り返し批判しながら、それに対抗する原理として、「倫理的宗教」や「精神主義」をそれぞれ提唱しているのである。

そして社会の急激な変化や共同体秩序の危機に対応しようとした道徳論のほとんど全てが、国家や国民という目的に収斂していくことになったのは、西洋列強に対抗する国民国家を政府主導で急造しなければならなかった日本では、ほとんど必然だったといえるだろう。このことは、道徳もまた特殊歴史的なものであるという事実を物語っている。人々の生の規範を語る道徳の原理に国家や国民が明確に位置づけられたのは、日本では、一九世紀以降の近代に固有の現象であった。またそれは道徳論に限ったことではなく、明治以降の公的言説——たとえば啓蒙思想や自由民権運動など——はどれも何ほどか国家全体の利益に訴える部分がなければ、公論として説得力を持ちえなかったはずである。いわば「国家理性」が人々の思考や言説において一般化する明治二〇年代以降の状況のなかで、井上の「国民道徳」論は、道徳界のチャンピオンとして大きな権威を振るったのである。

道徳論が盛んに語られた一九〇〇年前後、清沢も井上と同じく、「倫理と宗教」の関係について多くの発言をしている。しかし井上とは逆に清沢は宗教の自律的立場を強調しており、そこには井上流の「国民道徳」論とはかなり異質な道徳性の観念がみられる。では両者の道徳論（宗教論）は、どのような点で異なっていたのだろうか。次の三点に注目してみたい。

まず一つは、清沢が道徳（倫理）と宗教の二つを明確に区別し、「対他的」である道徳に対して、宗教を「対自的」な実践と規定していることである。清沢によれば、宗教は天地万有や真理に対して「自覚自省」するところに成立するもので、法律や世論など「自己以外のもの」には制約されない[29]。宗教の自律性を認める清沢のこのような立場は、「倫理的宗教」として倫理―宗教の融合（倫理の優越）を説いた井上とは、大きく異なる。

つづいて第二に、道徳・倫理の実行は「絶対無限」の根拠の上に立たなければならないと清沢はいうが、これも井上の道徳論にはない主張である。「絶対無限」を道徳的実践の根拠とみなす清沢にとって、国民道徳の主要な徳目であった忠孝や悌信などは、人と人との関係上に依存する相対有限な倫理にすぎない。人は「倫理以上の根拠」に立脚しないと迷悶や惑乱を免れないのであり、だからこそ清沢は「宗教的信念の確立する所に、倫理の大本も確立し、宗教的信念の確立せざる所には、倫理の大本も確立せざるを知るべし」と断言するのである[30]。

第三に、清沢は道徳・倫理の実践不可能性と悪人・凡夫の自覚ということについて繰り返し語っているが、これが井上と清沢の道徳論を分ける、もっとも重要な点であると思われる。清沢によれば、倫理・道徳をいくら真面目に実行しようとしても、有限者にはそれを思い通りに実行することはできない。この道徳・倫理の実践不可能性を「感知」することこそが、有限者としての自覚の契機であり、宗教の出発点なのである[31]。最晩年の清沢は「愚痴の法然坊」や「愚禿の親鸞」に仮託して、「私の自力の無功なることを信ずる」という信念や「真に無知を以て甘んずることが出来る」心境について語っている。[32] 自分は道徳や倫理を究極的には実践できない「悪人」であり、そうした有限性の自覚こそが心に自由と平安をもたらす重要な条件だというのが、清沢「精神主義」の立場なのであった。倫理や道徳を完全に実践することはできないという主張には、文明生活に背を向けて禁欲生活に打ち込んだ挙句に死の病に襲われ、日夜それに苦しみながら思索を深めていった、清沢ならではのリアリティがある。その清沢「精神主義」と、臣民としての「善」の実践をただ形式的に命令する井上「国民道徳」論とのあいだには、やはり歴然とした性格の違いがあった。

そして清沢の「精神主義」は、決して善悪の形式的議論や観念の遊戯にとどまるものではなかった。それが実践者に眼前の現実を直視させ、あるときは人間や世界に対する深い洞察を可能にしたことを見逃してはならない。一九〇二年のある夜、清沢が当時浩々洞で共同生活をしていたある門弟に語った、次のような言葉が伝えられている。

> 一夜、〔清沢〕先生、余に謂て言《いわ》く、今の学者、口を開けば則ち言く、宗教は倫理的ならざる可らずと。されど、余は然かく思はざるなり。宗教と倫理とは、全く其方面を異にす、徒に方面を異にするのみならず、時有てか、宗教は倫理の教条を打破し、自己の信仰のために人を殺さゞる可らず。こは決して空論にあらず、か丶る事は、実際上、容易に有り得べき事柄なりと信ず。[33]

宗教と倫理はまったく性格の異なるものであるばかりか、宗教の実践者はあるときには倫理のくびきを乗り越え、殺人すら犯すこともある。実際それは容易に起こりうることで、空論ではないのだと、清沢は大真面目に語っているのである。宗教の自律性をここまで強く訴えた清沢の主張は、「羸弱思想」「病人宗教」などと当時から多くの批判や反発を招いた。殺人でさえ倫理的判断の枠外に置いてはばからない清沢の態度は、たしかに通常の考えでは理解しがたいし、どこか私たちの通念を不安にさせる不気味さすらある。しかし清沢にとって、人は自己の行為や境遇すら究極的には自由にできない相対有限な存在なのだから、社会人道に反したり人を殺したりする可能性も、常に隣り合わせというべきなのである。だからこそ人は、相対有限なる自己の存在や運命のあり方を正しく理解し、「倫理以上」そして「絶対無限」の上に自己の根拠を置かなければ、結局いつまでも、心の平安や真理の道を求めることはできないだろう。それが清沢の信念であり、社会的通念との対決もはばからない、「精神主義」の立場であった。

四　「悪人の宗教」

すでにみたように、哲学的内省や厳しい修養生活の日々のなかで清沢が形成していった「精神主義」は、国家理性を基盤とする国民道徳や同時代の一般的な倫理観とはかなり異質で、むしろ対抗的というべき観念をその核心にもっていた。忠孝や悌信などの道徳はおろか、ある条件のもとでは人は容易に殺人すら行なってしまう傾向的な存在であるというのが、哲学者あるいは宗教者として清沢が直視した人間観なのであった。重要なのは、こうした清沢の態度（認識）が孤独な自己の世界に内閉するものではなく、抽象度の高い観念を媒介としながらも、それが他者や世界に対する深い理解や洞察へと開かれていたことである。

本章では最後に、一九〇一年に名古屋で起きたある殺人事件とその犯人をめぐる一連の出来事を通して、人間の有限性や「悪」をみつめた清沢のもっとも透徹したリアリズムがいかなるものであったか、さぐってみたい。

名古屋九人斬事件

一九〇〇年、真宗大学の東京移転準備のために上京した清沢は本郷に浩々洞を結び、教え子の暁烏《あけがらす》敏《はや》らとともに共同生活を開始した。浩々洞は世間から原始仏教の僧伽《サンガ》にも譬えられ、「精神主義」運動の拠点として注目を集めた(34)。

一九〇二年九月三日、帰郷先の加賀から浩々洞に戻ってきた暁烏を囲んで、洞友たちが一室に集まり歓談をしていた。そのとき、暁烏が前日に名古屋の千種《ちぐさ》監獄である死刑囚と面会してきたことが話題となった。前年名古屋で起こった「九人斬事件」の犯人が半年を超える逃亡のすえ四国で逮捕されたとき、所持品のなかに、暁烏たちが発行していた『精神界』がみつかった。そのことを暁烏は友人から聞かされ、なぜ犯人が『精神界』を所持していたのか、理由を尋ねに出かけたのである。この話は一座に深い印象を与え、後でみるように、清沢は悪人と救済ということについて自らの考えを語っている。

それでは、名古屋九人斬事件とはどのような事件であり、その事件の何が清沢たちに波紋を投げかけたのだろうか。『信仰坐談』（一九〇四年）が伝えている清沢の断片的な発言の意味をよりよく理解するためにも、しばらくこの事件の内実を詳しく追いたい。幸い、この事件はその耳目をひく猟奇的な犯行と長期の逃走劇によって社会の大きな関心を集め、新聞でも逐一詳細が報じられている。事件について当時出版されたもののうち、もっとも克明な記録である『探偵実話　尾張九人斬』を主に参照して、今では歴史の暗がりに消えてしまった死刑囚・丹羽末三郎と彼が起こした事件について、光を当ててみよう(35)。

一九〇一年一一月一三日付『東京朝日新聞』は、「一一日名古屋特発」として、事件の第一報を次のように報じている。「本日午後六時頃、当市山神町の丹羽末三郎なるもの当町の吉田弘〔高〕の小児三名を斬殺し、次で其隣家の夫婦に重傷を負はせ、付近の道路に於て又も小児一人老婆一人を斬殺して何れへか逃走せり。……加害者末三郎は発狂なりとの説あり」（適宜句読点を補った）。ここでは七名の遭難が伝えられているが、その後明らかになった被害状況は、死者六名（うち即死五名）、重軽傷三名の計九名が被害にあい、いずれも鋭利な日本刀で殺傷された。事件はまもなく「名古屋九人斬事件」と呼ばれ、警察が逃走した犯人・末三郎の行方を追跡することになる。

丹羽末三郎は一八六四（元治元）年に尾張士族の家に生まれ、小学校の教員だったが事件当時は無職、三七歳の独身だった。事件の一五年前、末三郎は同居していた兄・林治を諍いのすえ殺害し、東京の集治監で一五年の徒刑についていた（『東京朝日』では北海道の集治監）。兄殺しの直接の原因は両親が残した遺産相続をめぐる問題であった。また兄は平生何もせず家にいるだけの末三郎を疎んじ、酒に酔っては彼にしばしば暴力をふるっていたという。当時兄殺しは無期徒刑にあたる重罪だったが、裁判では情状酌量が認められて有期刑となった。集治監での末三郎は、模範囚として囚人の教育係も務めたという。末三郎の人となりについて、出獄後の末三郎を職務上日常的に「監視」していた名古屋警察のある刑事は、「其人物といひ性行といひ非常に面白く、其上相当の学識を備へて」いることに感心して監視宥免の恩典を申請しようとしたり、さらには「其人物を愛するの余り胸襟を開いて交を結ぶに至つた」というから、末三郎はそれなりに学問があって折り目正しい好人物であったと考えられよう（『九人斬』四五頁）。

しかし出獄して郷里の名古屋市山神町に帰って来た末三郎を迎えたのは、周囲の冷ややかな眼であった。末三郎は兄殺しの犯罪者として町内の住人から疎んじられたのである。それに対して末三郎は、世間から受け入れてもらうためにさまざまな努力をした。元小学校教員としての経験を活かし、町内の子供を集めて無償で読み方・算盤・手習を教えたり、不幸な境遇にある継子たちの生活を助けたりした。しかし、それでも町内の人間は誰も彼を相手にしようとしなかった。そして唯一懇意にしていたある老婆からもらった菓子を食べて食中毒になったことをきっかけに、孤立した末三郎の心は、老婆への逆恨みからほとんど妄想的な思い込みの連鎖へと一気に傾いていった。自分に冷淡な町内の「三十余名を斬り殺して、事成れば火を掛けて全町を焼き払ひ自分も其火中に投じて死なう」と考えるようになったのである（同、一二頁）[36]。

そして一九〇一年一一月一一日夕方、親しくしていた先の老婆を殺害し、現場に筆太で「死を決して怨恨を晴らす」と書き残したのを皮切りに、末三郎は町内を駆け巡って手当たり次第斬り回った。斬殺された六人のうち五人が即死だったが、とくに末三郎が強く怨んでいた隣家の子に対する仕打ちは残忍で、九歳の長男の頭を「梨割り」にし、八歳・六歳の弟たちの首をつづけざまに斬り落とした（同、二九―三〇頁）。

逃走中の末三郎は潜伏先を長崎五島に決め、農民の旅姿をして西に向かい、四国では遍路に扮して愛媛県に入り、ある山深い寒村に二か月ほど逗留した。充分な持ち合わせのなかった末三郎は、そこで樵夫や楮の耕作をして暮らしていたらしい。だが一九〇二年八月二一日、末三郎は愛知県警が派遣した巡査によって逮捕された。そのとき、着物一枚、小説本二冊、時計という質素な所持品に交じって、「精心《ママ》界といふ雑誌」一冊が警察に押収されたのである（同、五四頁）。

その後愛知に移送された末三郎は、名古屋地裁ですでに欠席裁判で決定していた死刑判決の告知を受け、千種監獄に収監された。末三郎は控訴の申立てはせず、逮捕から二か月半後の一一月四日、同監獄内で絞首刑に処された[37]。

「罪悪のまゝの救済」の道

九人斬の犯人が逮捕時に雑誌『精神界』を所持していたという話は、前述のように編集を担当していた暁烏の耳に入り、『精神界』誌上でも報道されている(38)。ここまで『九人斬』に従って事件の顛末を詳しく追ってきたが、次に本章で考えるべき問題は、清沢や「精神主義」の若き実践者たちが、この事件に何をみ、そこからより一般的に何を考え語ろうとしたかということであろう。

千種監獄に面会に訪れた暁烏は、まず『精神界』所持の理由を末三郎に尋ねた。その問いに対して末三郎は、昼夜の逃走のすえ警察に捕まらずに四国にたどり着くことはできたが、「良心の縛に遇ふて苦悶やる方な」く、ある日寺院の門をたたいて安慰の道をたずねたところ、それならばこれを読めといって寺僧がくれたのが『精神界』だった、と答えたという(39)。『信仰坐談』がどれだけ正確に末三郎の言葉を伝えているか分からないが、ともかくこの答のなかに末三郎の衷情を感じ取った暁烏は彼に向かって、「爾《なんじ》不幸にして大罪を犯すと雖も、大悲の如来は必ず爾を棄てざるなり〔。〕爾を一子の如く憐み給ふなり、爾唯この如来に由りて安慰の門に入る可し」という趣旨のことを語りかけている。すると面会後、ある教誨師が暁烏のところにやって来て、自分たちもあなたのように囚人と接したいところだが、教誨師としてはなるべく倫理や道徳を重んじなければならないから、囚人には「罪悪のまゝの救済よりも、寧ろ倫理的になれ、道徳的になれと勧告する」ことにしているのだと話したという(40)。

そして名古屋九人斬の一件について『信仰坐談』のハイライトは、「先生曰く」で始まる、清沢の次のような発言に置かれている。

> 先生曰く、今の教誨師は、概ねかゝることを説くと見ゆ。是れ瀕死の罪人に向て鉄槌を加ふるなり、罪に泣く

人に向て罪を責む、嗚呼亦惨なり、彼等安《いずく》んぞ救済の門に入るを得んや。我等の宗教は倫理の宗教に非ず、いよ〳〵悪人の宗教と銘を打たんかなと。[41]

ここに、「悪人」の救済という、清沢とその「精神主義」が世に強く訴えかけようとした、固有の主張と立場をみてとることができる。その立場からすれば、国家や社会の通念に則って善悪を説く教誨師たちが標榜する「宗教」は、罪を背負う人間を真の意味で救済に導くことができない、単なる「倫理の宗教」にすぎないのであった。

また清沢がいう「悪人の宗教」は、犯罪者や彼をとりまく世界を他者として向こう側に眺めるだけの対象知ではない。清沢の哲学研究や禁欲生活でもみたように、この世界で人は有限＝「悪」でしかありえないという自覚、つまり人間の有限性についての清沢自身の省察や経験といった主体的な契機が、その宗教観を力強く支えていたのである。そしてそのとき、自己の「悪」に対するまなざしが、同時に他者の「悪」についての共感やリアリズムにつながっていることを、見逃してはならない。

井上哲次郎の哲学は、それが現実の社会に向けられても、「国民道徳」という形式的な規範、あるいは「倫理的宗教」という常識的な道徳論しか生み出さなかった。それに対して清沢の哲学は、ある意味で井上より抽象的でほとんど思弁哲学の趣すらあるが、自己や学問あるいは教団改革の格闘を経験してその晩年に到達した「精神主義」には、人間や世界に対する深い洞察や、底が抜けたようなリアリズムがある。そこを通してみる世界はほとんど倫理や善悪が脱構築されたような世界だが、そこに世界のリアリティをみたからこそ清沢は、われらの宗教は「悪人の宗教」であるといってはばからないのである。

おわりに

これまで清沢は、個人の内面における信仰の様式を確立した内面派の代表として、社会派とともに「近代仏教」の一方の指標を代表する存在だと一般にみなされてきた。しかしここまでみてきたように、清沢の思想やそこから導かれた実践は、実際には、社会派に対する内面派だと一義的かつ明確に振り分けられるような性格のものではない。むしろ宗教哲学から「精神主義」にいたる実践のなかで清沢が一貫して模索したのは、世界から自己を切り離すことではなく、いわば行為の合理的な主体として、世界の出来事に対してひとつの立脚点を築くことであった。そして清沢の場合、内面的価値の原理的な追求が、やがてラディカルな社会性や否定の実践へとつながっていったのである。それは従来よくいわれてきたような、現実から遊離した内面主義やエゴイズムとは質的に区別されるべき試みだということは、本章で繰り返し述べてきたことである。またそれは、内面的か外向的かという截然と割り切られた二極の指標ではおよそ捉えられない、はるかに複雑で豊かな内実をもつ知あるいは実践というべきものである。本章はそのことを念頭に、もう一度清沢の思想と実践がもつ意味を、トータルに問い直してみようとする試みであった(42)。

また同じく本章で試みたのが、清沢が生きた明治二〇—三〇年代の歴史的コンテクスト、あるいは資本主義社会の形成や国家理性の一般化など、近代日本をもっとも大枠で規定した条件をふまえて、いわば歴史的世界の全体性の観点から、清沢「精神主義」の意味を再考してみることであった。

人間の有限性をみつめ、そこから原理的に世界を捉え返そうとした清沢にとって、放恣な物質文明や優勝劣敗の生存競争が目的化する現前の資本主義社会は、まさに「否定し尽」されなければならない世界であった。だがその世界は同時に、各人が「善」（無限）の実現に向けて自己変容をめざす、不断の修練の場でもあった。世界に内在しつつそれを否定していくという清沢のこうした部分否定あるいは二重性の立場は、しかし不定見な現実肯定と同義ではないだろう。この世界で究極的には「無限」に変容することができない有限者は、ひとまず二重性を生きながら真理を探究していくしかないのであって、この立場は、人間における「悪」を直視した彼の哲学とリアリズムに支えられた、固有の立場であったと理解すべきではないだろうか。

清沢の「悪」の哲学は、すでにみたように孤独な自己の実践のみに内閉するものではなかった。「悪」と有限性の原理的な探究は、世界や他者への深い共感や洞察を可能にし、それがある局面では、根源的な政治性として表面化することになった。井上哲次郎の「国民道徳」論や同時代の善悪をめぐる通念との対決がその注目すべき一例だが、その批判は清沢の哲学と人間観に深く根ざしていたために、厳しく非妥協的なものにならざるをえなかったのである。

清沢が「悪人の宗教」とも呼んだ「精神主義」が探究したのは、あえて一般化していうならば、真理の認識が同時に主体の実践や自己変容を導いていくような、つまり知と実践が相互に未分離な〈知―主体〉のあり方であったともいえるだろう。そのような〈知―主体〉のあり方（哲学）は、科学技術に代表される近代知の進展のもと、真理の探究が自己と切り離された客観世界に向かい、知と精神生活が限りなく乖離していく近代社会において、失われつつある生の様式であった。そのなかで清沢にとって彼がみつめた人間の「悪」＝有限性とは、世界や自己の本来の姿を開示する「真理」であると同時に、それを認識する主体を善（無限）と自己変容に向けた不断の実践に導いていくような、生のもっとも根源的な原理であった。たとえば禁欲生活と養痾のさなか清沢が試みた沈黙や減食の実践は、やがて挫折することにはなったが、まさに自己の有限性の認識から生み出された、自己変容のための具体的な実践であった。倫理的「悪」に限らず、病気や死をはじめ人間のあらゆる有限性を認識し、そのような自己に注意してよく配慮を怠らないことが、その人をより善く自由な生へと導いていくのである。

また清沢は、「否定の方法」こそ、有限な人間がすすんでとるべきもっとも積極的な生き方だと主張した。仏教にいう無我や空の観念、そして物質文明の否定などがそれである。思想史家の安丸良夫は、近代日本の思想は一般的に二元論的性格が顕著であること、またそのために、一元的・予定調和的性格を基調としていた近世思想（コスモロジー）よりも強い否定性を有していることが、思想史における「近代」の特徴だと指摘している[43]。その思想史理解に従うならば、有限―無限の明確な二元論的哲学を展開し、「否定の方法」を強調した清沢は、まさに典型的な近代日本の哲学者だといえそうだ。ただし清沢の場合、その哲学と連動した禁欲生活や修練の試行錯誤ののち、部分否定というべき独自の否定の方法に到達したことが、近代日本の思想史上特筆すべき、清沢ならではの特徴なのである。

ひるがえって、清沢「精神主義」を内面的か外向的かという観点から長らく議論してきた私たちの知の地平は、両者をまたぐような〈知―主体〉の実践を探究した清沢の試みから、すでに遠く離れてしまったのかもしれない。しかし、後期資本主義時代といわれナショナリズムも相変わらず衰えをみせない現代からみても、何らかの否定的契機を媒介しなければより善き生に到達はできないという清沢の主張や感覚は、まったく理解できない遠い過去の話ではないだろう。その意味で、清沢をはじめ近代の思想家たちがさまざまに探求した「否定の方法」は、処世や道徳の実践的方法として、今日でもなおその説得性を完全には失っていないと思われる。

たとえば、現代の批判的知性を代表する一人として知られるテリー・イーグルトンは、近年、自身がこれまで信奉してきたキリスト教（カトリック）信仰について初めて詳しく語った。そのことは、舌鋒鋭いマルクス主義政治理論家としての彼の顔しか知らなかった私たちを驚かせた。イーグルトンはそこで、キリスト教とマルクス主義に通底する今日的可能性を「悲劇的ヒューマニズム」にあると表現し、「人類は自己放棄と根源的な自己変革というプロセスを経てはじめて、本来の姿をとりもどす」だろうと語っている(44)。

自己の根源的な否定性の経験が真の意味での社会変革を導くというイーグルトンのビジョンは、おそらく遠く時代を隔てて、清沢の「否定の方法」とどこかで交わる地点があるだろう。だとすれば、清沢が追求した部分否定の哲学や「悪人の宗教」には、私たちにとって実践的な意味でも、たとえば近代社会はどのような原理で成立しているのかという学の探究的な意味でも、多くの重要な手がかりが含まれているはずだと私は考える。それを部分的・機能的に語る以上の言葉と方法をなかなか見出せないところに、今日の歴史研究が直面している困難や課題が示唆されているとはいえないだろうか。

註

（1）吉田久一『日本近代仏教史研究』吉川弘文館、一九五九年など。

（2）大谷栄一「近代仏教の形成と展開」（末木文美士編『新アジア仏教史14　日本Ⅳ　近代国家と仏教』佼成出版社、二〇一一年、第二章）。大谷論文は、吉田以来ともすれば自明の前提とされてきた「近代仏教」理解や研究史の枠組み、そして方法論を問い直すことで、新しい通史の方向性を探ろうとした意欲的な論稿である。大谷によれば、清沢の「精神主義」や「新仏教」運動は近代仏教全体からみればむしろ「狭義の近代仏教」と理解されるべきもので、それらを特権的に評価するだけではいまだ充分ではないこと、そして、伝統教団・仏教系新宗教・民俗宗教も含んだ「広義の近代仏教」を全体として構造的に把握することが、今後の近代仏教史研究に求められている課題であり可能性ではないかと、提言している。

（3）「精神主義の限界」という観点から一貫して清沢思想を厳しく批判してきたものとして、たとえば第三章の註（2）にあげた福嶋寛隆や赤松徹眞の研究がある。福嶋と赤松は、「精神主義」の内面主義を克服したところに本来あるべき親鸞の仏教や普遍的な「近代仏教」の立場を求めており、その具体的な歴史的主体として、境野黄洋らの「新仏教」運動を高く評価している。

（4）近藤俊太郎「清沢満之の信仰とその歴史的立場」二〇〇五年（『仏教史研究』四一）、同「日露戦争期の「精神主義」とその周辺」二〇〇八年（『龍谷史壇』第一二八号）、同「「精神主義」と社会問題――足尾鉱毒事件を中心に」二〇〇九年（『近代仏教』第一六号）、同「天皇制国家と「精神主義」――三教会同・天皇の代替わりをめぐって」二〇一〇年（『佛教史学研究』第五二巻第二号）など参照。私見では、近藤説の立場は、秀逸な二〇〇五年論文でもっとも集約的に示されていると思う。なお、近藤によるこれらの清沢および「精神主義」研究は、その後「天皇制国家の宗教性」という論点や、十五年戦争期における展開などを補足して、『天皇制国家と「精神主義」――清沢満之とその門下』（法藏館、二〇一三年）にまとめられている。

（5）誤解のないように付言すれば、本章は清沢「精神主義」が「限界」を運命づけられているのかそうでないのか、確定することを目的とするものではない。そもそも、ある思想に限界があるかないかは、究極的に確定できるものではないだろう。むしろ本章で問い直したいのは、「限界」説の前提ともなっている、内面的と社会的という近代仏教史の二極的な類型化であり、清沢「精神主義」を（非社会的な）内面派の代表として振り分けてきた、通説的な理解の方である。

（6）東京大学時代の清沢やその哲学研究の概略については、吉田久一『清沢満之』（吉川弘文館、一九六一年）や脇本平也『評伝清沢満之』（法藏館、一九八二年）など参照。なお清沢哲学の精緻な研究に、今村仁司『清沢満之と哲学』（岩波書店、二〇〇四年）がある。同書は清沢の「有限無限」論や「有機組織」論のなかに一種の原初的な「他者問題」の存在を指摘し、一見非社会的な清沢思想がもっていた「社会哲学的」可能性を探究しようとした労作である。しかし今村の分析は、清沢思想がもつ論理そのものの抽象的次元にやや偏りすぎているように思われ、同時代の歴史的コンテクストや実践の具体的次元に即して清沢思想の意義を明らかにしようとする本章の立場とは、分析の視角をかなり異にするものである。
（7）『宗教哲学骸骨』は『清沢満之全集』第一巻（岩波書店、以下『全集』と略記）、「他力門哲学骸骨試稿」は『全集』第二巻に所収。
（8）『全集』二、九七頁。
（9）同前、九六頁。
（10）大石嘉一郎編『日本産業革命の研究――確立期日本資本主義の再生産構造』（上・下）東京大学出版会、一九七五年。
（11）以下にみる京都尋常中学校長時代の清沢と、一八九〇年以降における生活の「豹変」については、前掲註（6）脇本『評伝清沢満之』五六―六二頁参照。
（12）清沢『保養雑記』一八九四年九月六日（『全集』八、一一〇―一一三頁）。
（13）同前、一八九四年九月二二―二八日（『全集』八、一二六―一三〇頁）。
（14）同前、一八九五年一月一八日（『全集』八、一三六―一三七頁）。
（15）清沢が主導した真宗大谷派の「革新運動」については、本書第三章を参照。
（16）清沢『臘扇記』一八九八年一〇月二四日（『全集』八、三六二―三六三頁）。原文に適宜句点を付した。
（17）ミシェル・フーコー〔廣瀬浩司・原和之訳〕『主体の解釈学』コレージュ・ド・フランス講義一九八一―八二年、筑摩書房、二〇〇四年。〔原著は、Michel Foucault, *L'herméneutique du sujet, Cours au Collège de France 1981-1982*〕。なおフーコーによると、「自己への配慮」を主題とした古典古代期の哲学において、「いかにして真理に到達するか」という哲学的課題と霊性（精神生活）の実践は、一度も切り離されたことはなかったという。しかしキリスト教成立のころから、「自己への配慮」のなかの一規則であった「汝自身を知れ」（認識）が前景化するとともに、哲学と霊性の実践の両者は切り離されていったと指摘している。そして「デカルト的契機」、つまり真理に到達することを可能にするのはただ認識だけであると決定された日から、真理探究の歴史は「近代」に入ったという、かなり包括的で射程の長い〈真理と主体〉の系譜学を構想している。
　このようなフーコーの議論を念頭においてみると、ソクラテスやストア派の古代哲学を愛好した清沢の「精神主義」は、「霊性（精神生活）」を決定的に切り離した「近代」以降の哲学を批判し、再び両者をつなぐこと、つまり哲学の全体性の回復をめざした試みの一つとして、理解することができるだろう。その意味で清沢の「精神主義」は、いわゆる生の哲学や実存主義など、二〇世紀初めから広くみられるようになった思想界の動向に連なる試みといえるが、清沢の場合、仏教や親鸞思想を立脚点としながらそうした普遍的な課題に初めて取り組んだところに、哲学者としての独自性があるのだといえよう。

(18) 清沢「精神主義」一九〇一年（『精神界』第一巻第一号）。『全集』六に所収。

(19) 同前。『全集』六、五頁。

(20) たとえば、安藤州一『清沢先生 信仰坐談』（浩々洞出版部、一九〇四年）の第一〇節を参照。『全集』九、三八九―三九〇頁。

(21) 清沢「独立の精神」一九〇〇年（『全集』六、二五五―二五六頁）、同「覚悟之必要」一九〇〇年（『全集』六、二五三頁）など参照。

(22) 清沢「仏教の効果は消極的なるか」一八九八年（『無尽灯』第三巻第九―一二号）。『全集』六、一九二頁。

(23) 同前、一九九頁。傍点は原文による。

(24) 真宗大学の開設準備に際して、清沢はかつてともに「革新運動」を闘った白川党の同志たちと日をあけず書簡をやりとりし、相談や意見交換を頻繁に行なっている。元白川党の連携はこのときも緊密だった一方で、本山との関係をめぐっては、今こそ当路者に積極的に関与・協力すべきだと語気を強めていく清沢と、一部同志たちのあいだに不和や対立が生じていたことが確認できる。一八九九年一二月二三日月見・関根宛書簡（『全集』九、二一六頁）、一九〇一年七月一日月見宛書簡（同、二六八頁）、一九〇一年一一月一九日井上宛書簡（同、二七八頁）など参照。

(25) 清沢「〔明治三十六年当用日記抄〕」『全集』八、四五四頁。

(26) 清沢「精神主義〔明治三十四年講話〕」『全集』六、三〇三頁。

(27) 井上哲次郎『倫理と宗教との関係』冨山房、一九〇二年、九〇―九一頁。なお井上の「倫理的宗教」論とその結果起こった論争については、本書第二章を参照。

(28) デヴィッド・ハーヴェイ〔渡辺治・監訳〕『新自由主義――その歴史的展開と現在』作品社、二〇〇七年。〔原著は、David Harvey, *A Brief History of Neoliberalism*, Oxford University Press, 2005)。

(29) 清沢「法律、道徳、宗教」一九〇一年(『全集』六、二九一―二九二頁)。

(30) 清沢「倫理以上の根拠」一九〇三年(『全集』六、一三三―一三四頁)。同「倫理の大本と宗教との関係」一九〇一年(『全集』六、二八一頁)。

(31) 清沢「宗教的道徳(俗諦)と普通道徳との交渉」一九〇三年(『全集』六、一五三頁)。

(32) 清沢「我は此の如く如来を信ず(我信念)」一九〇三年(『全集』六、三三三頁)。

(33) 前掲註(20)『清沢先生 信仰坐談』、八五頁(『全集』九は一九〇七年の増補三版。四二一頁)。

(34) 浩々洞での暮らしぶりや清沢が若者たちと交わした日々の言葉は、清沢の教え子で洞人の一人だった安藤州一が『清沢先生 信仰坐談』として一書にまとめ、語録のかたちで今日に伝えられている。同書には、たとえば「パン問題」についての話題が多くみられ、「遠大の志望」を捨てて卒業後の世俗的成功や糊口の道を求めようとする学生と、パンのために心を動かされないような信念の獲得こそ宗教者の歩むべき道だと本気になって学生たちの性急さを批判する清沢の姿などを活き活きと伝えていて、大変興味深い。『全集』九、四〇一―四〇二、四二六頁。以下、『信仰坐談』と略記。

(35) 恒川岩次郎(直水隠士)『探偵実話　尾張九人斬』三共社、一九〇二年。以下、『九人斬』と略記。同書は、事件の審問調書や判決文、さらに独自の取材にもとづいて書かれたルポルタージュである。しかも単純な勧善懲悪ものではなく、犯行時の克明な描写や、地域社会から孤立して犯行に至るまでの末三郎の孤独な(しかし病的なほど強い思い込みもある)心の機微を丹念に描き出そうとした、迫力ある史料である。なお著者の恒川岩次郎についての詳細は不明だが、もと地方役人からジャーナリストに転身し、一八八六年時点で『東海暁鐘新聞』(静岡)の編輯に携わっていたことなどが判っている。宮武外骨・西田長寿『明治新聞雑誌関係者略伝』(明治大正言論資料二〇)みすず書房、一九八五年、一五二頁参照。

(36) しかし、末三郎は計画をすぐに実行に移したのではなかった。事件三か月前には心淋しさを埋め合わせるために愛知育児院の孤児のために一〇円を寄付したり、東京にのぼって清浦奎吾法相に親展書を書き、「監視制度の不可なるを難じた一編の意見書」を送ったりした(『九人斬』一四―一五、一八―一九頁)。とくに後者の行動からは、重犯者の監視制度が世間の蔑視をいつまでも継続させ、社会復帰を困難にしている司法制度の現状に対する、彼の疑問や憤りが読みとれよう。しかしそうした単独の請願行動が真面目に取り上げられるはずもなく、司法省から何の音沙汰もないことに失望した末三郎は、二か月余りで名古屋に戻り、その翌日ついに事件を起こすことになる。

(37)『官報』一九〇二年一一月一〇日、五八〇六号、一八五頁。

(38)「暁烏敏は……一日、就縛の折、本誌を携へ居たりといふ名古屋九人斬の犯罪者丹羽末三郎氏を、千種監獄に訪ひて平等の大悲を語り、……」(『精神界』第二巻第九号、一九〇二年九月、四五頁)。

また同じ大谷派の重要人物である近角常観は、宗教制度の視察のために派遣された欧米から同年帰国し、本郷に求道学舎を創設して「求道運動」を本格的に開始していたが、その「日曜講話」に暁烏は講師として招かれ、「名古屋監獄に於ける罪悪観」と題した講話を行なっている(『精神界』第二巻第一〇号、一九〇二年一〇月、四九頁)。ただしこのときの暁烏の講話は九月一四日に行なわれたことだけが判っており、その具体的な内容は不明である。

(39)前掲安藤『信仰坐談』(『全集』九、三九五頁)。

(40)同前。

(41)同前。傍点は引用者。

(42)こうした本章の立場から興味深い研究に、末木文美士による清沢論がある(末木『明治思想家論』近代日本の思想・再考Ⅰ、トランスビュー、二〇〇四年、とくに序章、第五章)。末木のアプローチの特徴は、清沢「精神主義」を日清・日露戦間期における「個の探求」や「自我の探求」の簇生といった一般的な時代思潮のなかに位置づけ、それらの思想が有した可能性を探ろうとするところにある。末木によれば、「精神主義」をはじめとするこの時期の思想は一見すると個の内面に沈潜して社会的な関心から逸脱していくようにみえる。しかし実はそうではなく、個の内面に籠もり「私とは何か」と問うことによって、これらの思想ははじめて「他者」といかに関わりうるかという問題に進む可能性をもっていたのだと末木はいう。つまり末木は従来批判的に論じられてきた内面主義的な思想そのものがもつ積極的意義や可能性を救い出そうとし、それは清沢思想の理解のための新たな方向性を含むものだったといえよう。

しかし末木の結論は意外にも、清沢は本当の意味で個我の探求と確立を充分に行なったとはいえず、内面への沈潜が真の批判へと転化しえなかったために、たとえば無批判に世俗の道徳を受け入れることになり、「結局外面への無関心によるご都合主義に陥ってしまう」ことになったのだという（一三七頁）。末木はこれをさらに一般化して、「日本の近代の持つ根本的な弱さ」とか「日本における個の確立といわれる動向に共通する問題点」（同）とも指摘している。しかし本章の立場からいえば、末木は個の内面やその確立といった近代主義的なモデル（指標）から清沢思想の「限界」を批判しようとするために、自ら止揚しようとした「内面」対「外面」という二項対立的な議論に、期せずして回帰しているのではないかと思う。

〔付記〕ただし、最近発表された同氏の「清沢満之研究の今――「近代仏教」を超えられるか？」（二〇一六年、山本伸裕・碧海寿広編『清沢満之と近代日本』法藏館に所収）では、論の立て方が大きく変化していることが注目される。同論考では、「近代を超えて、今日の思想を導くような可能性」（一七頁）を見出そうとする立場から清沢思想に臨んでおり、今村仁司の清沢論を媒介としながら、同氏の清沢論はいわばポストモダン論的に展開したともいえよう。同書、一七頁など参照。なお同論考は、末木『思想としての近代仏教』中公選書、二〇一七年に再録されている。

（43）　安丸良夫「民衆宗教と「近代」という経験」（『文明化の経験――近代転換期の日本』岩波書店、二〇〇七年、補論一）。

（44）　テリー・イーグルトン〔大橋洋一・小林久美子訳〕『宗教とは何か』青土社、二〇一〇年、二一三―二一四頁。〔原著は、Terry Eagleton, *Reason, Faith and Revolution: Reflections on God Debate*, New Haven and London: Yale University Press, 2009〕。

第Ⅲ部

刑罰と宗教――監獄教誨の歴史

第Ⅲ部の概要と課題

最後の第Ⅲ部ではまず、「監獄教誨」が近代日本でどのように誕生し、その後どのような歴史過程をたどったのか、詳しく検討する。ここで監獄教誨とは、序章でもふれた統治権力（国家）と「悪」、あるいは刑罰と宗教などをめぐる重要な問題系だが、いずれもこれまでの研究史ではあまり明らかにされていない、ほとんど未開拓の分野である。そして第四章の終わりにみたように、犯罪やそれを統治する監獄という場は、清沢たちがみつめようとした人間の「悪」の問題がまさに焦点を結ぶ、ひとつの象徴的で具体的な歴史の現場でもあった。

第五章では、日本における監獄制度の確立期である明治一〇年代から、「監獄教誨」が制度としてひとまず確立したと考えられる明治二〇年代までに、時期を限定して考察した。時期をこのようにやや短く取ったのは、著者の準備と力量の制約にもよるが、まずは「監獄教誨」の確立期に焦点を当て、その歴史過程をできるだけ詳しく記述することをめざしたからである。

とくに第五章で注目したいのは、監獄教誨の担い手や、教誨の質の、時期ごとにおける変容の問題である。まず担い手の問題でいえば、これまで監獄教誨の研究史で通説とされてきた「真宗＝監獄教誨」起源説への批判を、第五章第二節で試みたい。つまり、監獄教誨が明治五（一八七二）年に真宗によって一から創始されたとする従来の通説は、歴史の現実に照らすと、正確な理解とはいえない。実際には真宗に先駆けて、明治一〇年代後半に原胤昭《たねあき》や留岡幸助《とめおかこうすけ》をはじめとするキリスト教徒たちが監獄教誨に本格的に取り組み、その制度化にあたって、重要な役割を果たしたのである。しかしその後、仏教とキリスト教のイデオロギー対立などを経て、明治二〇年代半ばには浄土真宗が教誨事業の独占化をほぼ達成したのであり、ここに、近代日本の監獄教誨の基本線が確立したとみることができる。

一方で、教誨の質の変容という観点から監獄教誨の歴史をみると、まずその初期（明治一〇年代後半）には、劣悪な監獄環境の改善をめざしたいわゆる「監獄改良」が、キリスト教徒たちによって精力的に行なわれた。他方そのころの仏教側は、通俗的な内容の道徳を語りかける教誨が一般的であった（この時期は有志の僧侶たちによる自発的・在地的な教誨活動が中心で、本山を頂点とする集権的な「監獄教誨」体制は、まだ構築されていなかった）。しかしその後、明治二五（一八九二）年ごろに浄土真宗が教団をあげて教誨事業への進出を本格化させると、今度は教育勅語などの「国民道徳」を被収容者たちに語りかけるスタイルが、次第に主流となっていく。つまり、先に述べた明治二〇年代半ばに確立したとみられる〝近代日本の監獄教誨の基本線〟は、浄土真宗の教誨師たちによる、国民道徳の教誨というかたちで、その後定着していくことになったのである（この基本線は、一九四五年の敗戦時までほとんど変わることがなかった）。

この明治二五年を境とする監獄教誨の変容でとくに重要だと思われるポイントは、次の二点である。

一つは、それまでキリスト教教誨師たちが目の前の囚徒たちの「悪」に深い共感を寄せつつ、「監獄改良」に強いこだわりをもって活動したのに対して、主流派となった仏教教誨師たちは、犯罪者や囚徒の「悔過遷善《かいかせんぜん》」、つまり彼らを善き人間に生まれ変わらせるための主体の「矯正」を最優先するようになった、ということ。そしていま一つは、おそらくそのこととも関係して、これ以降の監獄教誨は、近代的統治を支える一つのシステムとして次第に洗練されていく一方で、宗教者＝教誨師として人間の「罪」や「悪」をみつめる眼は、逆に平板化していき、それとともに他者の「悪」に対する態度も不寛容なものになっていったようにみえる、ということである。

しかし、詳しくは第六章でみるように、浄土真宗による教誨事業の独占後も、たとえば真宗大谷派を中心とする一部の教誨師たちは、教団主流派とは異なる、独自の教誨活動を行なっていた。ほぼ一様に一九〇〇年前後に活動を始めた彼らは、囚徒たちの境遇や「悪」に何ほどか共感を示し、その意味で囚徒たちの矯正を必ずしも第一義とはしない、異端的な仏教教誨師たちであった。

この一九〇〇年前後という時期は、第Ⅱ部ですでにみたように、同じ真宗大谷派の清沢満之が教団「革新運動」や「精神主義」運動を展開した時期とちょうど重なるのであり、それは単なる偶然の一致とは思われない。さらにそうした異端的教誨師たちの教誨内容に注目してみると、そこには、清沢的な「悪」の思想から受けた影響か、あるいはそれと強く共振するような「悪」についての観念が、明らかにみてとれるのである。そのことから、「悪」への共感的なまなざしが生まれてきた一九〇〇年前後における監獄教誨の変容を、本書ではとくに「清沢的契機《モメント》」と呼び、第六章で、その系譜に連なる異端的教誨師たちに詳しく注目してみたい。

第五章で注目する真宗大谷派の藤岡了空（一八四八―一九二四）は、ちょうどそうした異端派の登場を予告するような、象徴的な教誨師である。藤岡は、初めは教団主流派の急先鋒として監獄教誨事業を開拓していったパイオニアの一人であった。しかしある挫折を経験して教誨師を退いた後は、むしろ教誨や悔過遷善の不可能性を語るようになっていった。そして、このような藤岡の経験や清沢の信仰運動をくぐった先に、第六章でみる教誨師・田中一雄の印象的な『死刑囚の記録』（一九〇〇―一一年）が、現われてくるのである。

このように、全体としては人間の「悪」を深く省察する契機が失われていった監獄教誨の大勢のなか、一九〇〇年前後を境として、逆に人間の「悪」の問題を原理とする信仰運動と共振しながら、異端的な教誨師たちが仏教界の一部で現われてきた。そのことは、監獄教誨の歴史でも特筆すべき、重要な歴史的事実であろう。もちろん、一九〇〇年前後の仏教界で兆したこうした気運は、その後大勢となることはなく、ごく細流の異端派のままでとどまることになった。しかし、信仰や宗教性の回復的な昂まりとともに現われてきた異端的教誨師の存在や、彼らにも表象された「清沢的契機」には、監獄教誨あるいは近代的統治のダイナミズムを理解するための、重要な手がかりがあるのだと考えたい。

異端的教誨師たちは、他者を一方的に「悔過遷善」することの不可能性ということを、繰り返し語ろうとした。その意味では、彼らは近代を生きる人間の複雑で多様な現実態を問い、それをそのまま直視しようとした人々であったともいえる。彼らはまたそのことによって、善悪を二元論的に区別しようとする近代的統治の限界点と、ほとんど境界を接するような経験をすることになった。そして、このような異端的教誨師たちの眼を通して、私たちに聞こえ、ようやく可視化されるような、〝囚人たちの声〟もあるはずである。第六章では、囚徒たちのいわゆる獄中記や教誨師たちの手記をいくつか紐解きながら、統治され、「悪」とみなされた者の側から、日本における近代的統治の具体相を描き出すことも試みたい。

第五章　「監獄教誨」の誕生

――明治一〇・二〇年代における刑罰と宗教――

はじめに

近代日本の監獄では、犯罪者（被収容者）に応報的に刑罰を与えるだけではなく、規律や調和を重んじる善良な国民へと導いていくべく、彼らの主体をいかに矯正するかということが、統治権力のもっとも重要な関心事であった。そして近代的統治の目的そのものでもあるこの役割を、監獄において宗教者として中心的に担うよう期待されたのが、教誨師であった。

教誨師たちは、国家の監獄行政と歩調を合わせながら、囚徒たちの「悔過遷善《かいかせんぜん》」の実践に精力的に取り組んだ。悔過遷善、すなわち、囚徒たちに自身の過ちを悔い改めさせ、善き人間へと彼らを生まれ変わらせることが、教誨師たちのもっとも重要な使命とされたのである。

本章では、今日までつづく監獄教誨（刑務教誨）は、近代日本においていつ、どのように成立したのか。また、具体的な「悪」と対峙し向き合ってきた監獄教誨の歴史の現場から、私たちは、一体どのような「統治」をめぐるダイナミズム――たとえば「他者の統治」と「自己の統治」の対立や葛藤、あるいは、「他者の統治」という実践に不可避的に伴う原理的な困難など――を見出すことができるのか、考察してみたい。つまり、近代的統治の実践が日本社会においてどのような歴史過程を経て次第に形成され、その統治の特徴は一体どのようなものであったか、明らかにすることが、本章の目標である。

さて、近代的な「監獄」制度が日本で確立したのは、明治一〇年代後半のこととされている。その後、後にみるように明治二〇年代を通じて、浄土真宗が監獄教誨事業をほぼ独占するようになった。おそらくそのことと関係してだろう、監獄教誨は、真宗教団によって創始されたというのが、今日では「通説」となっている(1)。

しかし、あらかじめ指摘しておけば、監獄教誨が真宗によって一から創始されたという理解は、歴史的事実に照らしてみると正確とはいえない。詳しくは第二節と第三節で論じることになるが、少なくとも、真宗に先駆けて監獄教誨に本格的に取り組み、その制度化にあたって重要な役割を果たしたのは、明治一〇年代後半のキリスト教徒であった。対して、明治二〇年以前の真宗にとって、監獄教誨は、そこまで重要な関心事ではなかったと考えられる。

また、「教誨」の内実についても、いくつかの歴史的変遷を指摘できる。たとえば、明治二〇年代前半までの監獄教誨は、基本的には国家の行刑制度の枠内にはありつつも、その後とくに重視されることになる犯罪者や囚人の主体に対する懲戒（矯正）という契機は、まだ希薄だった。むしろ、そのころ活躍したキリスト教教誨師たちの活動全体からすれば、彼らの主要な目標は、苛酷な囚人労働の廃止や獄内環境の改善など、いわゆる「監獄改良」の実現に向けられていたといえる。つまり、浄土真宗が監獄教誨事業に進出した明治二〇年代後半、それはキリスト教が後退した時期でもあったのだが、その時期を境に、「監獄教誨」の歴史は大きな転機を迎えたと考えられるのである。

このように監獄教誨は、いくつかの歴史過程を経ながら徐々に日本社会で制度化され、アジア・太平洋戦争後の大きな転換をあいだにはさんで、刑務教誨として今日まで継続している。そして、その歴史過程には、広くみれば近代日本の政教関係や、統治権力の変遷史がよく表現されていると考えられるが、あいにく監獄教誨の歴史過程を全体として見通した研究は、いまのところ存在していない。

より正確にいえば、監獄教誨についての先行研究は（本章でも参照するように）いくつかあるのだが、それらは、仏教・キリスト教史の枠組みのなかで、それぞれ個別に研究が進められてきたのである。だがいうまでもなく、監獄教誨の歴史全体を明らかにするためには、少なくともキリスト教と仏教の両方に注目して、そのダイナミズムに内在しながら、総合的に考察していく必要があるだろう。

以上をふまえて、冒頭に述べた本章の課題をもう少し具体的に言い換えよう。本章ではまず、近年の監獄・刑罰史や仏教・キリスト教社会事業史の研究成果も参照しながら、明治一〇年代後半に「監獄教誨」がどのように日本社会に登場し、それが明治二〇年代を通じてどのように展開・変容していったか、その歴史過程を明らかにしたい。浄土真宗が監獄教誨事業に急速に台頭してきたのは、明治二五年以降のことであった。ではなぜ、明治二五年という歴史的時点が画期となったのだろうか。その客観的条件にも注意しながら、明治一〇年から二〇年代における監獄教誨の歴史過程を、以下順を追って明らかにしていく。そして、その歴史像から視座をやや大きくとって、近代的統治のダイナミズムや特徴そのものにも迫ってみたい。

一　近代的刑罰と監獄の誕生

1．監獄の誕生から監獄改良まで

近代日本における刑罰と宗教の関係を探る本章の主題に入るに先立って、本節では、監獄教誨の誕生の前提となる「監獄」制度が近代日本でどのように成立し、それがどのような歴史的性格をもつものだったか、簡単に確認しておきたい。

まず、近代日本の刑罰制度は、江戸時代までの「身体刑」から、「自由刑」へと変化しながら成立したことは、よく知られている。近世の刑罰は、入墨や遠島など身体への懲罰を伴うさまざまな排除刑から成り立っていたが、それが近代国家体制の整備とともに、次第に懲役刑へと移行していったのである。しかも、自由刑執行の拠点であり、犯罪者の心身全体の鍛治をめざす監獄という装置が作り出されたのが、明治六年ごろから明治一七・一八年ごろまでというごく短い期間であったことは、驚くべきことだろう(2)。

また、監獄制度が一応の形式を整えた明治一〇年代後半は「大幽閉」の時代（ボッマン）とも呼ばれ、監獄への収容者が、急速に増加の一途をたどったことも注目される。たとえば、明治一五年に新たに収容された囚人が八万四〇〇〇人であったのに対して、翌一六年には一四万四〇〇〇人、一七年には一六万七〇〇〇人が新たに収容されており、まさに加速度的という表現がふさわしいほどの被収容者の増加ぶりが、確認できよう(3)。法制史研究者の姫嶋瑞穂によれば、明治一〇年代後半にこのように在監者が増加した背景として、（一）松方デフレによる生活困窮者の増加、（二）賭博犯処分規則（明治一七年）施行による刑罰の強化、（三）自由民権運動に関わる政治犯の収監、などの理由があげられている(4)。

しかし明治一〇年代の監獄は、衛生・栄養状態が劣悪で在監死亡者数がきわめて高く、脱獄・反獄事件も相次いで起こる不穏な状態にあった。また当時の明治政府は、幕末に列強諸国と締結したいわゆる「不平等条約」の改正をもっとも重要な外交課題と位置づけていたが、こうした監獄制度の不備や不安定な情勢が、条約改正（治外法権の撤廃）の足かせにもなっていた。そのため、「監獄改良」が、明治政府にとって重要な課題として浮上することになったのである(5)。

2. 明治一四年「監獄則」と教誨の制度化

近代的な監獄制度の整備を急いだ明治政府は、明治一四（一八八一）年、それまでの「監獄則」の改正を行なった。明治一四年「監獄則」である。明治一四年「監獄則」は、日本で初めての近代的監獄法規（勅令）であった明治五年「監獄則」が経費上の問題などを理由に施行停止されたのち、（旧刑法の制定に際して）これを大幅に改定し、新たに施行された監獄法規であった。

明治五年「監獄則」は、その有名な緒言「獄ハ人ヲ仁愛スル所以ニシテ人ヲ残虐スル者ニ非ズ」で知られるように、欧米の監獄制度や啓蒙思想に強い影響を受けながら、旧幕時代の残虐な刑罰や牢獄の近代化を志向したものであった。これを起草したのは、維新以前に自身も小伝馬町の獄に入牢した経験をもつ小《お》原《はら》重哉《しげや》である。小原は明治一四年「監獄則」でも引きつづき起草を担当したが、このとき重要な役割を果たしたもう一人の人物が、内務官僚の小野田元凞《もとひろ》であった。しかし小原と小野田の刑罰・監獄観のあいだには大きな隔たりがあったといわれ、主に囚人たちの人権保障を重視した小原に対し、小野田は、囚人を厳しい管理下に置きながら、監獄の秩序維持を最優先

する「懲戒主義」を奉じていたという。(6)

このように、明治一四年「監獄則」には二つの異質な治獄理念が内在していたといえるが、さしあたって本章の関心から注目しておきたいのは、明治一四年「監獄則」において、「監獄教誨」に関する規定が、初めて法文上に明記されて制度化されたことである。たとえば、同則第九二条には「已決《いけつ》囚及ビ懲治《ちょうじ》人教誨ノ為メ教誨師ヲシテ悔過遷善ノ道ヲ講ゼシム」とあり、已決囚（既決囚）と懲治人（懲治教育のために収容された幼年（犯罪）者）に対して、教誨師が教誨を行なうべきことが規定されている。(7) また同年の法令「司獄官吏及傭人設置程度」と「傭人分課例」では、各監獄への教誨師の常置も同じく規定された。(8)

だが、このとき実際に教誨師の常置を実現できたのは、わずかの監獄にとどまったという。なぜなら、同じ明治一四年、国家財政の逼迫から地方監獄費が国庫負担から府県負担に代えられた結果、財政力の乏しい府県では十分な手当で教誨師を任用することが困難となり、従来どおり、各教団から派遣される有志の教誨師を、嘱託として任命する場合が多かったからである。(9)

このように、監獄教誨が初めて制度化されたのは明治一四年「監獄則」においてであった。それはまさに、「監獄運営の混迷の時期」ともいわれるように、在監者の急増や財政問題など、監獄制度がさまざまな困難や危機に直面した状況下でのことだったのである。(10)

二　監獄と宗教――明治一〇年代後半の監獄教誨

1.「真宗＝監獄教誨」起源説

ところで、本章のはじめにふれたように、近代日本の監獄教誨は、真宗教団によって創始されたというのが今日通説となっている。この通説をあらためて問い直すことがここでの目的の一つであるが、この「真宗＝監獄教誨」起源説とでもいうべき通説は、さかのぼれば、『日本監獄教誨史』（一九二七年）の記述にひとつの典拠が求められるようである。そこで、まずは同書において監獄教誨の始まりがどのように語られているか、確認してみよう。[11]

同書によれば、明治五年七月、真宗大谷派の蓑輪対岳《たいがく》と鵜飼啓潭《けいたん》という二人の僧侶が、東本願寺管長を経て、教部省に「囚徒教誨」を出願した。これが許可されて、対岳と啓潭はそれぞれ石川島監獄と名古屋監獄で篤志教誨を行なうことになった。『日本監獄教誨史』は、これが日本における「監獄教誨」の「濫觴」であったとし、次のようにその意義を強調している。「蓋しこれ仏教僧侶の監獄教誨に従事せし最初にして啻《ただ》に当監（石川島監獄）に於ける仏教々誨の始源のみならず、実に日本監獄に於ける教誨の濫觴ならむ」。[12]

また同書によれば、対岳らの教誨内容を示す記録は残されていないが、たとえば対岳が出入りした石川島監獄では真宗の教義（俗諦）と「三条の教則」を合わせたような教誨であったこと、説教者は輪袈裟姿で仏像は安置せず、読経などの儀式も行なわれずに、「白洲」を利用して教誨が行なわれていたという（同書、三二六頁）。本来訊問の場であった「白洲」で教誨が行なわれていたことなどは、それを監獄教誨と呼ぶかどうかはともかく、明治初期における教誨の権威的性格を表わしているようで興味深い。こうした形式の教誨が、石川島監獄では少なくとも明治一四年ごろまで続いていたらしい（明治一五年には独立した説教所が開設された）。

いずれにせよ、ここで重要なのは『日本監獄教誨史』が、日本の監獄教誨は真宗教団が明治五年に創始したと主張していることである。このような理解は、同じ真宗教団が監獄教誨の開始から「百年」を記念して戦後に出版した『教誨百年』（一九七三年）でも、同様に踏襲されている(13)。しかし、それは監獄教誨についての歴史的理解として、はたして妥当な理解なのだろうか。ここでは、とくに二つの点から、この「通説」に異見を呈しておきたい。

第一に、対岳らが教誨を行なった明治五年の時点で、日本社会には法制にもとづいた本格的な「監獄」制度はまだ導入されていない。その意味では、対岳らのいわゆる「説諭」と明治一〇年代後半から本格化する監獄教誨とは、一応区別されるべきではないだろうか。先にふれたように、「教誨師」という名称が法文上で初めて定められたのは明治一四年であるし、監獄教誨が初めて制度化されたのも、同じく明治一四年の「監獄則」においてなのである。現象としては真宗による明治五年時点の教誨も、たしかに「監獄教誨」のようにみえるかもしれないが、少なくとも明治一四年以前の教誨は、まだ厳密には監獄教誨とはいえないと本章では考えたい(14)。

第二に、「真宗＝監獄教誨」起源説の主な典拠である『日本監獄教誨史』は、キリスト教の教誨活動にほとんど言及していない。同書は、「真宗教誨史」とでもいうべきモノローグであることにも、注意が必要であろう。つまり、明治五年に真宗が単独で監獄教誨を創始したという「通説」は、教団史としての性格が強いそのようなテクストのなかで唱えられやがて定着した、一種の起源説だと理解すべきものだろう。やはり歴史的には、監獄教誨の形成史は、キリスト教も含めた諸宗教の活動と、そのダイナミズムのなかにこそ探究されるべきである。

2．キリスト教の教誨事業——原胤昭の場合

明治一四年以前の教誨と、制度化された監獄教誨とのあいだにどのような質的変化をみるかという課題は別稿に譲って、ここでは次に、明治一〇年代後半から顕著な動きを見せ始めたキリスト教の教誨事業から、監獄教誨の形成の様子を探っていきたい[15]。

キリスト教が監獄教誨に積極的にコミットを始めたのは明治一〇年代後半であったが、先述のように、それは近代日本で監獄システムが一応の確立をみたとされる時期とほぼ一致している。この時期のキリスト教の監獄教誨活動の大きな特徴は、列強諸国との条約改正をめざしていた明治政府による支援を受けながら、いわば半ば公的な事業として展開されたことである。

そして、キリスト教徒として監獄教誨を開拓していった重要な先駆者の一人が、原胤昭《たねあき》（一八五三―一九四二）である。原は、日本最初のキリスト教常勤教誨師として、明治一七年から同二八年まで、兵庫や北海道の監獄で教誨師として活躍した。また教誨師として監獄改良事業に取り組んだ後には、刑期を終えて出獄した前科者を引き受け、彼らの生活や就業を支援する保護事業へと転じ、そのための寄宿舎の運営などを先駆的に行なった。ここから原は今日、「出獄人保護事業の父」とも呼ばれている。おそらく、教誨師としての原の活動でもっとも注目すべきは明治二〇年代前半の北海道時代だが、ここではごく簡単に、それ以前の原がどのような経緯で監獄と関わるようになり、明治一七年に明治政府から日本最初のキリスト教常勤教誨師に任命されるようになったのか、みておきたい[16]。

原は、嘉永六（一八五三）年、江戸南町奉行所の与力の家に生まれた。一四歳で家督を継いで与力となった原は、

職務の一環として、石川島人足寄場の見廻り役を務めた。維新後、原が受洗してキリスト教徒となったのは、欧米文化の土台を形成しているキリスト教を学ぶように家族から勧められたことや、親戚筋に当たる国学者の平田鋲胤《かねたね》から借覧した聖書の影響などがあったという。維新期にキリスト教に入信したのは、かつての幕臣や佐幕派など、反薩長閥の出身者が多かったことはよく知られているが、原もそのようなコースをたどった一人であろう。

ただし、原は当時のキリスト教界のなかでも、とくに異端派に属していたようである。原が明治九年に設立に参加した「銀座教会」（日本独立長老教会）は、アメリカのミッションの支配から独立した日本人による独立教会をめざして設立されたため、他の宣教師から異端視されたり、外国人宣教師からは妨害も受けたりして、「独立というよりも孤立」を深めていったといわれている。銀座教会が独立教会として存在した期間は、わずか三年間だった（片岡、五三―五六頁）。

原の人生で大きな転機となったのが、明治一六（一八八三）年、自由民権運動に関連する筆禍事件によって、かつて自身が監視役を務めた石川島監獄に、今度は囚人として収監された経験であった。当時原は、輸出用の錦絵を発行して美術商として成功していたが、錦絵による風刺画も多く手がけていた。そして自由民権運動にも共鳴していた原は、明治一五（一八八二）年の福島事件の際、政府の圧制に抗議するために「天福六家撰」という錦絵を刊行した（「天福」は転覆のもじり）。その錦絵に河野広中ら六名の肖像画を載せ、その頭書に逮捕の経緯と「天より賦与《あたえ》られし人民の自由の権利を伸張するの結果は我々が幸福の基なれ」と記したところ、出版条例違反に問われて、即刻発売禁止となった。原は、東京軽罪裁判所で軽禁錮三か月と罰金三〇円の判決を受け、石川島監獄へ収容されたのである。当時の監獄内の苛酷な様子を、のちに原は次のように回想している。

二千人も一ツ構内に押し込められた。私の入れられた監房は、三番監と云ふ三百人も一緒に押込められる大牢であつた。周囲は四寸角の鞘柱で、開けツ放しの吹きツ晒しで、佃島の汐風にあふられる、床は板の間、夜になると、頭と足を互ひ違ひに寝て、破れ蓙《ござ》を引張り合ひ、一枚を三人の大男で、羽おり、身体と身体で漸く温を取る、その間にウヨ〳〵虱《しらみ》の総動員。これが冬の真夜中だ、たまつたものでは無かつた[17]。

さらに、非衛生的で粗末だった石川島監獄内では、囚人たちのあいだでチフスが流行していた。準国事犯で労役のなかった原は、率先して看護を手伝ったが、原自身もチフスに罹患してしまう。充分な治療を受けられずに高熱に苦しんだ原は、意識不明となって死体置き場に移された。しかしそこで意識が回復し、九死に一生を得たのだという。こうした凄惨な体験が、のちの原の監獄改良事業の原点となったのである。

獄中の原は、同じ監内にいる約二〇〇名の囚人のために、聖書の教えなどを伝えたという。出獄後、原は内務省に監獄の悲惨な現状を報告し、監獄改良に関する意見書を提出した。この取り組みが認められた原は、明治一七（一八八四）年、兵庫仮留監の教誨師就任を要請された。こうして原は、日本最初のキリスト教常勤教誨師となったのである。

それまでは総囚教誨が一般的だったが、教誨師としての原は、日本で初めて個人教誨を実践したともいわれている。また欧米の監獄学も参照しながら、囚人の心状考査や教誨方法を記録するための、個人別カードも創案したという。

ここで重要なのは、原をはじめとするキリスト教徒が、なぜこの時期に監獄教誨事業に進出していった（することができた）のか、という問題だろう。この点について、片岡優子は、条約改正の条件の一つとして「監獄改良」

を欧米列強から求められていた明治政府が、その役割をキリスト教に期待し、そうした国家的要請が、原たちの活動を後押ししたと指摘しているが、妥当な理解だといえる(18)。山県有朋（内務大臣）や清浦奎吾《けいご》（警保局長）の内命を受けて、原は各地の監獄を視察し、監獄改良に向けた国家的取り組みに参画していったのである。

3．仏教界と真宗教団の動向

一方で、同じ明治一〇年代の仏教界はどうだったか。監獄教誨に多少の動きはみせているものの、仏教界はまだ全体として活動は低調であったことがうかがえる。たとえば、仏教各宗派では、それまで各所で活動していた篤志教誨師を徐々に本山派遣の形に変更し、若干の手当を支給し始めた(19)。また、明治一三年、北海道に建設中の監獄や集治監の布教独占権を、真宗本願寺派が内務省に申請したが、内務省はこれを却下している（「北海道湊懲監御設置之趣に付布教之儀願(20)」）。

ただし、明治一四年ごろになると、真宗教団と監獄教誨の関係が少しずつ深まっていく様子も確認できる。たとえば、石川島監獄では明治一四年、神仏混淆的で「恰《あたか》も落語講談」を聞くようであったというそれまでの教誨に不満をもっていた典獄の安村治孝《はるたか》（警視庁監獄署長）が、教誨師をすべて大谷派に統一した(21)。また、これも同じ明治一四年のことだが、参議の寺島宗則が本願寺派に対して、「〔犯罪人を〕真に改心せしむるは宗教之外有之間敷《これあるまじく》と考候」と自らの考えを語り、西洋と同じように、監獄内に説教所を設けて囚人を教誨する役割を両本願寺に担ってほしいと、内々に打診している(22)。

しかし、真宗教団の監獄教誨への進出が本格化するのはあくまで明治二〇年代以降のことであり、それ以前には、内務省と連携したキリスト教教誨師たちが中心となって、近代日本の監獄教誨事業が開始されていったと考えるのが、妥当であろう。

三 キリスト教の監獄改良事業――明治二〇年代前半

1．刑罰改革の波

刑罰史研究において、明治一八（一八八五）年は、刑罰における懲罰的側面が強化された年として、ひとつの画期とされる年である。当時内務卿であった山県有朋が、それまでの刑罰の基本理念であった「感化主義」の立場を一八〇度転換させ、「抑《そもそも》監獄の目的は懲戒にあり」とする、いわゆる「苦役本分論」の訓示を出したことから、懲罰的側面を強化する刑罰改革が進められたのである。(23) そして、この一八八〇年代後半から始まった「刑罰改革の波」（ボツマン、二七六頁）を主導したのは、警保局長の清浦奎吾であった。

たとえば、大阪や神戸など主として関西地方の監獄では、新たに「罪石」と呼ばれる制度が導入された。これはイギリスで重罪囚に科されていた踏車にヒントを得たものといわれ、労役に代えて囚人に 定期間それぞれの体力に応じて三貫から一五貫（約一一～五六キログラム）の石を木枠に載せて背負わせ、毎日二時間程度、監獄内を歩行させるというものであった。罪石制度を報じた新聞記事には、「往々背肉剝落して流血淋漓たるものあり」という記事もあり、囚徒にとって、罪石は非常に苦痛な懲罰であった。(24) この罪石は、まったく非生産的な苦役という意味で、「空役」とも呼ばれた。(25) さらには明治二二年の「監獄則施行細則」では、囚徒に科されていた労働時間が、大幅に延長されることになった。一日あたり四〇分から一時間四〇分ほど労働時間が延びただけでなく、午後の小憩（一〇分から三〇分間）まで廃止されたのである。(26)

一方で、この時期にはドイツ行刑学の影響で、日本国内でも「監獄学」が注目されるようになった。また日本初の監獄学者として有名になる小河滋次郎《おがわしげじろう》が内務省警保局に奉職したのも、同時期の明治一九（一八八六）年であった。さらに明治二一（一八八八）年には、民間団体の「大日本監獄協会」が創設され、監獄改良のさらなる推進をめざして、多くの実務者・学者や篤志家が名を連ねた。同協会は、月刊誌『大日本監獄協会雑誌』を発行して、監獄の運営と改革をめぐる理論の普及および議論の活性化に取り組み、行刑当局の補助的機関の役割を果たしながら、矯正協会と改称してその活動は今日にまで至っている。(27)

2. 北海道集治監におけるキリスト教の監獄改良

明治二〇年代前半には、キリスト教の監獄改良事業が最盛期をむかえることになる。この背景には、二つの事情があった。まず、高島炭鉱や足尾銅山の惨状が報じられるなど、当時は社会問題への関心が高まっていく時代状況であった。また、この時期はいわゆる「欧化主義」政策が実施された時期でもあり、条約改正をめざした明治政府は、欧米の監獄事情にも明るいキリスト教教誨師たちに、監獄改良の推進役を期待したのである。

キリスト教教誨師たちが与えられた活動の舞台は、北海道の大地であった。当時北海道は、樺戸を中心にいくつかの集治監が設置され、行刑の重要な位置を新たに担うようになっていた。なお集治監とは、フランスの中央監獄をモデルにして作られた、内務省直轄の監獄のことである。もとは西南戦争で懲役刑以上に処せられた国事犯を集禁するために、明治一二年、宮城と東京に設置された。やがてそれだけでは収容しきれなくなったため、明治一四（一八八一）年から、順次北海道に増設されていったのである（樺戸、空知、釧路、網走、十勝）。北海道の集治監は、主に、（一）重罪人の隔離、（二）彼らを安価な労働力として開拓事業に使役、（三）北方ロシアへの対抗、という役割を担っていた(28)。

監獄教誨の歴史にとって重要なのは、当時行刑の最前線であった北海道の集治監で、キリスト教教誨師たちが、実際に苛酷で悲惨な囚人労働を目の当たりにしながら、活動を展開していったことであろう。そこで見聞したリアリティが、キリスト教教誨師たちを監獄改良へと駆り立てていく、大きな原動力になったと考えられるのである。ここでは、原胤昭と留岡幸助《とめおかこうすけ》の二人を通して、当時の北海道における行刑の様子と、それに直面した教誨師たちの経験と活動に、注目してみたい。

原胤昭

明治二一（一八八八）年、原胤昭は内務省から釧路監獄署の教誨師に任命され、北海道に渡った。その後、明治二八年まで教誨師を務めた原が北海道の監獄で取り組んだ活動は、多岐にわたる。ここでは、釧路監獄署（集治監）と空知集治監における囚人労働の廃止に関する活動、そして原の自宅で行なわれた出獄人保護事業について、注目してみよう。

原は、のちに北海道での教誨師時代を振り返って、「囚徒の最も多く殺害されたのは空知集治監と釧路集治監であった。釧路は硫黄山、空知は炭坑であった」と語っている(29)。集治監で囚人が「殺害された」とは、一体どういうことであろうか。

原が最初に赴任した釧路監獄署は、明治一八（一八八五）年に釧路国の標茶《しべちゃ》に開設され、まだ設置されて間もない監獄であった。二万五〇〇〇坪の広大な開墾予定地を所有し、囚徒たちを北海道開拓の安価な労働力として使役した。釧路監獄署で最初に囚徒たちに課せられたのは、アトサヌプリ硫黄山の硫黄採掘労働であった。その労働がいかに「惨虐」で「理も否も」ない理不尽なものだったか、原は次のように語っている。

……それはひどいとも乱暴とも何ともお話にならない惨虐さでありました。理も否もありやしない、一言でも反抗すれば直ぐ切り倒してしまふ。……実際そのひどさは話で聞いただけでは事実と信じられない程です、その時私の見たのは硫黄山ですが硫黄の粉末又は塊りを藁俵に入れて背に背負って嶮岨な高山を昇り降りするのです。一と足すべると二タ言目には一刀の下にぶった斬ってしまふ。それで監獄署の出入帳面には辷《すべ》って転んで即死と記入されて始末されて居る。これが人間一人の終焉なんです。この実況視察で私の心は非常に動きました。自ら求めて北海道釧路監獄署の教誨師となり、幼児六人を引連れて此の北海の雪の山へ入り込みました。

（『社会事業』一七（五）、一九三三年〔片岡、一一五―一一六頁〕）

釧路監獄署では、その他にも苛酷な労働と栄養不足のために水腫病（脚気）に罹ったり、硫黄採掘現場から噴き出す亜硫酸ガスで呼吸器を傷めたり失明するなど、採掘に従事した囚人たちの負傷・罹患・死亡数は多数にのぼった。一八八七年単年だけで、在監囚七九一名のうち八一名が死亡したというから、その労働がいかに苛烈なものだったか、想像されよう[30]。この状況を目の当たりにした原は、硫黄山における囚人労働の「不法残虐」な実態を内務省の清浦警保局長に復命し、その廃止を典獄の大井上輝前《おおいのうえてるちか》に進言した。その結果、同監獄署における硫黄採掘労働は、明治二一（一八八八）年一一月に廃止されることになったのである。

明治二五（一八九二）年、原は（道内の集治監の本監である）樺戸集治監の教誨師に転任した。このときも原は、空知集治監で行なわれていた採炭労働の廃止に取り組んでいる。そもそも空知集治監は、幌内炭坑での採炭を目的に設置されたといわれるが、やはり当時も多くの囚徒を採炭事業に動員し、多数の死傷者を出していた（一八八三年から一八九二年八月まで、七四六〇名が死傷。うち、死者一〇八名）[31]。『三笠市史』（三笠市役所、一九七一年）によれば、幌内採炭労働に服役した囚人の疾病にみられる顕著な特徴は、「外傷性外科疾患」が圧倒的に多いことであり、落盤・ガス爆発・墜落による挫創傷、火傷、震盪《しんとう》圧迫、骨折、脱臼、失明、切断などの事故が相次いでいた。

幌内炭坑での外役をめぐっては、それが監獄作業として適切かどうか、当時さまざまな意見が出されていた。現地を視察した法科大学講師の岡田朝太郎（刑法学）は、飲み水がなく腐敗した川水を飲む囚人、事故で手足や視力を失った囚人たちの「酸鼻」を極めた様子、他方では、監視の眼の届かない暗く狭小な坑内で後を絶たない囚人の逃走、そして坑内で密造した酒や煙草を密かに飲みながら賭博に興じている実態なども知って、同所での労働が刑法の目的を充分に達していないことを、指摘している[32]。

この問題は帝国議会（一八九四年の第八議会）でも取り上げられて社会の注目を集めたが、原も、幌内炭坑の囚人労働の危険性を公表するために、自ら坑内に入って実地を見聞している。幌内炭坑での外役は、結局、北海道集治監典獄の大井上輝前の要請をうけた北海道庁長官・北垣国道の指示で、明治二七（一八九四）年に廃止された。原は、幌内炭坑が他の炭坑と比べてもとくに危険であること、そして、そこで囚人労働者たちが受けていた理不尽な仕打ちについて、のちに次のように語っている。

空知の幌内炭坑は横まぶと云って礦盤は横に裂けるから一つ裂けると一度に幾人も潰れて死ぬ。幾人死んでも礦穴の中のことだから採掘のため幾十人此の穴へ入れと命令して入れる。盤の倒壊した時は大響がする、出て来た員数が減じただけが圧死したわけだ。けれどもそれだけ圧死したとは広報しない。出坑人の減少数だけ病死に算へられる故に広報には表示されない。同じ礦穴と云っても九州高島坑の縦まぶに比べて幌内坑の横まぶは危険程度に於て非常な相違だ。私は実験して居なくては公表できないと思ひ幌内坑の危険地に潜り込んで見た。

（『社会事業』一七（五）、一九三三年〔片岡、一五〇頁〕）

以上のように、教誨師として囚人労働の現場に出かけ、その改良や廃止運動に取り組んだ原であったが、それと並行して原は、刑期を終えて出獄はしたが自活が困難な前科者、あるいは要観察の被保護者たちを自宅に住まわせて、彼らの更生を支援する「出獄人保護事業」にも精力的に取り組んでいる。

原が出獄人保護事業を始めたのは北海道に渡る前の明治一六（一八八三）年にさかのぼる。それから大正元（一九一二）年までのあいだに、一五〇〇名を超える人々の保護に関わっている（その成果は主著『出獄人保護』一九一三年にまとめられている）。厳密にいえば、原の出獄人保護事業が本格化したのは、明治三〇（一八九七）年以降、すなわち教誨師を辞職して北海道から帰京し、「東京出獄人保護所原寄宿舎」を創設してさらに一万人以上の刑余者の更生を支援したころのことだが、教誨師時代にも、原は職務の傍ら、意欲的に同事業に取り組んでいるのである。

ここでは、原が教誨師として初めて勤務した兵庫仮留監時代に出会った、「トンネル近」の場合をみてみよう。「トンネル近」は、強窃盗を繰り返して神戸監獄に収監され、「在監囚二千人の中でも、屈指の悪漢」だといわれていた。あるとき彼に従う囚人数十人と共謀し、監獄構内から大トンネルを掘り、逃走を企てたことから、「トンネル近」という綽名で呼ばれていた。その「近」と原が出会ったのは、明治一九年、「近」が二九歳のときである。(33)原は「近」の保護を引き受けるにあたって、とくに次のことに留意している。出獄者に対して必要なのは何よりもまず「同情」であること、そして、根強い社会の偏見に直面して強い猜疑心をもっている前科者の心を融和して、再び社会の一員に戻すことが保護事業の使命である、ということである。これはもちろん「近」の場合だけではなく、その後の原の保護事業を一貫する、基本的な立場となった。

さて、「近」を自宅に迎えた原は、彼をどのように保護すべきか妙案はなかったが、「只だ余の彼れに与へんとするものは同情の一のみ」と考え、次のように言葉をかけた。「少しも遠慮は要らないから、君の都合の宜しきだけ、幾日なりとも泊つて、食つて居よ。余は基督の愛に励まされて、君に食を分ち与へるのであるから、少しも遠慮は無い。唯だ余の家庭に在る間は、家族と共に、朝夕の祈禱を共にして呉れゝば宜しい」（二九頁）。こうして、原の家に起居しながら職探しに奔走した「近」であったが、ほどなく「近」は、現実の「意想外」の厳しさに直面し、深く失望する。実は「近」は、在監中にかなり多くの人脈を作り、放免後に就職の世話になる「堅い約束」もいくつか取りつけていたのだが、いざ出獄してその当てを訪ねてみると、これらの約束はことゞとく裏切られたのである。落胆した「近」はある夜、原に次のように訴えている。

……世間は実に意想外でした。恩を与へてある人ですら、口頭では甘諾して居ながら、事実は一向に運ばず。愈《いよい》よ相談を進めて、明日から参りますと云ふ段になれば、彼れ是れ口実を構へ、断られない迄が往くことが出来ず、職に就くこと六ケ敷《むずかしく》、彼等は体裁よく、私を擯斥するのである。二三は普通人の紹介にも求めて見ましたが、兎《と》ても〳〵取り合つては呉れません。実は今日は、最早大丈夫と思ひ込んで居た、雇はれ口すら、不成効〔ママ〕に畢《おわっ》たので落胆しました。（三一頁）

「近」のこの言葉には、刑期を終えて社会で新しく生き直そうとしながらも、それがなかなか叶えられない現実への憤懣や不信感、そして失望の思いが、よく表われている。さらに「近」は、こうして原のもとに厄介になっていなければ、今ごろは元の賊を働くしかなかっただろうとも語り、原に衝撃を与えている。結局、原の尽力もあってマッチ工場に職を得ることができた「近」は、妻を迎えて「人並」の家庭生活を送り、その後再犯はなかったという。このような経験をいくつも重ねながら、原は自らの出獄人保護事業を確立していった。その立場と確信について、原は次のように語っている。

> 発心者を善導して、社会に誘致せんとするに当り、社会は尚ほも、彼等の旧非を責めて之れを容れず。茲《ここ》に於てか彼れの保証人となり、後援者となりて、彼れを社会に紹介するは、将《ま》さに吾人の職責にして、吾人は、刑余者が此の際猜疑孤立の自己性を以て、自ら社会に遠ざからんとする、反社会的思想を融和矯正し、以て完全に社会の人と為さゞる可からず。　（二一四頁）

前科者の罪をいつまでも責めて彼らを疎外する社会と、そんな社会に強い猜疑心をもって孤立し、ある場合には止むを得ず再犯に手を染めていく出獄者たち。教誨師から出獄人保護事業に重心を移していった原は、そうした社会と出獄者たちの間にあって、両者をつなぐことが自らの使命だと考えていたようである。出獄者の「保証人」「後援者」として、彼らが完全な「社会の人」となるように「融和矯正」の介助をすること。それが、原の思い描いた出獄人保護事業だったのである。

留岡幸助

次に、キリスト教教誨師として同時期の北海道で活動した、留岡幸助の実践を簡単にみておこう。

留岡は明治二四（一八九一）年、空知分監（集治監）の教誨師として北海道に赴任した。のちに著名な社会事業家として知られるようになる留岡だが、このときはまだ、福知山の教会で牧師を務める、二〇歳に満たない無名の青年であった。そんな留岡を北海道に招いたのは、空知分監の大井上輝前典獄だった（大井上は初代典獄を務めた釧路から空知へ明治二三年に転任）。

大井上は、幕末にアメリカ西海岸へ遊学したが、そこでふれたキリスト教に深い理解をもつようになった。行政官としては北海道開拓事業を推進した一方、監獄の司獄官（典獄）としては、原胤昭たちと協同して囚人労働の緩和・廃止や監獄改良に取り組むなど、当時の監獄界のなかでは、大井上はかなり異色な典獄であった(34)。空知分監でもキリスト教の専任教誨師を採用しようと考えた大井上は原に相談し、さらに原から斡旋を依頼された金森通倫《みちとも》を介して、留岡に白羽の矢が立ったのである。

この直後、大井上は樺戸本監の典獄となり、道内の集治監の教誨師をすべてキリスト教に入れ替えていき、そこに同志社の卒業生が次々と赴任していった。「北海道バンド」とも呼ばれるこうしたキリスト教の活況は決して長くはつづかなかったが、全北海道の五つの集治監は、大井上が本監典獄だった時代に、同志社出身のキリスト教教誨師たち一一名ですっかり占められたのである（その後明治二七年、後でふれる「不敬事件」で大井上は辞職し、翌明治二八年、教誨師たちも全員連袂辞職することになった）。

さて、留岡は生涯に大量の日記を残している。そのうち「羇《き》旅漫録《りよまんろく》」（一八九一年）は、空知分監に赴任して間もない留岡が教誨と監獄視察のために、一か月余り北海道東部を一巡したときの記録である。この旅は全行程一三九二キロメートルにもおよぶ厳しいものだったが、留岡は北海道における行刑と囚人労働の現実を実際に目撃し、その様子を克明に記録している。

たとえば、当時昼夜の別なく急ピッチで進められていた北海道中央道路（網走―北見峠一八〇キロメートル）の建設現場で、留岡は、水腫病に苦しむ多くの出役囚を目の当たりにしている。「九ノ小屋ハ網走分監ヨリ北海中央道路普請ノ為ニ出役セル小屋ノ一ツナリ。此小屋水腫病ノ為ニ罹病セル囚徒凡ソ七十二名。同ジ病ノ為ニ悩メリ。苦悶ノ声尤トモ憐レナリ」(35)。実際、この中央道路の建設工事は、全北海道における囚人労働のうちもっとも死亡率が高く、一八八九年に使役された囚人一〇一五人のうち、実に一八六人が死亡したという(36)。

留岡の日記には、この他にも、集治監の実況、囚徒の書簡、囚徒の成育・犯罪歴など多くの記述やメモがあり、当時の囚徒や北海道における行刑の様子を詳しく知ることができる。そこには、囚徒一人ひとりの名前が丁寧に記され、教誨師留岡の眼が、具体的な個々人に対して向けられていたことがよく分かる。たとえば、当時幌内外役所では失明者が多発していたが、留岡は囚徒一人ひとりの場合について調べ、その原因が炭坑での就労にあることをつきとめている(37)。また、網走分監で多くの患者があった水腫病については、囚徒が苛酷な労働のため飲み水を選ばず「汚水」を飲むこと、出役先で湿地に直に寝るという「住家」の問題、そして「食物」や「衣服」が原因であるという、医師の診断を書き記している(38)。さらに明治二四年の日記には、約三〇人分の囚徒の成育歴や犯罪歴について聞き取りをまとめている（たとえば、不正を咎めて争論になり、相手の住職を包丁で刺殺して川に流し、殺人罪で収監された神奈川県五三歳の住職、八〇仏〇の場合など(39)）。

こうした聞き取りが可能だったのは、留岡が、囚徒と「密房教誨」と呼ばれる個別的な教誨を行なっていたことが大きいと考えられる。密房教誨とは、留岡が看守抜きで行なった教誨のことである。留岡は囚徒と膝を交えながら、彼らがなぜ集治監に来るようになったのか、その来歴、先祖や家族の状況、職業や教育の程度、犯罪状態などをじっくり語り合ったという。それは今日のケースワークの先駆けとなる事業ともいわれ、留岡はそうしたケース記録を、三〇〇人ほど重ねたらしい。このとき、留岡は犯罪者の裏にある境遇を察して、ともに落涙に及んだことも何度かあったという。「その都度私は共に泣き共に笑ひ共に慰めた中に彼等が生きる道があると信じた」、と語るとおりである。(40) ここには、教誨師として囚徒とその罪に寄り添おうとする姿勢が、よく表われている。

こうした留岡の活動を支えていたのは、囚徒もまた人として「吾人ト同一」であるという、揺るぎない信念であった。同日記に収められている「罪悪学研究につき自序す」と題された草稿には、そのことが次のように記されている。

罪囚ノ精神ヤ、此等シク吾人ト同一ノ精神ナリ。吾人人タレバ罪囚モ亦人タリ。啻《ただ》彼等ガ吾人ト異ナルノ点ハ、彼等ハ精神上ノ大病患者ナル而已《のみ》。吾人モ又精神上病患者タルコトヲ免レズ。然ルヲ、彼等ヲ而已賤辱シテ、以テ自己心中ヲ顧ミザルハ、此レ即チ傲慢者流ナリ。傲慢者流ハ精神上ノ大病患者ナリ。大病患者焉《いずく》ンゾ大病患者ヲ笑嘲スルヲ得ンヤ。(41)

留岡が囚人労働の苛酷さをみつめ、囚徒一人ひとりの境遇とその背後に広がる人生に共感的に向き合うことができたのは、「吾人モ又精神上病患者タルコトヲ免レズ」、つまり自分たちも監獄内の囚徒と何ら変わらない存在であるという、おそらくは宗教的信念に支えられた、透徹した人間観のためだったのであろう。

3. 明治二二年「監獄則」と小河滋次郎

ここまでみたように、キリスト教の監獄改良事業は、明治二〇年代前半がその活動の最盛期であった。そして同じ時期、政府は明治一四年「監獄則」を改正し、監獄行政のさらなる整備・充実を図った。それが明治二二年「監獄則」である。

明治二二年「監獄則」は、本則で基本的で重要な事項のみを規定し、時代の推移により変化が予測される事項や細部は細則に譲る形式に変更して、その後の改廃を容易に行なえるように便宜が図られた点に特徴があった(42)。教誨についても、「囚人及懲治人ニハ教誨師ヲシテ悔過遷善ノ道ヲ講ゼシム」（第三〇条）とあるだけで、その規定はいたって簡単である(43)。そのため、監獄行政や監獄教誨に対する政府のねらいや思惑を、明治二二年「監獄則」だけから、具体的に理解することは難しい。

一方で、当時内務省に勤務していた小河滋次郎《おがわしげじろう》（一八六三―一九二五）が、新しい「監獄則」の解説書として出版した『日本監獄法講義』（一八九〇年）には、監獄教誨についての公式的な見解が詳しく語られている。ここでは、小河の解説を参照しながら、当時の監獄行政における監獄教誨の位置づけや議論の様子をさぐってみたい。

当時小河は、東京集治監の構内にあった監獄官練習所に勤務し、政府が監獄改良の推進のためにドイツから招聘したゼーバッハ（内務省獄務顧問）の通訳を務めていた。のちに「監獄法」（一九〇八年）の起草に携わり、日本を代表する監獄学者となる小河だが、このとき小河は、主著の一つとなる『監獄学』（一八九四年）を起筆してまだ間もないころであった。そこへ明治二二年「監獄則」が出されたため、小河は『監獄学』の執筆を中断し、新しい「監獄則」の解説書を出版したが、それが『日本監獄法講義』であった。

教誨関係についてみれば、同書で小河が、さまざまある監獄行政のなかでも、とくに監獄教誨の重要性を強調している点が重要であろう。「感化改良ノ事ハ治獄上ノ最緊要務タリ。教誨ハ即チ此目的ヲ達スルノ最好方便タルガ故ニ、司獄ノ局ニ当ル者ハ須ラク重キヲ教誨ニ置キ、殊ニ其実施ノ方法ニ注意スル所ナクンバアルベカラズ」(44)。小河は、囚人の「感化改良」が治獄の「最緊要務」であり、それを達成するためには、監獄教誨の役割こそがもっとも重要であると主張しているのである。

そして監獄教誨をめぐる議論で小河がはっきりと強調しているのが、(一)日本の監獄教誨は「道義教誨」よりも「宗教教誨」が適切であり、(二)その宗教教誨も、宗派を混用せず、「一宗一派」による教誨でなければならない、という二点であった。

(一)について、小河は「監獄教誨ハ宗教的ナルベキヤ将《は》タ道理的ナルベキヤノ問題ニ就テハ当局者ノ往々其所見ヲ異ニスル所ナルガ、鄙見ヲ以テ之ヲ見レバ、監獄ニ於テハ徹頭徹尾宗教的教誨ノ主義ヲ採ル（ママ）ヲ必要ナリト信ズ」といい、監獄教誨は、「徹頭徹尾」宗教教誨である必要があると断言している(45)。なぜ道徳教誨よりも宗教教誨の方がふさわしいのだろうか。小河は、次のように説明する。

> 蓋シ宗教的感化ハ之ヲ道理的感化ニ比スレバ其効験顕著ニシテ且ツ悠久ナリト謂ハザルヲ得ズ。何トナレバ、道理ノ存スル所疑ヒ必ラズ之レニ起リ、疑ヒノアル所迷ヒ従ツテ之レニ生ジ、遡回逆転シテ復タ終《つい》ニ本来愚痴ノ凡夫ニ帰スルノ恐レアリ。之レニ反シ彼ノ宗教ナルモノハ、必ラズ一ノ本尊ト崇拝スル所ノ主体アリテ、本尊ノアル所曽ツテ一点ノ疑ヒヲ容ル、ヲ許サズ。信仰則チ転迷悔悟ノ存スル所ニシテ、其存在ハ堅固ニシテ且ツ悠久ナラザルヲ得ズ。殊ニ単純ノ道理ハ之ヲ説クコト極ハメテ巧妙ナルモ、尚ホ聴者ヲ感動セシムルコト甚

ダ鈍ク、彼ノ懇到周密ナル法話説教ノ軽妙ニシテ、而カモ容易ニ俗衆ノ頑耳ヲ聳動セシムルノ比ニアラザレバナリ。(46)

要するに、疑いや迷いの起こる余地がある相対的な道徳よりも、確固とした信仰に裏づけられた宗教の方が、人心の感化に及ぼす影響は大きくかつ永続的であるというのが、小河の立場であった。「道義教誨」か「宗教教誨」か議論が二分していた当時にあって、はっきりと「宗教教誨」主義を訴える小河の主張は、かなり思い切ったものだったというべきだろう。

また、もう一つの「宗教ハ一宗派ニ限ルベキヤ将《は》タ諸種ノ宗派ヲ混用スベキヤ」という問題についても、小河ははっきりと「監獄ノ教誨ハ必ラズ一種ノ宗派ニ限定スルヲ必要ナリト信ズ」と主張している。(47)

その理由として小河があげるのは、たとえば、監獄教誨の目的は最多数の囚徒を改良感化することにあり、もし異宗派の信仰者が少数あっても、彼らのためにこの目的が阻害されることがあってはならないこと。そして、そもそも囚徒の大多数は無宗教者なのだから、欧米のように各種の宗派を混用する必要はない、といったことである。そして、そも小河が怖れるのは、宗教教誨を一宗一派に限ることから生じる弊害よりも、「昨日ハ耶蘇教師ノ講筵ヲ開ラキ今日ハ仏僧徒ノ法壇ヲ設ケ」、また同じ仏教でも、「昨日念仏ヲ誦シタル口、今日ハ題目ヲ唱ヘ」させたりすることで、「囚徒ヲシテ殆ンド信心ノ帰依スル所ナキニ苦マシメ」、結局は「教誨ノ効験ヲシテ皆無ニ属セシムルノ結果」に終わってしまうことであった。(48)

このように、監獄学者としての小河は一宗一派による宗教教誨こそが日本の監獄には相応しいと考えたが、それが明治二二年「監獄則」のみならず、その後の監獄行政（教誨）を長く貫く基本線となっていった。(49) 明治二〇年代前半にキリスト教を中心に監獄教誨が活発化していった背景の一つには、政府の教誨事業に寄せるこのような強い期待や要請があったのである。

なお、同じ明治二二年には教誨師の待遇改善をねらって、府県監獄常置の教誨師が判任官待遇に改められたが、これは明治二六年に再び中止されることになった。浄土真宗などでは、教誨師の活動には本山による支援が依然不可欠だったのであり、教誨師の国家的な待遇は、この時点ではまだ全体として手薄だったというのが実状であった。

四 浄土真宗の進出と「監獄教誨」の変容――明治二〇年代後半

1. 真宗台頭の歴史的背景

本章は、明治一〇年代後半に日本社会に登場した「監獄教誨」が、明治二〇年代を通じてどのように展開・変容していったのか、その歴史過程の解明をひとつの課題としている。このとき、浄土真宗が教誨事業に急速に台頭してきた明治二五年が、決定的に重要な画期であったと考えられる。これを境に、それまで監獄教誨（監獄改良）を先駆的に担ってきたキリスト教は第一線から退いていき、それと入れ替わるように、浄土真宗が急速に台頭してくるのである。明治二七（一八九四）年には真宗両派の教誨師数が全体の約八五％となり、明治二〇年代後半の監獄教誨は、まさに浄土真宗の独占的といってよい状況が現出することになった(50)。

真宗が監獄教誨事業に積極的に進出していった背景には、たとえば明治二〇年代初めの憲法制定や帝国議会の開設などの立憲体制の確立と、それに伴う国家意識の昂まり、そして同じ時期の「教育と宗教の衝突」論争に代表される、キリスト教と仏教のイデオロギー対立などの条件が考えられる。

このうち、まずはキリスト教と仏教の対立に注目してみると、明治二五年を境とする両者の交代劇を象徴する事件として、「北海道集治監不敬事件」（明治二五年）と、同じ北海道でつづいて起こったキリスト教教誨師たちの連袂辞職（明治二八年）が知られている。

この不敬事件は、北海道集治監本監典獄として北海道全体の集治監を監督する立場にあり、クリスチャンでもあった大井上輝前《おおいのうえてるちか》が、明治天皇の「御真影」を物置の隅に押し入れて、囚徒に拝ませないようにしたことが問題となった事件である。しかしこれはまったく事実無根で、当時のキリスト教排撃の世論が生み出した、悪意ある作り話に過ぎなかった(51)。

ただし、大井上がこうした中傷に遭った背景には、同志の原胤昭たちと協力して幌内炭坑の囚人労働廃止を進めたことに対する資本側（北海道炭鉱鉄道会社）の恨み、あるいは、それまで樺戸集治監で篤志教誨を行なっていた大谷派の中島円諦らを明治二四（一八九一）年に大井上が謝絶し、キリスト教の教誨師（阿部政恒）を招聘したことによる、仏教界との確執の深まり、という事情もあった。それらが大井上とキリスト教への攻撃を助長し、さらには、北海道を視察した内務官僚が大井上の治獄の主義・方法を批判する復命書を本省に提出したことが追い打ちとなって、大井上は明治二七（一八九四）年、典獄職の辞職へと追い込まれたのである。そして大井上の後任には、石澤謹吾が北海道集治監典獄となった。彼はそれまでのキリスト教教誨師に加えて、真宗の教誨師を同じ監獄施設に併置し始めた。大井上の非職や石澤のそうした方針に反発した原胤昭たちキリスト教教誨師らは、明治二八年一一月に一斉に連袂辞職し、北海道の教誨事業から撤退することになったのである。

仏教とキリスト教の衝突事件には、他にも留岡幸助が辞職に追い込まれたことで有名な「巣鴨監獄教誨師事件」（明治三一〔一八九八〕年）がある。おそらくこれも、明治二五年を転機とする以上のような「監獄教誨」の構造変化の延長線上にあって、両者の対立がその極点に達した最後の局面として、位置づけられるものだろう。本章の対象時期から外れるので詳細は省くが、同監獄における教誨師の枠をめぐってキリスト教と対立し、政界や社会を巻き込んでこの争いに「勝利」した仏教側（大谷派）は、監獄教誨における主導権と、キリスト教に対する優位を決定的なものにしたのである。[52]

さらにここでは、とりわけ監獄教誨に固有の問題として、同じ明治二〇年代半ばに浮上した「別房留置人問題」と、それに伴う出獄人保護事業の気運の高まりという条件に焦点を当て、注目してみたい。

そもそも「別房留置制度」とは、明治一四年布告の「旧刑法」附則と、明治一四年「監獄則」第三〇条で定められた規定である。それは、出獄者あるいは仮出獄者のうち、帰住地や引受人がない者、または遠くの居住地まで帰省する資力がない者を、特別に監獄内の別房に一時保護・留置し、監獄内工業などの作業に従事させることで、彼らの生業を援助するための制度である。つまり別房留置制度とは、（仮）釈放後の犯罪者処遇を改善するために、刑事政策的観点から導入された制度であった。

ところが明治二二年「監獄則」では、過剰な収容状況とそれに伴う財政負担を解消するねらいもあって、政府は同規定を早くも削除した。姫嶋瑞穂は、この別房留置制度の廃止を、財政負担の加重に悩む府県や政府による「厄介者」（別房留置者）の「切り捨て」にほかならなかったと評しているが、その結果、刑期満了した出獄者を「別房留置人」として監獄内に留めるための、法的根拠がなくなってしまったのである。[53]

しかし、たとえば遠隔地の監獄に長期間収容され、そこで釈放された免囚者のすべてが、それぞれの郷里に帰るだけの資力（交通費）を蓄えることは、現実にはかなり困難であった。また仮に運よく郷里に帰省できたとしても、そこに彼らの引受人となる家族や親族・知人が、必ずいるとは限らなかった。身寄りも仕事もなく生活に困窮した免囚者たちのなかには、やむなく再犯に手を染める者も多く、そのことが深刻な社会問題となっていた。だから実際には、刑期満了者を釈放するにはさまざまな現実的制約が伴っていたのであり、「監獄則」が改正されて別房留置制度が廃止された明治二二年以降になっても、かなりの人数の「別房留置人」が、依然として監獄内に存在しつづけることになったのである。

ここに監獄行政は、〝法と現実〟の乖離という困難な状況に直面することとなる。こうした事態を打開するために官民あげて取り組んだのが、釈放者のための社会的受け皿の整備であった。そしてその有力な事業の一つと期待されたのが、当時各地に次々と設立されていった、「出獄人保護会」の活動であった。

たとえば明治二四（一八九一）年ごろ、原胤昭は北海道で「釧路出獄人保護会」の設立を計画し、それまで自宅で行なっていた出獄人の保護事業を、さらに拡大しようと試みていた。また同じころ留岡幸助は、北海道空知に「保護農場」（出獄人保護会清農部落）を設立するために、用地や資金の獲得に奔走していた。原と留岡の計画は、いずれも北海道の広大な荒蕪地（二〇万～四〇万坪）の払い下げを受け、その開墾作業と共同生活を通して、免囚者の保護事業を行なうことをめざしたものであった。ただしこれらの計画は、さまざまな事情と、先に述べたように明治二八年に北海道のキリスト教教誨師が一斉に連袂辞職したため、実現しなかった。

こうして、監獄問題が社会的な関心と注目を集めるなか、明治二〇年代に入ると、浄土真宗はキリスト教に対抗して各地に保護会を開設し、あるいは各監獄への教誨師の派遣を活発化し始める。浄土真宗の動きは、初めは個々の僧侶による有志＝在地的な活動という性格が強かったが、それが明治二四年ごろから、各地で「教誨師連合会」や「教誨師会議」が多数結成・開催されるようになる。つまりこのころから、浄土真宗ではそれまでの在地的な教誨から変化して、本山を頂点とする集権的な「監獄教誨」体制が構築されていったと考えられるのである。

2. 明治二五年の「監獄教誨師会同」――浄土真宗の動向①

真宗の監獄教誨は、明治二〇年代にどのように本格化していったのだろうか。ここではまず、明治二五年四月、仏教者を中心とする教誨師が東京築地本願寺に集まって開催された、「監獄教誨師会同」（東部教誨師会議）の様子からみてみよう。

「監獄教誨師会同」の実現

本会同はもともと、東京府内の監獄に勤務する教誨師ら有志七名が集まり、監獄教誨を今後いかに振興していくべきか協議した、私的な会合に端を発する。いまだ統一的な基準がなく各地方・各監獄でバラバラだった監獄教誨の目的や方法を確立すべく、発起者があらかじめ多岐にわたる「議案」を提出し、それを「一庁一九県」から集まった参加者で討議・採択することが、会同の主たるねらいであった。なお発起者たちは、会同に先立って、当時内務省警保局監獄課長だった小河滋次郎にまず相談し、会同への協力の約束を取り付けた。そこで発起者らは「初て決心の決心を極め」て、会同が実現することになったのである(54)。

発起人には多田賢順（本願寺派、市ヶ谷監獄）や三浦六雄（大谷派、石川島監獄支署）、後藤誠諦《じょうたい》（本願寺派、東京集治監）らが名を連ねるが、中心人物は、これより先の明治二三年に「埼玉県慈善会免囚保護場」を設立し、出獄人保護事業に力を入れていた教誨師の下間鳳城《しもつまほうじょう》（本願寺派）であったとみられる(55)。

会同は一週間開催され、呼び掛けに応じて各宗派から二六名の教誨師が参加した（本願寺派一二名、大谷派五名、曹洞宗四名、儒教三名、浄土宗一名、高田派一名）。議事や懇談会を通じて、教誨師たちの結束を固めることも、会同の重要な目的であった。また期間中、全国の典獄が四十余名臨席して議事を傍聴し、議事の合間には、当時貴族院議員の清浦奎吾や小河滋次郎ら来賓が演説を行なうなどした。

しかし開会直後、「教誨ノ目的如何」の議案をめぐって、会議はのっけから紛糾した。「監獄則」にある「悔過遷善」が教誨の目的であるという認識では一致しながらも、「宗教信仰」を、発起者が提案したように教誨の目的に入れるかどうかをめぐって、意見が割れたのである。

たとえば、大山達聞（本派、長野）は、教誨の目的から宗教信仰は除かれるべきだという立場から、「宗教信仰をも同じく悔過遷善の一手段とするは我々の遺憾とする所なれど、如何せん監獄は宗教を宣布すべき場所に非ず。故に手段と為さゞるを得ず」と発言する（一〇―一一頁）。また大山は、宗教信仰を教誨の「主義」とするまでならよいが、「目的」とすることは不適切であるとも主張している（一一頁）。

これに対して、たとえば吉田淳孝（本派、埼玉）は、「本項に宗教信仰の文字を置くべからずとは甚だ解しがたし。彼の死刑者若くは特別教誨の者に対しては唯一の安心立命の教誨即ち宗教的教誨にあらずや。若し此宗教信仰の四字を除けば未だ真の目的は達せざるなり。故に余は原案を賛成す」（一二頁）と、教誨の目的に宗教信仰の項目を入れることを強く主張している。そして採決の結果、一〇対一六で原案が可決され、教誨の目的に「宗教信仰」の文字が入ることになったのである（一二頁）[56]。

その後の議事は、日を追うごとにスムーズに進行するようになり、たとえ発起者の提案に対する反対意見が出ることがあっても、すべて原案通りに可決されていった。

小河滋次郎の演説

本会同全体のなかでとくに注目したいのは、一つは小河滋次郎が行なった演説であり、もう一つは死刑囚教誨に関する教誨師たちの議論である。まずは、明治二五(一八九二)年四月二〇日に行なわれた小河の演説からみてみよう。

本会同では、前述した清浦奎吾の他に、小原重哉や島地黙雷ら監獄界・仏教界の重鎮も招かれ、議事の合間に教誨師たちに向けて演説を行なう機会が設けられた。小河もそうした講演者の一人であったが、他の誰よりも烈々たる調子で教誨師たちを叱咤激励し、教誨事業の振起を促す熱のこもった演説を繰り広げた。

小河によれば、これまで西欧の監獄では教誨師が重んじられ、宗教家がかなり重要な役割を担ってきた。「然るに我国に於ける宗教家の監獄事業に対する冷熱果して如何、名僧知識を以て厚く世に信仰せらるゝ所の老徳にして、監獄事業に熱心尽力せられたる所の者果して幾何《いくばく》かある、之を想へば私は誠に痛嘆の至りに堪へませぬ、我国の宗教家が一般に監獄に対して冷澹なるの事実は諸君自らも亦た認めらるゝ所でありましやうと私は信じます、我国に於ける監獄の改良は、今日迄の所にては、宗教家の力を借りたること実に僅少です。否な殆んど絶無と謂ふべき姿である」。さらに小河は語気を強めて、「我国の宗教家が監獄事業に冷澹でありたと言ふことは即ち其の宗教に不熱心でありたと云ふ一つの証明である、仏者の本分を尽さなかつたと云ふことであらうと思ひます」と断言し、これまで監獄教誨に冷淡であった日本の宗教者、とくに仏教者たちの不作為を厳しく責めているのである(五一―五二頁)。

先にみたように、本会同の実現には小河の大きな後押しがあったのだが、小河は監獄学者として監獄制度全体における「教誨」の意義をもともとかなり重視していた。そうした小河の発言や意向が、浄土真宗を中心とする仏教界に与えた刺激と影響は、決して小さくはなかったと考えられる。

死刑囚教誨をめぐって

そして本会同におけるいま一つのみどころが、死刑囚教誨に関する教誨師たちの議論である。発起者たちはあらかじめ、死刑囚教誨について「死刑者ニ対スル教誨ノ目的如何」「死刑者ニ対スル教誨ノ時機如何」「死刑者ニ対スル教誨ノ方法如何」「死刑者ニ対スル教誨ノ注意如何」の四つを、議案として会同に提出している。つまり、死刑囚教誨の「目的」「時機」「方法」「注意」を教誨師たちで議論して、死刑囚教誨の統一的基準を確立しようというのが、発起者たちのねらいであった。

それでは、会同に参加した教誨師たちは、死刑囚教誨についてどのような議論を交わしたのだろうか。以下、項目ごとにみてみよう。

①死刑囚教誨の「目的」

死刑囚に対する教誨の目的は、「安心就死せしむる」ことは自明だとして、それ以上議論が深められた様子はない。また教誨師の伊丹《いたみ》宲《さい》（本派、岩手）は、次のように発言している。「昨年中我監獄にて死刑者二人ありしが、最初は教誨するの許可を得ず。二度目に検事正と典獄の許可を得て之を教誨せしに、已に死地に就かんとする者なれば殆んど狂気者の如く、他に頼るべき道なきものなれば、他力法六字の謂はれを説きしに其信じ方又他に比すべきなし。思ふに其目的は彼をして狂気せしめざる様教誨を施すに在り」（六〇頁）。

このように死刑囚教誨では、囚人が過度の緊張から「狂気」に陥ることなく、彼らを「安心就死」させること、それが教誨の目的であると議決された。

②死刑囚教誨の「時機」

ところで議事の様子をみていると、そもそも死刑囚への教誨そのものが許可されたのは、地方・監獄によってまちまちだったらしいことが分かる。たとえば、市ヶ谷監獄で死刑囚教誨が公式に許可されたのは、明治二一年六月ごろだった（六一頁）。また当時の死刑囚教誨では、死刑執行の当日、あるいは執行直前の三〇分ほど前に教誨を実施している監獄が、少なくなかったようである。

たとえば、市ヶ谷監獄の西光主計《さいこうしゅけい》（本派）は、「本員の従事する市ヶ谷監獄にては昨年七月以来十数名の死刑者ありしが皆当日将に執行せられんとするの前、僅かに三十分間位の時間を得て教誨を施すことなれば、大に時機を失〔ママ〕ふたるものと思ふ。本員の考へにては、已に裁判確定せば未だ本人の死刑執行の時日を知らざるに際し、拘置監に就て教誨するを以て其時機を得たるものと思ふなり」と発言している（六一頁）。つまり西光は、死刑の当日それも執行直前になって初めて教誨を行なうのではタイミングとして遅すぎると主張しているのだが、他の教誨師たちも、同様の意見をもっていたようである。そして会同の総意として、「死刑執行の当日前より適宜に教誨するを以て其時機を得たり」（六三頁）ということが、可決された[57]。

③死刑囚教誨の「方法」

死刑囚教誨の「方法」については、何人かの教誨師の実践例が報告されたのち、それらすべてが「其方法宜しきを得たる者」（六五頁）と全体で承認されるにとどまって、統一的な「方法」が議論された様子はない。しかし教誨師の実践報告を記録した『監獄教誨師会同議事提要』（註(54)参照）には、当時死刑囚に対して行なっていた教誨の具体的な様子がうかがえる記述がみられ、大変興味深い。そのなかから、いくつかみてみよう。

　東京集治監の後藤誠諦（本派）は、強盗殺人・放火犯として当時社会を賑わせた死刑囚・前田善五郎の教誨に携わった経験について、次のようにやや得意げに語っている。「私は先年市ヶ谷監獄在勤中、彼の有名なる日本橋の蒲鉾屋殺し前田善五郎に教誨したるが、何分執行の当日本署より護送せられ将に執行せられんとする前僅かの時間に教誨する事なれば、唯涙を流して泣くのみ。故に若し甘言の教誨を為さば、死んで助かるよりも今生にて助けて貰ひたし抔《など》中々其目的を達し得べきに非ず。故に私は正反対に、善五郎に教誨して曰く、お前も今日は芽出度《めでたき》日にて定めて待ち兼ねたるならん抔《など》と、初め反対より説起し彼の意中一の不審を起さしめ、而して滅罪得生の旨を説き安心立命せしむ(58)」。

　浄土宗出身の教誨師としてただ一人会同に参加した小山了運（千葉）は、「私は善光寺如来若くは弘法大師の画像を差入れる事に致し居るが、中には紙を以て荘厳し救与飯を供する等のことありて大に感心したる事あり。又已に執行の二三日前に至れば、念仏題目等を書したる経帷子《きようかたびら》を差入るゝに、当日は皆経帷子に着換へて喜んで死地に就く者もありて立会人も非常に感じたる事あり」（六四頁）と報告している。

　さらに西光主計の「初は因果の道理より追々宗教安心に説き及ぼすを可とす」（六四頁）という発言を受けながら、下間鳳城は、彼が執行直前の死刑囚に刑場で行なわせていた一連の〝儀式〟を、次のように紹介している。「我県にても独監にして、初は因果の理を説き、追々宗意安心を説けり。……且又典獄に乞ふて特許を得、刑場にて紙の珠数を持たしめ、先づ初に三帰戒を唱へて彼に和せしめ、次に念仏十遍、次に水一杯飲ましめ、以て刑に就く事なるが、多くは称名の声と共に執行せらるゝ有様なり」（六四―六五頁）。

なお最後に残された「死刑者ニ対スル教誨ノ注意如何」の議案であるが、これは副会長の下間が「已に方法の項にて本項の主意は尽きたりと思ふ。依て次項に移るべし」（六五頁）と宣言したきりで、まったく議論された形跡はない。

終わりなき「他者」の統治？

一週間にわたる会同全体でもう一つ印象的なのは、たとえば教誨時の言葉づかいなど、かなり事細かな事項にまでいちいち注意を払いながら、参加者が議論をしていることである。

たとえば、囚人を二人称で何と呼ぶのがよいかについて、「主人たる者が其家婢家僕に対する位の代名詞を用ゆれば宜しからん」（二三頁）という教誨師もあれば、いやもっと丁寧な呼び方のほうがよいという教誨師もいて、意見が割れている。また、教誨中に「笑話」をすることの可否についても、意見が割れていて面白い。教誨はあくまで厳粛でなければならないから笑い話などは不謹慎だという意見が出る一方で、「余は八年間の経験を以て考ふるに〔笑い話の〕削除説は全体取るに足らず。随分夏時抔《など》は労働の後教誨席に出でゝは大に安楽を感ずると共に、自然眠り気を生ずる等の事あれば、此際不都合なき笑話を用ゆること少しも差支なからん」（二四頁）という、容認論も出てくる（ただし結局採決では、笑い話は不適切と決まる）。

そして、果てには囚人の一挙手一投足を観察する方法にまで議論が及び、「在監人ノ起居、動静、勤怠、及其行状ノ良否ヲ視察スルノ方法如何」が、議案として検討されることになる。これについては、岩手県から参加した本願寺派の伊丹宗が次のような発言をしている。

本員は岩手県なるが、監獄の塀杯《など》が堅牢なる為め密行視察は為し難し。何となれば、鉄門の開閉に大なる響をなすより、監門開閉の響にて彼等は其巡視なるを知り一斉に静粛となる故、彼等の真相を見る能はず。曾て鉄門を出でたる真似して履《くつ》を脱し、静かに便所の側に至り彼等の動作を窺ひしに、果して彼等は入監前に為せし言ふに忍びざる猥褻なる談話を為せり。而かも平生司獄官の改心者と認定する所の者なり。……兎に角此等の視察は必要なりと思ふ。（三二一頁）

ここには、収監者（他者）の支配に翻弄される教誨師の姿が浮き彫りになっている。囚人の行状をひそかに探るために忍び足で獄舎に「密行」したり、模範囚とみなされていたある囚人が、入獄前に犯した猥褻な事件の物語に花を咲かせる様子に耳をそばだてたりと、教誨師も懸命に職務に専心しようとしている。しかし、会同の場でいくら厳密に教誨の方法や様式を話し合っても、おそらく囚人たちの完全な支配・管理はいつまでも実現できないのであって、たとえば教誨の言葉づかいや口調など、ほとんど些事に等しい項目が数多く議案にリストアップされていることも、そのことを証明しているように思われる。

翻って監獄教誨の場面では、「教誨」と「懲戒」、つまり囚人に対する寛厳のバランスも常に問題となった。かつて明治五年「監獄則」を起草した貴族院議員の小原重哉は会同の演説会で、教誨師がただ温厚であるだけでは、囚人の改悔《かいげ》は難しいだろうと、次のように語っている。「斯く狡黠《こうかつ》にして膽決ある者を教誨するには……やわらかなる待遇若しくはやわらかなる言葉を以て待遇するのみをもちて彼が心志を改悔せしめんと欲するは、万々難事ならん。故に教誨の局に当る人々は、膽勇即ち膽玉を定め意気を勇鋭にして、先づ気を以て彼等に克つの覚悟なかるべからず」（七六頁）。

つまり教誨師は、ただ温柔であるだけでは駄目で、囚人に打ち克つほどの「膽勇」そして「勇鋭」さも、同時に併せもつことが要求されているのである。これは、一職務というには、あまりに全人格的な関与が求められる立場だというべきだろう。しかも教誨師がそのようにいくら緊張感をもって囚人たちと向き合ったとしても、彼らが「改心」してくれる保証は、どこにもないのである。

最後に、発起者の一人、後藤誠諦が閉場式で次のように会同者に向かって挨拶し、「監獄教誨師会同」は一週間の日程を終えた。「若し夫れ将来我国の監獄に関し一の歴史を編制することあらんか、明治廿五年四月の此会同は、特筆大書すべきの一大美事と謂ふべし」（一〇七頁）。

3.『監獄教誨』の創刊——浄土真宗の動向②

「囚人看読用」に刊行することを満場一致で議決した雑誌『監獄教誨』は、会同からおよそ二か月後、明治二五年七月に創刊された。すでにみたように、明治二五年の会同で教誨師たちが直面したのは実は監獄教誨の困難さであったともいえるが、彼らが発行した『監獄教誨』（全一〇編）には、そうした翳りや自己反省の形跡はまったくみられない。むしろ、教誨師たちはひたすら「善」の体現者として囚人たちに対峙し、彼らを叱咤して、「悔過遷善」を強く促すことに終始している。

この『監獄教誨』全体を貫く主張は、〝禽獣とは違う人たるものは、悪を排して善に就くべきであり、それが「人間」の本来のあり方である〟、ということに尽きる。全編を通じて「人」や「人間」の語が頻出し、勤倹や親への孝行など、通俗的な道徳が奨められる。そしていやしくも「万物の霊」である人間ならば、犯罪行為を自ら恥じて善き人間に生まれ変われ、というのである。ここには、当時の浄土真宗教団がいかなるスタンスで監獄教誨に臨もうとしていたのか、その姿勢がよく表現されているといえるだろう(59)。

たとえば島地黙雷は、囚人たちに向かって、「子等がこれより、遷善改過〔ママ〕の道中に歩を進むる旅行の資糧《たくわえ》には、何を第一に携帯すべきか」と注意を促して、誌上で次のように呼びかけている。「余輩は子等に告ぐる、別に他の品物を以てせず、我は人なり我は人間である、我は万物の長なり、禽獣虫魚の類ひに非ずと云考へを、第一の資糧として、携帯せらるべき事を教る者なり(60)」。島地にとって、「我自から罪を造り、我自から苦縛を受る」犯罪者のような存在は、「万物に長たる霊徳ある事を忘る、者」にほかならないのである(61)。

ところで、人は本来的に善なる徳性を備えた存在であるという島地のこうした主張は、より大きな思想史の文脈のなかでみると、「天道」から切り離され、そこから自立した「人道」をもっとも重視しようとする彼の立場と、密接な関係があるものと考えられる。

島地は、「天―地―人」の三つ（三才）のなかでもっとも霊妙なのは人であり、「天地有て人あるに非ず、人有て然る後に、始めて天地ありと云うべき者なり」と断言し、「人道」の自律性とその優位を強調している（『監獄教誨』第二編、五―六頁）。儒教をはじめとして、「天道」は近世まで人々の生に根拠と意味づけを与えた重要な原理の一つだったが、それが近代社会のなかで超越的原理としての説得力を失っていったとき、世界の意味は、次第に此岸的あるいは人間的な観点からのみ捉えられることになった。だがそうなると、自他の「悪」をみつめる眼も、それだけ平板で奥行きのないものとならざるをえないだろう。人が人倫に反して罪を犯してしまうのは、その人の心がけが良くないからであり、万物の霊長である人間としての自覚が、彼に欠けているからなのである。

このように超越的な視線を欠落させた「悪」の観念は、理の当然として、世俗的な道徳とも容易に結びついていく。たとえば真宗大谷派の村上専精は、古来哲学や仏教などでさまざまに議論されてきた「善悪」の標準を一つに確定することは難しいとしながら、それらを煎じ詰めていけば、結局「五ヶ条の規則」に行き着くはずだという自説を披歴して、その規則の遵守を囚人たちに求めている。その五つのなかには、たとえば「良心の命令に順ふ行為は善なり、良心の命令に背く行為は悪なり」や、「天地の公理に則る行為は善なり、天地の公理に背く行為は悪なり」という基準があげられている。しかしそれと同時に、「法律を遵守する行為は善なり、法律に背反する行為は悪なり」とか、「聖賢君父の教訓に従ふ行為は善なり、聖賢君父の教訓に背く行為は悪なり」という基準も、村上はあわせて列挙している。つまり村上は、法律や君主への忠誠といった世俗的な道徳を、そのまま人間の「善悪」を区別するより普遍的な指標（倫理）と並列させているのである。(62)

『監獄教誨』にみられる他者の「悪」への不寛容ともいえる態度は、超越的な視線が失われていった、以上のような近代的な人間観・世界観の形成過程の一側面を物語るものだと考えられる。それはたとえば、囚人たちを自分と同じ罪悪の徒とみて彼らに向き合おうとした、原や留岡らキリスト教教誨師の態度とは、かなり性格を異にするものだろう。

もちろん、他者の「悪」を共感的にみつめようとしたのは、キリスト教徒だけではない。仏教界のなかでも、たとえば清沢満之の「精神主義」のように、教団のなかで異端派とみられた一部の人たちのなかには、同じような傾向がみられたことに注意が必要である。(63)彼らは、ある超越性――たとえば神の愛や阿弥陀の慈悲――を媒介に人間社会と向き合うことで、人間の「悪」とその意味を、それだけ相対的にみつめる二重のまなざしをもつことができたのである。

このような立場と比較するとき、下間鳳城のように「噫々《ああ》、子等、克《よく》く考へ見よ、如何に人間の仲間より墜落して、斯の如き、在囚の身の上となり果てた」と囚人たちを叱責し、犯罪者の罪過を何度も上重ねするように執拗に咎める『監獄教誨』の特徴が、いっそう際立つ(64)。その意味で『監獄教誨』は、まさに仏教界の主流派が官民一体で開いた明治二五年「監獄教誨師会同」の歴史的性格をよく伝えるとともに、その後の浄土真宗教団の本格的な教誨事業進出の開始を告げる、象徴的な史料ともいえるのである。

五　藤岡了空と「監獄教誨学」——ある真宗教誨師の経験

ところで、すでにみた明治二五年の会同の発起者の一人に、石川島監獄支署で教誨師を務めていた藤岡了空《りょうくう》（一八四八—一九二四、大谷派）がいた。ところが藤岡は、近く同監獄の教誨師を辞職して帰国するという理由で、すぐに発起者を辞退し、会同にも出席しなかった。

それより以前、藤岡はすでに『監獄差入本』（一八八九〔明治二二〕年）を著わし、滋賀県の膳所《ぜぜ》監獄で独自の教誨を試みていた。そして会同が開催された明治二五年には、主著『監獄教誨学提要草案』を非売品出版し、「監獄教誨学」の試案を全国の獄事関係者に示している。

つまり藤岡は、当時の監獄教誨師を代表するトップランナーの一人だったわけだが、その活動は情熱と意欲に満ち溢れたもので、後でみるように、やがて自身が所属する大谷派教団の教誨方針と対立するようにさえなっていく。おそらくそのことが、藤岡が教誨師として独自の反主流的な道を歩むことにつながったと考えられる。

ここでは、明治二〇年代に真宗僧侶として先駆的に監獄教誨に身を投じ、前半生を監獄教誨に捧げて「監獄狂」とも呼ばれた、藤岡了空の経験に注目してみたい。やがて教団主流派からはみ出していった藤岡の経験には、監獄教誨をめぐるどのような理念や葛藤が表現されているのだろうか。

1．『監獄教誨学提要草案』まで

藤岡了空は真宗大谷派の僧侶で、初めは本山の布教師であった。ついで滋賀県や石川島監獄支署で教誨師となり、その経験をきっかけとして、監獄教誨事業の確立に精力的に取り組むようになった。代表作『監獄教誨学提要草案』をはじめ、多数の著作を著わしている。その活動は孤軍奮闘という表現がふさわしい熱烈なもので、後述のように、教団主流派の教誨活動とも、一定の距離や緊張関係があったと考えられる(65)。

ところで藤岡の人生は、病気による挫折を間にはさんで、大きく二つに分けることができる。前半生は布教や監獄教誨に熱中し、生まじめで一本気な性格を強靭に貫き通した。しかし教誨活動に入れ込み過ぎて神経衰弱となり、やがて結核に罹患。その後約三〇年におよぶ療養生活では、打って変わって、閑暇平穏な生活を心がけるようになった。晩年の藤岡は軽妙洒脱で文明・社会風刺も含んだ多くの漫画を描き、気ままな生活や境遇を楽しむといった生活を送った。

このように藤岡の生涯は、前半生と後半生のあざやかな対照が特徴的である。そして藤岡の監獄教誨事業は（少なくとも実践のレベルでは）、その前半生が中心であったことに、留意しておきたい。藤岡の研究はこれまでほとんどなく、その人物や事業についてあまり知られてこなかった。そこでここではまず、藤岡が自身の前半生を語った『通信土曜談話（監獄教誨卑見）』（一八九六年）を参照して、藤岡がなぜ監獄教誨に身を投じるようになったのか、その経緯や動機を探ることから始めたい(66)。

藤岡は同僚の僧侶たちと話をするとき、決まって監獄や犯罪の話題を持ち出したため、周囲から「監獄狂」という綽名で呼ばれていた。また自らも「監獄狂」であることを自任し、そのことに誇りをもっていた。

藤岡によれば、「監獄狂感染の起因」、つまり監獄教誨にのめりこむことになった最初のきっかけは、明治一三（一八八〇）年一月、本山教育課の用係見習だったころにさかのぼる。そのころ藤岡は、京都の「懲役場」で行なわれていた教誨に臨監するために、教誨師に付き添ってしばしば懲役場に赴いていた。その様子を注意深く観察していた藤岡は、次第に次のような感想を抱くようになったという。「如何にも教誨師の任務は、重いものである、如何にも罪囚之を感化するには、何よりも先づ熱心と親切でなくては成らぬ、……又如何にも罪囚といふ者は、憐れむべき者にて、中々以て罪囚其者の、罪名の差別や、刑期の長短に依りて、一概に軽蔑せられる者でない、飽く迄も此者を救ふといふこと引立てるといふことを、忘れぬ様にしなければ、到底罪悪不良なる心の底へ此方のいふことが得心出来る者でないといふことを、心根に感じ入りました。抑《そもそ》も是が私が懲役場、すなはち今の監獄教誨の必要なることを感じました初めです」（七頁）。

また藤岡は、自分がその後監獄教誨に熱中するようになったのは、本山の役員に強いて申し付けられたからではなく、また教誨専門の学課で理論として学んだからでもないと強調し、「自ら実地自然の感情に訟へて、いはゞほれこんだのです」、「苟《かりそめ》にも救済衆生を旨とする僧侶が、監獄の罪悪不良者にほれこんだとて、さまで怪しむべきことではありませぬです」（八頁）とも語っている。

その後数年間は、京都や布教で訪れた長崎で何度か教誨を経験したが、藤岡が本格的に教誨活動にコミットしていったのは、大谷派本山から滋賀県の膳所監獄の常置教誨師を申し付けられた、明治二一（一八八八）年以降である。今こそ長年心に秘めた教誨の本志を遂げるべきときだと藤岡は発奮するが、一方で、教誨の方法について「疑問又疑問を重ねて遂に胸中暗夜の如き心持」（九頁）になったという。監獄教誨師としての藤岡は、その出発当初から、情熱と試行錯誤の苦闘とが綯《な》い交ぜのような状態だったというべきだろう。

そして実際に膳所監獄で教誨に従事するなかで、藤岡が感じていた監獄教誨の重要性と困難の思いは、ますます募る一方であった。そこで藤岡は近府県の五、六の監獄を巡回して、実地の状況をつぶさに見聞してまわった。その実地見聞で藤岡は、監獄教誨が振るわないのは、教誨師が不熱心であること、また教誨の内容が陳腐で、かつ新材料に乏しいことなどが原因であると、観察している。

そこで藤岡は、低調な教誨を振起させることをめざして、『監獄差入本』と『教誨師心得』(『監獄教誨学提要草案』)の二書を著わすことを決意する。しかしそれは、激務の後の睡眠時間を削り、健康を蝕む代償を払いながらの作業であった。当時の刻苦勉励の様子を、藤岡は次のように振り返っている。

> 然るに日々の教誨がはげしきものですから、免ても筆を立るも暇が御座いませぬ、そこで私は仕方がないものですから夜間睦〔睡カ〕眠の時間を減じまして、大抵毎夜午前二時頃までは二書の考案に時間を費やしましたが、同年九月に至り、将に肺病に陥らむとする徴候ありて、帰省休養をいたしまして漸く軽快に及びまするや否や直に帰任し従前の如く勉励して、遂に一年満期の際二書の原稿を情〔懐カ〕にして帰山復命をいたしました、そこで先づ差入本の方を出版いたしまして、京都、滋賀、兵庫の三監獄へ差入と致し、其他の監獄とも一冊ヅ、寄送致しましたことです。(九―一〇頁)

本節では、後者の藤岡の代表作『監獄教誨学提要草案』を詳しく検討したいが、その前に、主著に先立って出版された『監獄差入本』(一八八九年)について、要点のみ確認しておきたい[67]。

『監獄差入本』は囚人に直接語りかける体裁の冊子で、その名のとおり、獄中で囚人が看読することを目的として藤岡が編んだ本である。挿絵も多く描かれ、囚人が読みやすいように工夫されている。前述のように、藤岡は明治二一年一月から滋賀県の膳所監獄（明治一八年設置、現滋賀刑務所）で監獄教誨に従事し、毎日数回の教誨を行なって囚人の「悔過遷善」に努めていたが、同時に「其教誨の効を著しく奏せんことは甚だ以て難」しいことを痛感していた（一丁表）。そこで藤岡は、『監獄差入本』を著わすことで「余が在監者に対する本心の在る処」を語り、悔過遷善の実をあげようと試みたのである（二丁裏）。

藤岡は同書に託した思いについて、「数回之を熟読せられば、悔過遷善の捷径は他に求めざるも在監者其人々の心胸に印現して、能々《よくよく》其過ち来りし事情に付て善悪を明に判別せらるべしと余は確信するなり」（四丁表）と囚人に向かって語りかけ、その出来栄えと内容に自信をのぞかせている。

同書の構成は、「同囚和順の事」「父母恩徳の事」「衛生注意の事」など、獄中で囚人が遵守すべき規則や心得を、逐条的に語りながら解説する構成となっている。なかでも同書で繰り返し強調されているのが、「教令〔獄則〕謹守の事」であり、藤岡が教誨の眼目として、獄内の秩序維持にとりわけ意を注いでいたことが読みとれる。

そしてもう一点注目しておきたいのが、同書にあらわれた藤岡の人間観、あるいは「悪」をみつめる眼である。教誨師としての藤岡は、監獄に収監された人間を、はたしてどのような眼でみているのだろうか。

まず藤岡は、囚人を一概に軽蔑するのではなく、その境遇に対して同情的な共感を随所で示している（たとえば「其人の顔見るだにも実に気の毒千万愍涙袖を潤さざることなし」（三丁裏）とか、罪人は「我と我身を棄る者」であり、「実に哀《あわれ》みても猶愍《かなし》むべき者なり」（六丁）という風に）。しかし一方で藤岡は、犯罪（法律違反）はあくまでも罪悪として否定し、彼らに〝人として〟正しく立ち直ることを強く求めているのである。

嗚呼在監の人々よ、罪の恐るべきをしらば何れも今回蒙りたる処刑を我が罪悪の極と定めて……何れも早く悔過遷善の思ひに立帰られよ。（二三丁）

人の子にして人の人たる者の行ふべき道徳に戻《もと》り、守るべき法律を背き、務むべき社会の義務をかきたるにより、人の人たる自由の権も名誉の利も皆褫奪《ちだつ》せられたるが故、人にして人に非るが如き我身となれるを知らるべし。（三八丁表）

ここでは、もちろん法律の正統性はまったく疑われていないし、法律に違反して収監された囚徒に向かって「如何でか人にして人に非るが如きの罪悪不良の身となりたるものかな」（三七丁裏）と、突き放した言葉を投げかけている。つまり藤岡は、囚人の境遇に対して同情的な共感は示しながらも、彼らを「罪悪不良の身」と呼んで咎め、彼らに積極的な反省と改心を促しているのである。このように藤岡の監獄教誨に対する情熱と刻苦は、不幸な境遇に陥っている「罪悪不良」の徒を何とか悔過遷善に導きたいという、たしかに慈悲深くはあるが、いささか分かりやすい善悪観と信念に支えられていたといえるだろう(68)。

2．「監獄教誨学」の構想――『監獄教誨学提要草案』

このような背景をふまえた上で、つづいて藤岡の教誨関係の主著である『監獄教誨学提要草案』（一八九二年）についてみてみよう。

藤岡によれば、同書の内容は明治二三年ごろにはほぼ完成していたらしいが、非売品として印刷し関係者に頒布したのは、真宗の監獄教誨への進出が急速化したのと同じ、明治二五年のことであった。その意味で、同書は藤岡の主著であると同時に、真宗の監獄教誨への本格的な進出の始まりを告げる、記念碑的な著作だといえる。ちなみに「草案」というのは、同書に対する意見を獄事関係者に求めたのち、藤岡はさらに改訂を加えて、「監獄教誨学」の基礎となる一書を、別に刊行する予定だったからである（しかしこの計画は実現しなかった）[69]。

本草案のねらい

藤岡によれば、本草案は、それまでの監獄教誨の形式的な訓練法をさらに進めて、教誨の本質的な方法の構築をめざすことにねらいがあると、説明している。一般の獄事と同じく、今後の監獄教誨も「監獄官練習所」の定める方法に従うことが求められるだろうが、それだと形式的な規定ばかりが先行してしまうだろうと、藤岡はみていた。実地での練習なくして、教誨の現場で本当に必要な方法を習得することはできないだろうというのが、藤岡の考えだったのである。

> 其〔監獄官練習所の〕示さる点、大概は教誨の施行度数若くは場所配置等の形式上に関する方なるから、教誨師たるもの其方法に順ふべきは勿論の事なれども、元来改悪帰善の本心に立ち至らしむべき実に於ては、我と我身で実地に練習せる所なくば如何に形式上其方法宜しきを得るも、徒らに労して効無きに至らむ事必然ならむと思はれるです[70]。

さらに藤岡は、「私は監獄教誨練習の効を奏せむとするには、監獄教誨学とも云ふべき一科専門の学を修めざれば、到底今の改善進歩の懲戒法と対等併進する事能はずと思ふのです」（二頁）といい、監獄教誨をさらに確かなものにするためには、「監獄教誨学」なる専門の学の確立が必要であると提唱しているのである。[71]

このように、本草案を発表した藤岡のねらいは、教誨の形式的ではない本質的な方法を構築すること、そのために徹底して監獄教誨の現場にこだわり、実地で役立つ具体的・実践的な教誨の方法としての「監獄教誨学」の試案を提出することにあった。そのため、たとえば死刑囚教誨の様子など、本草案のなかには監獄教誨にまつわるさまざまなリアリティをみつけることができ、大変興味深い史料となっている。[72]

「監獄教誨」をめぐる二つの主題

本草案全体でとくに注目したいのは、次にあげる二つの主題である。

①「懲戒」と「教誨」の二原理

藤岡は本草案の冒頭で、治獄の立場には、「懲戒主義」と「教誨主義」の二つの主義、またその間をとった「折衷主義」があることを確認している。そして「懲戒と教誨とを相平均せしめ、以て寛厳其宜しきを得」ることをめざす「折衷主義」こそ、「今日現行の獄則の基かる、処ならんと存じまする」（七頁）とし、当時の監獄運営の趨勢が「折衷主義」にあることをみてとっている。歴史的にみれば、監獄運営をめぐって「懲戒」と「教誨」の二原理の対立がとくに表面化したのは、先にみた明治一四年「監獄則」以来のことである。藤岡もそうした当時の獄制をめぐる二つの対立軸を念頭に置きながら、自らの「監獄教誨学」を語ろうとしているのである。

そして藤岡によれば、ひとことで「折衷主義」とはいっても、まずは「懲戒」と「教誨」を区別してそれぞれの本領と標準をよく定めることが、必要だという。しかし同時に藤岡は、そのことの難しさを次のように語っている。「教誨の実効を奏するに就ては、懲戒教誨相共に対等併進すべき標準を明にしなければなりませぬ。是れには実に苦しむ処です」（八頁）。つまり、監獄運営においては「懲戒」と「教誨」の両者の適切なバランスを維持することが重要なのだが、それは、大変困難だというのである。

しかし獄事をめぐるこうした困難さに対して、藤岡が提案する原則は、いたってシンプルなものであった。それは、「懲戒」にせよ「教誨」にせよ、囚徒の悔過遷善にとってもっとも本質的なのは、その囚徒本人を獄中で改心させ、再犯者とならないよう彼を導くことである。だからそのためのアプローチが「形体上」（懲戒）か「精神上」（教誨）かということは、実はさほど重視しなくてもよい問題である、というのである。

懲戒と教誨の標準は、区域を異にする事、其差雲壌《うんじよう》も啻《ただ》ならざる位なりと云ふ程ではありませぬ。是を懲戒上よりいへば、在監者の形体上よりいふか、教誨上よりいへば、精神上よりいふかの区別あるのみにて、何れよりいふも一在監者の身の上に就てのことです。其の一在監者の身の上に就ての効と云ふは、すなはち放免後再犯者とならざる事と、在監中恩典拝受の身の上となるより外、他に子細は何にもないことです。しますれば、効の上よりいへば是は教誨の効、是は懲戒の効なりと、一在監者の心身処を異にして見るべきものに非ずして、唯其恩典拝受の身となり、又再犯者とならざらんとする改悪帰善の志を立てし原理に就て、本心道義の心より喚起せしと、形体束縛の苦痛なるより起るとの別あるのみです。（八―九頁）

ただし藤岡は、このように懲戒と教誨の軽重は同じものとしながらも、教誨には、懲戒にはない独自の効果と立場があるという思いも、滲ませている。

> 斯く標準を立てゝ見まするときは、懲戒教誨共に同一の効にして、敢へて軽重を争ふべきものに非ずと存じまする。然れども、爰《ここ》に一層進んで悔過遷善の効を長きに維持する事、二者何れにあるかと云ふことに就ては、道徳と法律の関係、又世間普通の道徳と宗教格段の道徳との関係を取調べて論じまする時は、彼の死刑人に安心立命せしむる事、又重病人が苦痛に迫りて臨終の際〔犯罪〕被害者の為めに毒殺せられあるいは絞殺せらるゝなどゝ狂乱する等の者をして安心立命せしむる事に就て、種々の御話しが御座いますれども、爰には之を申上ませぬ。　（一〇―一一頁）

このように藤岡は、死刑囚や臨終の重病囚徒を安心立命させるためには、「宗教教誨」こそが悔過遷善の実をあげることができるだろうと、示唆しているのである。

さしあたってここでは、当時の監獄運営をめぐる立場の違いを突き詰めていけば、「懲戒」と「教誨」の二つの原理の葛藤に行き着くと考えられていたこと。そして藤岡は、教誨主義の立場は保持しつつも両者が調和する地点に自らの「監獄教誨学」を構想しようとしたことに、注意しておきたい。

②「やむをえざる」から「やむを得べき」へ

以上のように、囚人の悔過遷善に「精神上」からアプローチするのが教誨師の役割だとした藤岡であったが、その藤岡がめざしたのが、囚徒たちにいま彼らが置かれている境遇とそこに至った「原因結果の道理」を直視させ、自ら省みて役業に努め、獄則を遵守するような主体に彼らを改悛させることであった。そしてそのとき重要なのが、たとえば囚徒たちが抱く「やむをえざる」という「惰弱な」観念や心情を否定し、それを一日も早く覆して、「やむを得べき」という道理の認識へと彼らを導くことであった。

藤岡は窃盗罪を例にあげて、次のように説明する。たとえば窃盗犯のなかには、自分が罪を犯したのは好きこのんでやったことではなく、やむにやまれぬ貧窮に迫られてのことである、もし自分が充分な財産をもっていたなら、入獄するような罪は犯さなかっただろう、そのようにいう囚人もいる。しかしそれは「やむをえざる」という観念の典型で、自ら犯した罪を覆い隠し改悛を妨げる、誤ったものの考え方なのである。そして、「やむをえざる」から「やむを得べき」という観念・心情へと囚人を導いていく教誨師の本務を、藤岡は次のように語っている。

実に此犯罪者其人の上に於ては、此「やむをえざる」と云ふ一言は百千万罪を増進せしめ、又覆蔵せしむるの一大辞柄にして、実に千斤よりも重き一言であり舛《ます》。故に私は一日も早く此「やむをえざる」と云ふ一種不良の辞柄を除去せしむると同時に、「やむをえざる」と思ふ惰弱の心情を翻へさしめ、以て如何なる難にも堪へ、如何なる苦にも当りて為す能はざるなしと云ふ気象を喚発せしめば、其時囚徒は始めて従来何事も「やむをえざる」の一点に帰して悉く我非を飾り、過ちをおほふ矛ともたのみ楯ともなせしことの非なりしことを悟ると同時に、従来の「やむをえざる」は全く「やむをえざる」にあらずして、「やむを得べき」原因結果の道理を明にせざるによりしことを悔ゐ、ます〳〵改悛の情を著しくし、役業を勉励し、監則を勤守する身の上とならしむるが、教誨師の教誨師たる本務を尽すと云ふものです。（七三―七四頁）

ここには、「やむをえざる」という観念や心情をはなから否定し、それを「やむを得べき」道理の認識へと還元することで、囚徒に自己反省と改悛を求めていくという、藤岡が構想した監獄教誨学の核心が、端的に表現されているといえよう。もちろんそこでは、囚徒をとりまく「やむをえざる」境遇や運命については、少しの顧慮も払われていない。

3．奮闘と挫折

『監獄教誨学提要草案』のなかには、藤岡の監獄教誨に寄せる強い信念と情熱をうかがわせる記述が散見される。たとえば、教誨の成果は短時日のうちに期すべきではなく、囚人が老後になって初めて改心することもあるかもしれないから、長い目でみることが大切であること。また、一般に効果が薄いといわれる総囚教誨でも、改悪帰善の思いを起こす囚人がなかにはいると信じて、懸命に教誨を行なうことが肝心だということ（以上、三五頁）。さらに、教誨師は、とにかく寸暇を惜しんで研鑽に努めなければならないと藤岡は繰り返し語っている。「教誨に注意をなさば一分の時間も私交の為めに徒費する閑はありませぬ」（五六―五七頁）とか、「寸時も忽《ゆる》がせにはならぬ《ママ》です。是即ち無休不眠の中には勉励、熱心、勇気、の三性質を具備しない時は、到底勤の実を尽すことはならぬのです」（八五頁）と、いささか性急ともいえる情熱を、自他の教誨師に求めている。

さらに藤岡は、囚徒を「没道理没人情の極端に達したるもの」と表現する一方で（同書附録「監獄教誨志願者の心得」一〇頁）、「親切」こそが教誨の骨髄であるとして、彼らの悔過遷善に意欲を燃やしている。これは一見逆説的なようだが、藤岡にいわせれば、囚人はそのように根深い「悪」だからこそ、教誨師はいつも変わらぬ「親切」で囚人たちと向き合わなければならない、という論理になるのである（同附録八―一〇頁）。

ここまでのところでは、監獄教誨に対する情熱や囚徒に対する共感の程度に多少の違いがあるとはいえ、大枠では、藤岡の立場と、先にみた明治二五年の「監獄教誨師会同」に集まった教誨師たちの立場は、ほとんど同じものであったといえる。しかしこうした藤岡の監獄教誨に寄せる情熱は、ひとたびその方向を転じると、監獄教誨の重要性を充分に理解しない仏教界や僧侶たちに対する批判や苛立ちへと変わっていく。それでも初めのうちは、「監獄教誨の必要なることは、今更弁を費さずとも明かなることとです。然るに其の必要なるにも拘はらず、其の職に任ずる人の少きは……天下の僧侶諸氏が、自ら救済衆生の職務に任ずるものなりと云ふことを覚られざるによるならむと存じまする」（同附録一頁）という、まだ抑制のきいた批判であった。しかし、やがてそれが段々と昂じていき、最後には「未来の堕獄を救ふの念慮ありながら、現在の獄中に堕落せる身を救ひ玉ふの念慮なきは、抑《そもそ》も其意のある所が了解出来ない程です」と、僧侶たちへのかなり激しい憤りが表明されることになる(73)。

ところが、明治二八年九月から真宗中学の舎監を命じられ、「監獄狂」と並行してその業務にも熱中した結果、藤岡はついに健康を害して、肺結核に罹患してしまう。そのときのことを藤岡は、「いつしか監獄狂の自性が顕れ矢張《やはり》寮務の上へ迄及びまして、傍ら学寮狂を兼ね、全身挙げて狂ひ廻りました結果が、神経の衰弱となり、遂に不治難症と世に嫌らはるゝ、肺患に陥りまして御座います」と語っている（七頁）。

このように藤岡が語るように、その「監獄狂」ぶりは猛烈なもので、やがて心身をすり減らしてしまうほど、徹底した打ち込みぶりだったようである。藤岡の息子である河崎顕了は、先述の二書（『監獄差入本』と『監獄教誨学提要草案』）を仕事後に真夜中まで書きつづけ、隣家から「命知らず」の先生とも噂された藤岡の様子を、次のように伝えている。「先考は此起稿を思ひ立ちてより、毎夜十時より筆を執り深夜三更に及び、此為に隣家の主婦は先考の静思を妨ぐることなからしめんが為、家内の談話の声を遠慮せられ、窃《ひそ》かに他に対して、お隣りの先生は命知らずであると批評されたと云ふことであります」(74)。

また藤岡は、その二書を大谷派本山に持ち込んで「再三本山に嘆願」したが、「遂に其願意を達せず」、「悲しく又みすぼらし」い思いをしたと語っている（六頁）。藤岡が大谷派本山に対して、監獄教誨について具体的に何を繰り返し嘆願したのか分からない。しかし身を削るようにして書き上げた著作を拒まれ、果てには病に倒れた藤岡の無念は、察するに余りあるだろう。晩年の藤岡は、前半生とその後約三〇年間に及んだ病床生活を振り返って、「未来の地獄の沙汰よりは、先づ現在の監獄の憐れな人々を、人の人たる本心に帰へらせ度《た》いと、生涯を期して教誨に尽くさんと思つたのが、中途にして斯かる身となつたのである」と、語っている(75)。

しかし、監獄教誨の道にいわば挫折した後の藤岡の後半生は、大小さまざまな注意を必要とする長年の療養生活のなかで、前半生とはまた別の生の価値を発見していったようである。監獄教誨師だけではなく、病気のためにすべての職を辞した藤岡は、「かくれん坊蠢々翁《しゅんしゅんおう》」と号して、かなり風変わりな隠遁生活を送っていた。そのなかで藤岡は、「人生中最も必要なるものは自ら治むると云ふこと」であるという注目すべき考えを、次のように語っている。

元来私は一代総てが逆境中の逆境に立つて来たものですから、人生中最も必要なるものは自ら治むると云ふことで、之には所謂万事に就て、先《まず》自ら省みるが第一であると思ふて居ります、是は私一代の実験でありますから、自然気随《きまま》なる転意の上にもその一代実行の余意があらはれて居るのであります(76)。

この発言には、まずは自らを治め、自らを省みることが、人生でもっとも大切であるという藤岡の信念が、実感に裏打ちされた簡明な言葉で語られている。そしてここでは、犯罪者や囚人など、「他者」をいかに治めるかということは、まったく問題とされていない。

病気による挫折を間にはさんで、「監獄狂」の藤岡は、その後「自ら治むる」ことを人生の第一義とするようになった（あるいは、そうせざるをえなくなった）。そもそも、藤岡は監獄教誨に熱中した当初から、囚徒を悔過遷善することの困難を常に感じていた。その苦悩について藤岡は、たとえば「改過《ママ》遷善といふ文字こそは、僅かに四文字でありまするけれど、犯罪者其者の、有丈けの過ちを改めて、有らむ限りの善をつとむることゝしてみますると、其実行上に於ては、容易の業ではありませぬ。……其教誨の度毎《たびごと》に、幾多の辛苦をなせしか、到底言語に尽されませぬです」と語っている[77]。つまり藤岡にとっても、囚人の悔過遷善の完全な達成などはほとんど不可能に近いことなのだが、その困難を情熱や力業で乗り越えようとすればするほど、藤岡は、代償として自らの精神と健康を徐々にすり減らしていくほかなかったのである。

明治二〇年代初めに真宗の僧侶として監獄教誨をほとんど独力で開拓し、やがて挫折して「自ら治むる」道へと歩んでいった藤岡了空。いったい監獄教誨という営みは、どこまで理想どおりに成立しうるものなのか。そして教誨師が囚人に向けて促す「自ら治むる」技術、すなわち自己規律の方法は、強制的に他者と対する場である監獄で、手ずから伝えたり共有することはそもそも原理的に可能なのだろうか。藤岡の経験は、そのような近代的統治に関わる根源的な問いを、私たちに向けて問いかけているように思われる。

おわりに

明治二五年を境に、監獄教誨の主たる担い手は、それまで教誨事業を切り拓いてきたキリスト教から、浄土真宗へと交代していった。その背景には、明治二〇年代におけるナショナリズムの高揚、またはそれに伴うキリスト教への風当たりの強まりもあったが、監獄行政にとっては、収監人員の増加や「別房留置人問題」という、行刑に固有の危機状況があったことは、本文ですでにみたとおりである。

ここで注意すべきは、監獄教誨を独占していった仏教徒たちの狂騒をよそに、キリスト教教誨師たちはすでにこのとき、「監獄」制度の中心から離れたところに、彼らの社会的実践の場を見出そうとしていたことである。北海道時代からそれぞれ温めていた構想を実現すべく、原胤昭は「東京出獄人保護所原寄宿舎」（明治三〇年）を、そして巣鴨監獄の教誨師を辞職した留岡幸助は「家庭学校」（明治三二年）を、それぞれ東京に開設するのである。つまり彼らは、「監獄教誨」そのものではなく、むしろ当時の監獄行政から抜け落ちて手薄であった出獄人保護や、幼年囚・少年の教護事業などを、自らのライフワークとして選びとっていったのである。

このようにみるとき、本章で明らかにした明治二五年を境とする「監獄教誨」の変容は、現象面ではその担い手の中心が、単にキリスト教から浄土真宗へ変わったに過ぎないようにもみえる。しかし実はその内実には、何かもっと根源的で、こういってよければ、私たちの人間観あるいは宗教意識の次元にも関わる重要な歴史的変容の経験が、表現されているともいえるのではないだろうか。最後に、そのことの意味を考えておきたい。

日本で近代的な監獄教誨が本格的に始まったのは明治一〇年代後半以降のことであり、それと明治一四年以前の伝統的な教誨は一応区別されるべきだという本章の立場については、すでに述べた。そして、日本に近代的な監獄教誨を導入して定着させようとしたのは、初めはキリスト教徒たちであった。第三節でみたように、原胤昭や留岡幸助たちは条約改正をめざした明治政府と協調しながら、当時行刑の最前線であった北海道で、教誨師として活動した。彼らは、欧米の実践例も参照しながら、囚徒に対する教誨の方法を一から手探りで構築していったが、一方で、当時劣悪な環境にあった監獄の改良もめざして奮闘し、いくつかの硫黄山や炭坑で、苛酷な囚人労働の廃止を実現した。

こうしたキリスト教徒たちの活動は、今日からすると監獄教誨というより、むしろ「監獄改良」という表現の方が相応しいようにも思われる。しかし監獄教誨草創期の教誨師たちが、囚徒の「悔過遷善」ということだけではなく、より広い視野から、「監獄」制度の全体に向き合っていたことは、あらためて注目すべきことだろう。キリスト教教誨師たちのそのような広範な活動が、日本の監獄教誨の創始と制度化にあたって、重要な役割を果たしたことは間違いない。

だとすれば、少なくとも歴史的にみる限り、キリスト教が活躍した明治二〇年代前半までの監獄教誨は、教誨師たちがその宗教的信念に基づいて、ある程度自由な教誨活動を行ないうる余地や可能性がまだ広く存在していた、ということもできそうである。そのことは、もちろんキリスト教だけに限った話ではない。神道や仏教、あるいは本章で注目した真宗大谷派の藤岡了空の場合も、明治二〇年代前半までは、各地の監獄で実地に工夫をこらしながら、独自の教誨のあり方を模索しつつある段階であった。

それが明治二五年を境に、浄土真宗が監獄教誨への進出を本格化し、キリスト教がそこから後退を始めたころから、監獄教誨の性格も、大きく変化していくことになった。教誨の主眼が、それまでキリスト教教誨師たちがまずこだわっていた監獄改良よりも、むしろ犯罪者や囚人の「悔過遷善」、つまり彼らの主体をいかに「矯正」するかという課題の方が、はっきりと前景化してくるのである。

明治二五年の「会同」に集まった仏教教誨師たちが語ったのは、いかに囚徒を「視察」し、彼らを人間として正しい道に導いていくか、そうした教誨の技術や方法についてであった。同じ明治二五年に「監獄教誨学」を世に問うた藤岡の関心も、囚人が自ら「罪悪不良の身」を反省し、獄則をよく遵守してまっとうな「人の子」として生まれ変わるためには教誨はいかにあるべきか、最終的にはそのことにあったのである。

ここには、監獄教誨が近代的統治を支える一つのシステムとして次第に洗練されていく一方で、宗教者＝教誨師として人間の「罪」や「悪」をみつめる眼は、逆に平板化あるいは貧困化していくという、歴史の皮肉な現実がありていに語られているとはいえないだろうか。囚徒の主体の懲戒・矯正という目的は、やがて終わりなき「他者」の統治というジレンマに行きつくだろうことは、本章ですでにみたとおりである。

囚徒を基本的には矯正の対象としてみる仏教教誨師のまなざしは、しばしば聖書の言葉を引いて「己れ共に囚る、が如く囚者を念《おも》へ」といった原胤昭、そして「監獄は私にとつては一つの大なる大学であり、囚人は私の為には社会学の教師であり、先生であつた」と語った留岡幸助のそれとは、かなり異質なものであったことは間違いないだろう(78)。

ただし同じ仏教者のなかでも、清沢満之の「精神主義」や近角常観の「求道運動」のように、犯罪者や「悪」に対して、教団主流派とは違った観念をもつ人々も、一部で存在していた。彼らは人間の「悪」を原理とする信仰運動を展開し、現実の犯罪者や出獄者を糾弾することもなく、逆にその「悪」に積極的に寄り添おうとすることで、より根源的な宗教性の地平をたずねようとしていた。しかし清沢や近角の運動も、真宗教団の大勢からみれば、結局は少数者による例外的で異端的な運動にほかならなかったのである。

その後、浄土真宗が大半を占めるようになった監獄教誨は、明治三〇年代から四〇年代にかけて、制度的確立期を迎えることになる。「監獄官制」（明治三六〔一九〇三〕年）で、教誨師の身分は奏任官・判任官待遇の国家公務員となった。さらに明治四一（一九〇八）年には、「受刑者には教誨を施す可し」（「監獄法」第二九条）と、監獄教誨の実施が初めて法律で義務づけられた。[79] 小河滋次郎が起草したこの「監獄法」は、一部改正を重ねながら、最近二〇〇六年まで、日本の監獄行政の基本法でありつづけた。

この「監獄法」が制定された翌明治四二（一九〇九）年、浄土真宗本願寺派は、「監獄布教師心得要領」なる文書を、同派の教誨師たちに示達している。そのなかに、「監獄布教者たる者は其身は宗教者にして其職は国家の要務なり」（第二項）という呼びかけがあった。[80] それは、自分たちは宗教者であると同時に国家の要員でもあるという、当時の教団と教誨師たちが切望しやがて辿り着いた自らの立場を、自負の思いとともに、端的に表現したものであろう。

註

（1）刑務協会編『日本近世行刑史稿』（上）（下）矯正協会、一九四三年、また徳岡秀雄『宗教教誨と浄土真宗――その歴史と現代への視座』本願寺出版社、二〇〇六年など参照。また、吉田久一『改訂増補版 日本近代仏教社会史研究』（上・下）川島書店、一九九一年（吉田久一著作集五、六）でも、仏教界を中心に監獄教誨の歴史が描かれている。

（2）安丸良夫「「監獄」の誕生」（『一揆・監獄・コスモロジー――周縁性の歴史学』朝日新聞社、一九九九年、第Ⅱ章）。

（3）ダニエル・V・ボツマン〔小林朋則訳〕『血塗られた慈悲、笞打つ帝国。――江戸から明治へ、刑罰はいかに権力を変えたのか？』インターシフト、二〇〇九年、二五六頁。〔原著は、Daniel V. Botsman, *Punishment and Power in the Making of Modern Japan*, Princeton University Press, 2005〕。

（4）姫嶋瑞穂『明治監獄法成立史の研究――欧州監獄制度の導入と条約改正をめぐって』成文堂、二〇一一年、九二―九三頁。

（5）明治一〇年前後の監獄をめぐるさまざまな問題を先駆的に指摘し、その改良を訴えたものに、たとえばJ．C．ベリーの有名な「獄舎報告書」がある。プロテスタント伝道医師として明治五年にアメリカから来日したベリーは、京阪地方における監獄の実態をつぶさに調査して「報告書」を作成し、明治九年に寺島宗則外務卿と大久保利通内務卿に提出した。ベリーのこの報告書は大久保に大きな感銘を与え、その後の内務省の監獄行政や改良事業に多大な影響を与えたという。なお、ベリーが主張した監獄改良の基本骨格は、（一）被収容者の処遇環境の改善、（二）処遇技術の向上、（三）被収容者への自立支援と社会復帰思想の要請の三点であり、とくに（三）について、ベリーの「報告書」には「出獄人保護事業の創設に関する初めての提言」も含まれていたという（姫嶋前掲書、五一―五三頁）。ちなみに、ベリーがこのように日本の監獄改良に力を注ぐようになったのは、神戸監獄で行なわれていた笞打ちによる執拗な身体刑を目撃したことが、直接のきっかけであったという。

（6）前掲姫嶋『明治監獄法成立史の研究』、六六―七六頁。

なお梅森直之は、「統治理性」という観点から、明治五年と一四年の二つの「監獄則」を比較し、両者の連続性よりも、むしろ歴史的断絶の側面を強調している。梅森によると、明治一〇年前後から、それまでの明治五年「監獄則」とは異質な統治理性が、為政者や獄事関係者のあいだで徐々に登場してきた。この「新しい統治理性」は、やがて明治一四年「監獄則」に結実するのだが、梅森がとくに注目するのは、このとき初めて囚人の「内面」が統治の対象として発見され、問題化されるようになったという事実である。この権力＝統治論の転回を、梅森は「明治五年小原監獄則から明治一四年の改正監獄則の公布にいたる過程で生じた認識論的断絶」（二三九頁）とも表現している。このように、認識論まで含めた大きな展望《パースペクティヴ》のもと、近代日本における統治権力の形成過程とその歴史的変容の意味を明らかにすることが、梅森のねらいであった。以上、梅森直之「統治理性における「内面」の発見――明治初期監獄改良のディスコース」（『早稲田政治経済学雑誌』第三二四号、一九九五年）参照。

なお付言すれば、「監獄教誨」を主題とし、その歴史的変容の大きな画期を明治二〇年代半ばに求める本章の立場からすると、明治一四年に「統治理性」の断絶＝変容をみる梅森説と本章では、とくに「統治理性」変容の時期をめぐる理解に、若干のズレがある。たしかにキリスト教教誨師たちが活躍した明治一四年「監獄則」時代に、「内面」の発見というべき動向が兆したことは一般論としてはいえそうだが、彼らがそれと同じかそれ以上に、彼らの目撃した苛酷な囚人労働の廃止をはじめとする客観的な「監獄改良」事業の方に力を傾けた事実は、重要であろう。したがって、梅森のいう統治の対象としての「内面」の発見は、少なくとも「監獄教誨」においては、（後でみるように）浄土真宗によって明治二〇年代半ば以降に本格的に推進されたと理解するのが妥当であると考えたい。ただし梅森論文は、対象時期を明治一四年「監獄則」までに限定しており、それを無視して「統治理性」変容のより本質的な画期をいずれかに問う二者択一論は不毛だろう。ここでは、梅森論文と本章の理解にこうしたズレが存在していることに、留意しておきたい。

（7）内閣記録局編『法規分類大全・治罪門（二）』明治二四年、一七六頁（復刻版、原書房、第五七巻、一九八〇年）。

（8）明治一四年（三月）の「司獄官吏及傭人設置程度」と「傭人分課例」において、法文上で初めて、「教誨師」という名称が使用された。

（9）小野義秀『監獄（刑務所）運営一二〇年の歴史――明治・大正・昭和の行刑』矯正協会、二〇〇九年、三七七頁。

（10）明治一四年「監獄則」の施行をめぐる混乱状況については、前掲姫嶋『明治監獄法成立史の研究』九二―九三頁参照。法制史研究の立場から、明治期の監獄制度の変遷を詳細に跡づけた姫嶋瑞穂は、明治初年から明治四一年「監獄法」制定にいたる監獄制度の歴史過程を、全四期に区分している。そのうち、明治一四年「監獄則」制定後から明治二二年「監獄則」制定までを第二期とし、その時期を「監獄運営混迷の時期」と名づけている（二八七頁）。明治一四年「監獄則」下のこの時期には、在監者の急増とそれに伴う経費負担の加重により監獄の運営は困難を極め、内務省内でも監獄処遇の方針をめぐって、「懲戒主義」と「感化主義」のあいだで議論が揺れ動いていた。

ちなみに姫嶋の時期区分では、その後の監獄制度は第三期「ドイツ監獄学導入による獄務整備の時期」（明治二二年「監獄則」制定から明治三二年条約改正前まで）を経て、第四期「条約改正後における監獄行政刷新の時期」（明治三二年条約改正実施から明治四一年「監獄法」制定まで）へといたる。そして、この第四期の到達点である明治四一年「監獄法」制定によってようやく、明治初年から不断の研究と努力を重ねてきた監獄制度の改正事業は、一応の終止符を打つことになったとしている。なお姫嶋の時期区分に従えば、本章ですぐ後にみるキリスト教教誨師たちが活躍したのは主に第二期から第三期の前半まで、そして真宗教団が教誨事業への進出を本格化したのは、第三期半ばごろからということになる。

（11）真宗本願寺派本願寺・真宗大谷派本願寺編輯『日本監獄教誨史』上巻、下巻、一九二七年。同書は、東西本願寺教団の編集によるもので、上下巻合わせて一八〇〇頁を超える大部の著作・史料集である。監獄教誨研究に欠かせない基礎史料の一つであるが、後で述べるように、あくまで本願寺教団を中心とした歴史記述となっており、「日本」監獄教誨史と銘打つには、いくつかの留保が必要だろう。

（12）『日本監獄教誨史』上巻、三二一頁。なお、このとき対岳が管長の大谷光瑩に提出した「願書」は同書に翻刻されているが、その内容を要約すると、〝西洋各国の「獄」では罪人に「説諭」を行なって「先非を悔悟」させているというが、我が国ではまだこのようなことは行なわれていない。そのため、罪人が獄から出ても、また「法則」を破ってしまう。これは嘆かわしいことであり、ぜひ（このたび朝廷から補任された教導職として）罪人に「教諭」することを認めて欲しい〟、という内容であった。全文は、同書三二一―三二二頁を参照。

（13）教誨百年編纂委員会『教誨百年』上・下、浄土真宗本願寺派本願寺・真宗大谷派本願寺、一九七三年。同書でも、明治五年における対岳らの教誨にふれて、「これすなわち、本願寺派・大谷派の監獄教誨の濫しょうであるとともに、わが国における監獄教誨の濫しょうとして、とくに明記すべきことといわなければならない」（三三頁）とされている。

（14）では対岳らの「説諭」をどのような歴史的性格のものとして理解すればよいのだろうか。それは、別して考察を要する重要な問題であろう。さしあたってここでは、対岳らが行なった罪人への「説諭」は、明治五年の教部省の設置とともに開始された、大教宣布運動から続く「国民教化運動」の一環として、理解しておきたい。
たとえば、註（12）でふれた対岳の「願書」には、「教導職」として罪人を説諭したいという希望が述べられている。また、今日でも監獄・刑罰史研究の基本文献として知られる前掲『日本近世行刑史稿』でも、対岳らの活動は、次のように当時の「国民教化運動」に由来するものとみなされている。「国民教化運動を中心として発生せる啓潭、対岳等の説教を以て我国監獄教誨の濫觴となすは大体に於て正鵠を得てゐるものといはねばならぬ」(『日本近世行刑史稿』(下)、七五二―七五三頁)。だとすれば、「監獄教誨」研究にとって大切なのは、「国民教化運動」に由来する罪人たちの「説諭」と、明治一四年前後から始まる近代的な監獄教誨の両者のあいだに、はっきりと歴史の切断線を入れること、さらにいえば、両者を分つものの意味を明らかにすることであろう。

なお、ここで『日本近世行刑史稿』の著者である辻敬助は、対岳らの説教が監獄教誨の濫觴であることをおおむね認めている。本章がこうした「通説」の批判をめざしていることは、繰り返し述べてきたとおりである。ただし、直前の引用で「大体に於て正鵠を得て」いるという留保をわざわざ付けているのは、著者の辻が、監獄教誨の起源は明治五年からさらに一世紀近くさかのぼって(!)、近世の石川島人足寄場で行なわれていた、中沢道二らの心学講話にあると考えているからである(「教誨を以て広く囚徒の精神教化と解する時は、寧ろ石川島その他に於ける心学講話に其の権輿を求むべきであると考へる」七五二頁)。

石川島における心学講話については、その幕藩制的仁政イデオロギーに貫かれた統治テクノロジーとしての構造や特質、およびそれが有した政治思想史的意義を詳細に検討した、梅森直之の次の論考を参照のこと。梅森直之「心学というテクノロジー――人足寄場における実践を中心に」(『早稲田政治経済学雑誌』第三二八号、一九九六年)。梅森は、人足寄場は一八世紀末期における幕藩体制の危機に直面した為政者(松平定信ら)が案出した「新しい統治」の実践であり、心学は、その統治を支え貫徹するために不可欠なテクノロジー＝イデオロギーであったと位置づけている。さらに梅森は、その一八世紀的な統治テクノロジーが断絶した地点(明治以降)に「近代」的統治権力の成立をみようとしており、具体的には、明治五年以降の浄土真宗の進出と、それに伴い「心学というテクノロジーの衰退と忘却」(二五六頁)が進行していった過程のなかに、「近代」の新しい権力の誕生が逆照射されているという見通しを示している。

(15)　本章では、とくに真宗とキリスト教の二つに焦点を当てながら、監獄教誨の形成過程を考察した。しかしもちろん、真宗以外の仏教教団や、各派神道にも注目することが大切であることはいうまでもない。とくに、先にみた明治初期の「国民教化運動」と（明治一〇年代後半から次第に形成されていった）「監獄教誨」体制の関係を考える上で、神道の事例はとりわけ重要だと思われるので、ここで、近代神道の教誨史を整理した藤本頼生の論考を参照しておきたい（藤本頼生『神道と社会事業の近代史』弘文堂、二〇〇九年、第二部第一章）。

藤本によれば、明治三年の大教宣布運動以降、神道は各地の監獄で教誨活動を積極的に行ない、同一〇年ごろには、宗教教誨が行なわれていた全国監獄の約四分の一で、神道による教誨が行なわれていた。しかし興味深いことに、神職による教誨活動は明治二〇年ごろから次第に減少し、明治二四（一八九一）年以降、戦後に神社本庁の教誨師が誕生する一九四八年までのあいだは、完全に中断することになったという（ただし教派神道系の神道大成教は明治三六年ごろまで独自に継続）。

なお明治二四年以降に神道の監獄教誨が中断した理由について、藤本は、①大教院廃止（明治八年）や神官教導職の分離（明治一五年）等の影響によって、神職が直接に国民教化のための活動ができなくなったこと、そして、②明治二〇年代以降は東西真宗教団が監獄教誨事業をほぼ独占したこと、などをあげている。ただし藤本も指摘しているように、神道教誨の中断後も、神道界の内部には神道教誨への参加を求める動きがあったこと、とりわけ昭和初期にその動きが顕著であったらしいことは、監獄教誨の変遷とその歴史的性格を考える上で、注目すべき論点だと思われる。藤本同書、三〇一―三〇三、三〇六―三一〇頁。

(16) 以下、原胤昭についての記述は、主として片岡優子『原胤昭の研究――生涯と事業』関西学院大学出版会、二〇一一年を参照した。

(17) 原胤昭『前科者は、ナゼ、又、行るか。』非売品、一九三三年、四頁。

(18) 前掲片岡『原胤昭の研究』、一一六―一一七頁。

(19) 前掲『日本監獄教誨史』上巻、七頁。

(20) 前掲『日本近世行刑史稿』下巻、八一七頁。

(21) 前掲『日本監獄教誨史』上巻、三三九―三四〇頁。なお翌明治一五年、石川島監獄（署）では従来の女監を改造して説教場を開設したが、その改築費用を、すべて東本願寺が負担したいと自ら申し出ている（しかし結局は監獄署の予算で支弁した）。東本願寺は、この新しい説教場のために木仏像、掛軸、三ツ具足などを寄付して、同所に安置されることになった。同、三四一―三四二頁。
(22) 前掲『日本近世行刑史稿』下巻、八〇三頁。
(23) 同前、五六八頁。なおこの山県内務卿の訓示は、八月四日付で各県令と各集治監典獄に宛てて秘密裏に発せられたものである（内務卿訓示秘第三九号）。
(24) 前掲小野『監獄（刑務所）運営一二〇年の歴史』、六一頁。
(25) 前掲安丸『一揆・監獄・コスモロジー』、一五三頁。
(26) 前掲姫嶋『明治監獄法成立史の研究』、一一八頁。
(27) 前掲小野『監獄（刑務所）運営一二〇年の歴史』、六三―六四頁。
(28) 北海道における集治監や行刑の歴史については、その制度史的側面のみならず、「五寸釘の寅吉」や「海賊房次郎」ら個性あふれる囚徒たち、および「異常なまでの脱獄獄死の累積」（一七六頁）を詳細に活写した、重松一義『北海道行刑史』図譜出版、一九七〇年に詳しい。ここでは、同書の復刻版（槙書房、一九八一年）を参照した。
(29) 以下、北海道集治監教誨師時代の原についての記述は、前掲片岡『原胤昭の研究』第四章を参照した。
(30) 明治三〇年ごろ、釧路集治監で合葬があり、硫黄山の外役所跡などから死亡囚の遺骨が集められた。外役中の事故、病疾患、逃走失敗による斬殺など、その死因はさまざまだが、このとき地中から掘り起こされた三〇〇囚の遺骨には、手錠をかけられたままの姿が何体もあったという。前掲重松『北海道行刑史』、二三六頁。
(31) 前掲重松『北海道行刑史』、一五一頁。
(32) 岡田朝太郎『日本刑法論』有斐閣、一八九四年、七六四―七六九頁。
(33) 以下、「トンネル近」のケースについては、原胤昭『出獄人保護』天福堂、一九一三年、二五―三三頁。
(34) 「名典獄として人格まことに高潔、雅量と果敢な実行力をもって開拓当初の最も困難な囚人労働を指揮した」（五五頁）という大井上輝前の詳しい事績については、重松一義『名典獄評伝――明治・大正・昭和三代の治蹟』日本行刑史研究会、一九八四年、四七―六九頁を参照。また、前掲重松『北海道行刑史』、二五三―二七〇頁も参照。
(35) 「羈旅漫録」明治二四（一八九一）年一〇月二一日（『留岡幸助日記』第一巻、矯正協会、一九七九年、一四七頁）。

(36) 高瀬善夫『一路白頭ニ到ル――留岡幸助の生涯』岩波新書、一九八二年、九九頁。
(37) 「盲目囚と起因」、明治二四（一八九一）年（前掲『留岡幸助日記』第一巻、二八六頁）。
(38) 「網走分監囚徒水腫脚気」、同前、二八一頁。
(39) 「囚徒の成育、犯罪歴」、同前、三二九頁。なお同日記では、囚徒の氏名は編者により○字で伏字にされている。
(40) 室田保夫『留岡幸助の研究』不二出版、一九九八年、一九五頁。
(41) 「罪悪学研究につき自序す」、明治二四（一八九一）年（前掲『留岡幸助日記』第一巻、二一四頁）。
(42) 前掲姫嶋『明治監獄法成立史の研究』、一〇八―一〇九頁。
(43) 内閣官報局『法令全書』明治二二年七月、「勅令」、二一八頁。
(44) 小河滋次郎『日本監獄法講義』一八九〇年、三七七―三七八頁。なお、同書からの引用には、適宜句読点を付した。
(45) 同前、一二〇、三七九頁。
(46) 同前、三七九―三八〇頁。
(47) 同前、一二一頁。
(48) 同前、三八二頁。
(49) ただし、昭和初期における司法省の転向誘発政策の展開を検討した佐々木政文によれば、教誨師が「思想犯」に対して宗教的教化を施す政策については、当時の司法省内でも必ずしも全面的に支持されていたわけではなかったという。佐々木論文は「思想犯」の転向政策を論じたものであるが、その指摘も含めて、行刑思想における「宗教」の位置づけの時代的変遷については、今後通近代史的にたどってみる研究が必要だろう。佐々木政文「昭和初期司法省の転向誘発政策と知的情報統制――司法権力による「読み」・「書き」の掌握過程」（『歴史学研究』九六五号、二〇一七年、七頁）を参照。
(50) 前掲註(1)吉田『改訂増補版　日本近代仏教社会史研究』(上)、四〇二頁。なお、真宗両派による教誨師の占有率は明治三〇年代になるとさらに高まって、明治三九（一九〇六）年には全体の約九三%に達している。前掲徳岡『宗教教誨と浄土真宗』、四八頁。

(51) 前掲片岡『原胤昭の研究』、一五四頁。以下、「北海道集治監不敬事件」と大井上の典獄の非職、そしてキリスト教教誨師の連袂辞職にいたるまでの詳しい経緯については、同書第四章第二節を参照。

(52) 「巣鴨監獄教誨師事件」については、前掲吉田『改訂増補版 日本近代仏教社会史研究』上、四一五―四三九頁、および柏原祐泉『日本仏教史 近代』吉川弘文館、一九九〇年、一五八―一五九頁を参照。

(53) 前掲姫嶋『明治監獄法成立史の研究』、一一二頁。ただし監視付きの仮出獄者の場合は、「旧刑法」附則の規定により、引き続き留置することができた。しかし明治四〇年「刑法」の制定時に、同規定も廃止される。

(54) 渡辺覚夢編『監獄教誨師会同議事提要』大日本監獄教誨師通信所、一八九二年、六―七頁。以下、同書からの引用には、適宜句読点を付した。

(55) 下間鳳城は山口県萩の浄土真宗本願寺派・三千坊の住職であった。また明治一四（一八八一）年から群馬県監獄教誨師、明治二〇年からは埼玉で教誨師を務めた。その傍ら、明治二三年に浦和に「埼玉県慈善会免囚保護場」を設立し、浄土真宗のなかでは、先駆的に出獄人保護事業に着手した教誨師の一人であった。当時の雑誌『大日本監獄協会雑誌』で企画された教誨師の人気投票では第一位を獲得し、若手ながら監獄界で広く知られる有名な教誨師であった。しかし日清戦争後に布教師として南征軍に従軍したところ、澎湖島で伝染病に罹患し、三六歳の若さで病没した。以上、佃離見「故下間鳳城君」（『大日本監獄協会雑誌』第八四号、一八九五年五月、四六―四八頁）を参照。

(56) 立憲制が一応確立した当時の状況下では、監獄界でも、否決された「監獄は宗教を宣布すべき場所に非ず」という大山の意見の方が、むしろ大勢だったと思われる。しかし先述のように、「監獄則」の解説書を出版した小河滋次郎は、これより以前、日本の監獄教誨は一宗一派による「宗教教誨」が道義教誨よりも適切であると示唆している（『日本監獄法講義』一八九〇年）。もちろん小河は「宗教信仰」が監獄教誨の「目的」であるとまではいっていないが、獄事上の「最緊要務」である監獄教誨は、宗教的方法によってなされるべきであるという、宗教教誨主義の立場に立っていたのである。

(57) なお会同で副会長を務めた下間鳳城は、たとえ上告中などで死刑が確定していなくても、死刑判決が一度宣告されたら、その時点から教誨を始めるべきだと主張した。下間は、深く反省して控訴を取り下げた死刑囚もいたことを例にあげながら自説を開陳したが、死刑未確定者にも死刑囚教誨を行なうというこの下間の意見に対しては、さすがに他の参会者から疑問の声が上がった。しかしそれでも下間は自分の意見に固執し「上告中は教誨し《ママ》能はずとは宗教家として大に恥べきことなり。此事たる実に宗教家必然の義務なり」（六二頁）と譲らなかった。しかし結局全会としては、上記のように死刑囚には「当日前」から教誨を行なうという結論で落ち着くことになった。

（58）　前田善五郎は執行当時二六歳。明治二三年四月八日午前九時に、絞首刑が執行された（『官報』一八九〇年四月一一日、二〇三一号、一二三頁）。

（59）　雑誌『監獄教誨』は、本来は会同に参加した仏教各派の連合で発行することになっていたが、実際に発行主体となったのは、浄土真宗の大谷派と本願寺派の両教団に所属した教誨師たちであった。また『監獄教誨』は、在監人に語りかける形式の「教誨」欄のほかに、「格言」や「作文」（手紙文の書き方）欄も設けられていた。これは北海道のキリスト教教誨師たちが先行して発行していた雑誌『同情』（明治二五年一月創刊）の形式を、そのまま模倣したものと考えられる。なお『監獄教誨』という雑誌の命名について、会同で会長を務めた多田賢順は、次のように説明している。「思ふに一度聞けば記臆《ママ》の注意を為さずとも記臆し易く、而かも其書目に依て全体の事が分明なる様致し度《た》く思へば、監獄教誨の名目を以て最も適切なるものと信ず」（『監獄教誨師会同議事提要』、九七頁）。

（60）　『監獄教誨』第一編、大日本監獄教誨師通信所、一八九二年七月、三頁。

（61）　『監獄教誨』第二編、一八九二年八月、九頁。

（62）　村上専精「人生之徳義」（『監獄教誨』第九編、一八九三年四月、四頁）。

（63）　清沢が「悪人の宗教」とも呼んだ「精神主義」については、本書の第四章を参照。

（64）　下間鳳城「賭博の害」（『監獄教誨』第六編、一八九三年一月、二二頁）。

（65）　河崎（藤岡）了空『閲典自鑑』蠢々翁著作集第三巻、楽山荘、一九二五年、六頁。なお、藤岡の監獄教誨への打ち込みぶりは大谷派のなかでも群を抜いていたようで、のちに同派の教誨活動の中心を担った武田慧宏《けいこう》は、次のように語っている。「翁の生涯を一貫して、監獄教誨に対する愛護の念は、おそらく私の知る範囲では他に比類を見ないであろう」（前掲『教誨百年』下、三四頁）。

（66）　藤岡了空『通信土曜談話（監獄教誨卑見）』非売品、一八九六年。同書は全二〇頁の小冊子ながら、藤岡本人が監獄教誨に尽力するようになった経緯や動機を語った、貴重な史料である。ここでは矯正図書館所蔵のものを参照した。なお同史料は、他機関での所蔵は確認できなかった。

（67）藤岡了空『監獄差入本』法藏館、一八八九年。なお同書は、明治二二年「監獄則」（七月）実施直前の四月に出版されている。以下、同書からの引用には、適宜句読点を付した。

（68）こうした藤岡の人間観・罪悪観は、明治二四（一八九一）年に書かれた『通信教誨』でも、同様に確認することができる（非売品、警視庁監獄署石川島支署）。『通信教誨』は、石川島監獄支署に転勤した藤岡が、かつて勤務していた膳所監獄の囚徒たちに向けて郵送した、教誨用の文書である。そのなかで藤岡は、「人の人たる道」のあり方を次のように説いて聞かせている。「この義理と人情をしるといふことは、人間世界に於てはまことに必要なものである。若しこの義理と人情を知らざるときは、人にして人に非ず、いはゆる人面獣心と劣しめらるゝ身の上となることである。故に人たるものは、どこ〳〵迄も義理と人情を知らねばならぬことである」（三頁、句読点を付した）。

こうした人間観・罪悪観は、前述の『監獄教誨』誌に掲載された島地黙雷らの論説、また戒律復興運動で有名な釈雲照の十善戒運動（人となる道）など、当時の仏教界に広くみられる典型的な道徳論でもあった。

（69）前述のように、藤岡は明治二三年ごろには同書の内容をほぼ固めていたというが、それは、藤岡が東京集治監で開かれる明治二四年の第三回「監獄官練習所」の開催に合わせて、同書の刊行をめざしていたからである。しかし、練習所開設の立役者であったゼーバッハの死とともに開会が無期延期となり、やがて練習所そのものの閉鎖が決まったため、刊行も立ち消えとなった。そして明治二五年に、石川島監獄支署の教誨師を辞職して帰山した藤岡は、大谷派の大学寮の学生に、監獄教誨について語る機会を与えられた。そのときの講義を筆記して非売品出版したものが、以下でみる『監獄教誨学提要草案』である。以上の経緯については、『監獄教誨学提要草案』巻頭文、また前掲『通信土曜談話（監獄教誨卑見）』一〇―一二頁参照。

（70）藤岡了空『監獄教誨学提要草案』一八九二年、二頁。以下、同書からの引用には、適宜句読点を付した。

（71）なお藤岡は、「監獄教誨学」を「心性感化学」とも表現している。同前附録、一五頁。そして本草案の第二章「教誨の目的」で藤岡は、「教誨の目的は悔過遷善です」と断言している（三頁）。さらにその目的を達成する要件として、藤岡は次の七つの条件をあげている。「一犯罪を恐れしむる事／二法律を重んぜしむる事／三道徳を尊〔已カ〕ましむる事／四獄則を違犯せしめざる事／五受賞の身とならしむる事／六逃走脱獄の念を断たしむる事／七再犯已上のものとならしめざる事」（三一四頁）。

なお参考のため、本草案の目次を以下に掲げておく。第一章「緒言」、第二章「教誨の目的」、第三章「教誨の主義」、第四章「教誨の大体立案の利害」、第五章「教誨の種類及び施行の方法」、第六章「教誨の種類に就ての主意」、第七章「教誨拡張の注意」、第八章「教誨不振の弊害」、第九章「囚状視察の必要」、第十章「教誨材料の応用」、第十一章「終結」、附録「監獄教誨志願者の心得」。

(72) 藤岡は、死刑囚に対する教誨の主意は、「因果理法」や「自業自得」の逃れられない運命を説いて彼らを納得させて、彼らを「安心立命」の境地に導くことにあるとしている。「刑場にて実行する時け、憐愛の情志一偏《ひとえ》に因果理法の逃るべからざることを知らしめ、安心立命の身とならしむるを以て主意と致しまする。若し監房に臨みてなさば、自業自得の逃るべからざる旨をしめすと共に、敢て天をも人をも怨むべからざる趣きを懇々としめすを以て、主意と致しまする。併《しか》し両方共に安心立命上のことを説くには、死刑人宗門の異るに於ては、臨機の説を施すべきこと注意致さねばなりませぬ」（三〇頁）。

(73) 前掲藤岡『通信土曜談話（監獄教誨卑見）』、四頁。

(74) 河崎顕了「蠢々翁著作集第三巻の内容に就て」（前掲蠢々翁著作集第三巻、六頁）。

(75) 藤岡了空『僕の男振』蠢々翁著作集第一巻、一九二五年、一一四頁。

(76) 藤岡了空『気随気ま丶修養漫画』日本禅書刊行会、一九一九年、八頁。なお藤岡には、同じ大谷派で結核患者同士でもあった清沢満之と療養法などについて語り合った『清沢先生藤岡翁養病対話』法藏館、一九〇二年）がある。

(77) 前掲藤岡『通信土曜談話（監獄教誨卑見）』、一五頁。

(78) 前掲片岡『原胤昭の研究』、一四六頁、前掲室田『留岡幸助の研究』、一九〇頁。

(79) 印刷局『法令全書』明治四一年第三号、「法律」、三九頁。

同じ監獄関係の法規でも、明治二二年「監獄則」までは勅令であったが、明治四一（一九〇八）年の「監獄法」

は、初めて法律として制定された監獄法規である（ただし姫嶋瑞穂は、明治二三年「監獄則」は、「監獄法」成立より前の明治二六年「獄務概則」によって、「実質的に改正」されたと指摘する。ゼーバッハの指導による監獄改良を承けて内務省が制定した「獄務概則」については、前掲姫嶋、一五四―一六八頁を参照）。

(80)　前掲『日本近世行刑史稿』下巻、九四四頁。

第六章　異端的教誨師と囚人たち

――明治三〇年代における「清沢的契機」――

はじめに

第五章の終わりでは、監獄教誨を独自に切り拓いていった藤岡了空の経験について、詳しく検討した。周囲から「監獄狂」と呼ばれ、「監獄教誨学」を提唱し、囚徒たちの「悔過遷善《かいかせんぜん》」をめざして奮闘した末に挫折した藤岡の経験は、もちろんそれ自体としては、真宗大谷派の一教誨師の経験を物語るものでしかない。しかし、教誨師として「悪」と正面から向き合おうとした藤岡がたどった道は、もう少し広く監獄教誨の歴史のなかに位置づけてみるならば、実はもっと象徴的で、重要な意味をもつ経験であったことが分かる。

つまり、藤岡の苦渋に満ちた経験によって明らかになったのは、どんなに誠意や情熱を尽くした努力によっても、近代の統治権力が要求するような他者の矯正や統治を完全に達成することはきわめて困難である、ということである。「自ら治むる」道へと歩んでいった藤岡の後半生は、教誨師として他者の統治をめざしたそれまでの生き方とは、まさに正反対のものであった。藤岡が真宗大谷派を代表する先駆的な教誨師として出発しながら、教誨の意味を原理的に突き詰めることでやがて教団の方針と対立するようになり、最後には教誨師としての挫折と自己否定を経てその先に自らの信仰の境地を見出していったことは、その意味で、本書にとってきわめて示唆的な歴史的経験というべきである。

本章では、この藤岡以降に現われてきた異端的教誨師たちの系譜に、とくに光を当ててみたい。「悪」と正面から向き合おうとした藤岡の挫折の後、一九〇〇年前後から、一部の教誨師たちのあいだで「悪」を共感的に、あるいは内在的にみつめようとする眼が生まれてくるのである。そしてそうした異端的な教誨師たちの「悪」に対する態度は、第Ⅱ部でみた清沢満之たちの信仰運動に通じるものがあり、両者の直接的な影響関係はともかく、少なくとも思想の同時代的な相同性を指摘しうるものである。そのことから、一九〇〇年前後にみられるこうした監獄教誨の変容を、ここでは仮に「清沢的契機《モメント》」と呼んでおきたい。ここでいう「清沢的契機」とは、自他の「悪」を等しくみつめ、自己の統治をこそ第一義とする思想的かつ実践的な態度のことであり、その意味で、他者の完全な統治をめざす「近代」の原理とは根源的に対立するような、異端的な契機のことである。

一方で、藤岡以降も監獄教誨の主流派は、やはり囚徒たちの「悔過遷善」の完成をあくまでめざすものであった。つまり近代日本の監獄教誨の基本線は、国家による「悪」の統治＝矯正を力強く支えるという一点において、終始一貫していたのである。教誨師としての藤岡の経験は、いわば他者の完全な統治は不可能であることを明らかにしたはずだったが、それでも国家は近代的統治の原則を変更しなかった。教誨師を派遣しながら近代日本の監獄制度を支えた浄土真宗教団も、同じように国家への積極的な貢献を止めることはなかった。その限りで、異端的教誨師たちやいわゆる「清沢的契機」は、あくまで近代的統治に対する少数者の否定性として、その後もとどまりつづけるほかなかったのである。

本章ではまず第一節で、「悔過遷善」をめざしたそのような監獄教誨の主流派が、どのような態度で囚徒やその「悪」と向き合っていたのか、いくつかの教誨史料を実際に紐解きながら、具体的に考察してみたい。つづいて第二節では、そのような正統派の教誨や教誨師たちに対して、一九〇〇年前後に現われてきた異端派の教誨師たちが、一体どのような教誨を実践し、人間の「悪」をどのようにみつめ、それが近代的統治に対するどのような否定性の実践でありえたのか、明らかにしたい。

そして本章ではもう一つ、国家権力や社会から「悪」と眼差され、統治の対象とされた〝囚人たちの声〟にも、耳を傾けてみたい。彼らの声は、普段は獄中に深く鎖され、なかなか表面化することはなかった。しかし、教誨師たちによって拾われ書き留められたいくつかの記録、さらにより直接的には、囚徒たち自身が語ったいわゆる「獄中記」などに、彼らの声はたしかに活き活きと表現されている。とくに「獄中記」は、一九一〇年ごろになると、相次ぐ出版によって一種の流行のジャンルとなり、それ以降、反権力的なスタイルの象徴的な位置を占めるようになった。第三節では、日清戦争の停戦交渉のために来日した李鴻章を狙撃して収監されたある人物の獄中記（一九一〇年）や、堺利彦や大杉栄の有名な獄中記についても検討する。

そのような〝囚人たちの声〟や異端的教誨師たちの眼が私たちに教えてくれるのは、彼らを圧伏しようとする統治権力のいかなる試みも、おそらく完全には達成困難であるということ、そして、善悪の強固な二元論を自明とする近代社会ではほとんど省みられることのなかった、人間存在の複雑で多様な現実態である。そのことを念頭に、近代的統治の本質や限界点についてあらためて問い直してみることが、本章での課題である。

一　「悔過遷善」の近代

前章でも述べたように日本の刑罰制度は、近世までは入墨や遠島など身体への懲罰を伴うさまざまな「排除刑」

から成り立っていたが、近代になると、被収容者の自由を拘束し、懲役（労働）によって彼らの心身全体の鍛冶をめざす、いわゆる「自由刑」が、刑罰の基本原理とされるようになった。

「新律綱領」は明治政府が制定した最初の刑法典であったが、それを修正増補した一八七三（明治六）年の「改定律例」では、笞・杖・徒・流の刑を懲役に一本化しており、こうした点などに、日本における近代的自由刑への転換が象徴的に物語られているといえよう。また、自由刑執行の場である「監獄」が作り出されたのも、同じ一八七三年ごろからである。その後、監獄制度がほぼ確立したのは明治一七・一八年ごろとされるが、このように日本では、実に一〇年というきわめて短日月のうちに、近代的自由刑への転換が一気に断行されたことが特徴である(1)。

そして「悪ヲ改メ、善ニ遷《かえ》ラシム」（「新律綱領」）ことをめざした監獄で、宗教者として囚徒たちを「善」へと導く役割を期待されたのが、教誨師たちであった。いわゆる監獄教誨の起源をめぐっては諸説あり、その歴史過程や主要な論点については、第五章で詳しく検討したとおりである。ここではとりあえず、監獄教誨が日本で制度的に確立したのは、明治一四年の「監獄則」においてであったという本書の立場だけ、もう一度確認しておきたい。その明治一四年「監獄則」では、監獄に収容した囚徒に対して、教誨師が必ず教誨を実施することが、法令上初めて義務づけられ、教誨師という名称も正式に用いられるのである(2)。

監獄教誨について規定した同監獄則の第九二条には、「已《い》決《けつ》囚及ビ懲《ちょうじ》治人教誨ノ為メ、教誨師ヲシテ悔過遷善ノ道ヲ講ゼシム」とある。ここにみえる「悔過遷善」こそ、監獄教誨を含めた近代的行刑の最終目的とされた理念であり、その後も教誨師たちが繰り返し語っていくことになる、とりわけ重要な観念＝用語であった。悔過遷善、つまり囚徒たちが自分のあやまちを悔い、彼らが善き人間となるように導いていくことこそが、行刑における教誨師の使命とされたのである。

ところで、監獄が日本に導入された初期のころから、行刑の最終目的である「悔過遷善」の方法をめぐって、行刑当局者たちは、いわゆる「懲戒主義」と「教誨主義」とのあいだで、つねに揺れ動いていた。これは簡単にいえば、被収容者の更生のためには、懲罰や苦役を与えることもあえて辞さない厳しい処遇の方がよいのか――懲戒主義――、それとも、懲罰や苦役は排して被収容者を説諭することに重きを置く方がよいのか――教誨主義――という、被収容者の処遇をめぐる、基本的立場の対立であった。ただし実際には、監獄では懲戒と教誨がともに用いられたのが実情で、両主義の対立は、その意味ではあくまで理念上の対立に過ぎなかった。そして、行刑において後者の「教誨主義」を象徴するものとみなされたのが、監獄教誨やそれを実践する教誨師たちの存在であった。たとえば、日本で初めての監獄学者として活躍する小河滋次郎（一八六三―一九二五）は、この「教誨主義」の立場に立って、本願寺教団や教誨師とも緊密に連携し、明治後期の司法制度改革に大きな影響を与えることになったのである。

またこの後でふれるように、とくに仏教の教誨師たちによる監獄教誨に注目してみると、初期には通俗的な道徳の教誨が中心であったのに対し、明治二〇年代半ばごろまでには、国民道徳を被収容者たちに語りかけるスタイルが、次第に主流となっていったことが分かる。つまり、「通俗道徳」から「国民道徳」への変化というのが、明治期の監獄教誨にみられるおおよその歴史過程であった。もちろんその間には、明治二〇年代前半に活躍したキリスト教教誨師たちの存在、そして明治三〇年代前半ごろからは、浄土真宗の一部から異端的な教誨師が現われ始めたことも、忘れてはならない。しかしそれにもかかわらず、明治二〇年代後半以降は、仏教とりわけ浄土真宗の教誨師たちによる国民道徳の教誨というスタイルが、近代日本の監獄教誨の基本線として、次第に定着していくことになったのである。

それでは、つづいて実際にいくつかの教誨史料を取り上げて、「悔過遷善」の具体的な現場に注目してみたい。教誨師たちは、囚徒に対して、どのように道徳の内面化を促していったのだろうか。なお、以下にみる史料は、いずれも一九〇〇（明治三三）年より以前の仏教教誨の史料である。一九〇〇年以前とはつまり、次節でみる「悪」への内在的なまなざしが、仏教の教誨師たちのあいだではっきりと登場する以前の時期である。

仏教教誨の現場――一九〇〇年以前

一八八七（明治二〇）年に発行された『監獄囚人 教誨のかがみ』は、山口県監獄署に出仕していた教誨師の菅《かん》龍貫《りゅうかん》が、囚人の看読用図書として、干河岸《ひがし》貫一が同監獄で実際に行なった教誨を一書にまとめたものである。干河岸は僧侶ではないので、同書は厳密には仏教教誨ではなく訓諭というべき性格のものかもしれないが、それを教誨師の菅龍貫が教誨用の図書として用いていること、そしてそのことが、逆にこの時期の通俗道徳的な監獄教誨の性格をよく表わしているともいえるので、ここではさしあたり、同書を教誨関係の史料として位置づけておきたい。

同書の顕著な特徴は、囚徒たちの旧悪を重ねて責めあげて、終始彼らに厳しい言葉を投げかけていることである。たとえば、「悪を為し罪を犯せる身として、自分の身体の自由をも失はずして其罪を消し亡ぼさんとするは、決して世に在るべき道理にあらず(3)」。つまり、お前たちは悪を犯した者である以上、自分の身体の自由を失わずに罪を消しさることなどは、決してできるものではない（世に在るべき道理にあらず）と、監獄に収容された事実を彼らに受け入れさせながら、高圧的な言葉を投げかけている。また同書では、悪者必罰とでもいうべき道理を、「天地の公道」とか「自然天理」という言葉を使いながら、繰り返し説き聞かせていることも、注目される。他人の迷惑をまったく顧みず、自分一人の得になることだけを考えて悪事を働くのは、自分の得になるどころか、むしろ「忽《たちま》ち世の中の人に敵と認められ、其筋よりお召捕となり縄の就〔ママ〕くのみならず、或ハ絞罪となり懲役となる」。そして、「是が則ち天地の公道にして、如何なる英雄豪傑でも揺がすことのならぬ道理と申す者」だというのである（一〇〇—一〇一頁）。さらに、今後は「罪亡《ほろぼ》し」として、「車を曳くなり土を運ぶなり」して日々労役に勤めることが、「自然天理に契《かな》ふ」ことであるともいっている（一〇二頁）。

つづいて、山県玄浄の『百錬之鉄腸』（一八九七〈明治三〇〉年）をみよう。山県は真言宗の軍隊布教師で、当時は広島衛戍《えいじゅ》監獄で教誨師を務めていた。日清戦争時に遼東で従軍経験があった山県は、その後「軍僧公設」を強く主張しつづけた人物でもある。山県自身が語るところでは、「予の教誨は忠経及孝経を平易に講義して罪人の徳性を涵養し、又は仏教の四恩、十善、七十五法等を和解して、囚徒の悔悟を促し居れり」といい、通俗的な道徳と仏教をうまく織り交ぜた教誨を、工夫して行なっていたらしい。また教誨の技術論として、「教誨はなるべく話柄を新奇にし、満場の罪囚をして聞くことを楽しましむるを要す。同一語調で同一話柄をあやつれば、いかなる珍説にても、彼等は倦厭を来すべし」と、教誨のノウハウのようなものを同書で語っているのも、興味深い(4)。そして同書で注目すべき点は、教誨が通じない無教育者には、「苦役」や「懲罰」をもって悔悟を促すしかないと、山県が強い口調で語っていることである。

> 無教育者はいかなる金言卓説も馬耳東風と聞き流し、些《いささか》の感覚を引かず。仍《よつ》て劣等の囚徒には苦役又は懲罰を以て悔悟を促すべし。其一例を云はゞ、暗室に屏禁するが如き是れなり。暗室は監獄中の監獄なり。其中に屏禁さるゝものは罪人中の罪人なり。仏教に無間《むげん》地獄と云へるものを説く。暗室は此の世の無間地獄なるか(5)。

ここで暗室とは、明治時代の監獄内にあった施設で、獄則に違反した囚徒を、懲罰のために屛禁する狭小な部屋のことである。暗室では食糧が減らされ、寝具も禁じられた。山県が出仕していたのは衛戍監獄であり、軍律に違反した陸軍兵士や軍人が相手であるからそれだけ綱紀も厳格だったといえようが、「監獄中の監獄」であるという暗室を、この世の無間地獄と喩えるのは、いくら教誨師とはいえ、仏教者としていささか悪趣味が過ぎるだろうか。ともかく山県は、言うことを聞かない劣等な囚徒たちは、暗室に屛禁してでも悔悟を促すべきだと、ここで強調しているのである。

実際に、軍規に違反して暗室に屛禁された、ある兵士の話が紹介されている（福家嘉東次・工兵隊一等卒）。福家は軍規の違反を繰り返していた兵士で、一八九七（明治三〇）年、英照皇太后の死に伴う減刑によって出獄した直後、またも「違令罪」を犯して、「軽禁錮六ヶ月」の宣告を受けて三たび収監された。しかも同じ年の七月初旬、外役の途中に刻煙草一袋を拾った福家は、看守の目を盗んで小竹で煙管《きせる》を作り、ひそかに獄内に持ち帰って炊事場に隠し置き、隙をみては喫煙をしていた。これがばれた福家は、ついに厳罰に処せられ、三昼夜にわたって「暗室の鬼」となったのである。

一間四方の暗室、日月の光線は毫も拝することを得ず、空気は流通せず、人語は更に聞こえず。加ふるに夏の時候なれば、一身恰《あたか》も釜中に蒸さるゝ如く、幾百匹の蚊軍は四面より襲撃し面を吮《す》ひ、目に入り、手を喫《か》み足を刺し、三百の針を以て総身を穿たるゝが如し。況んや自ら漏らしたる二便の臭気、痛く鼻孔を侵すに於てをや。(6)

山県はこのように暗室の苛酷な環境を描きながら、「誰れか知らん、人世にかゝる苦境のあるを」とつけ加えている。そして、暗室から解放されて監房に戻ってきた福家に対して、山県はただちに「懲罰教誨」を行なった。懲罰教誨とは、懲罰を加えられた直後の囚徒に対して、その効果が増すようにねらって行なわれた教誨のことである。するとと福家は、仏教を説こうとする山県をさえぎって「拙者は神道なり」という。詳しく聞くと、福家は、「暗室に入り初めて天照大神の尊きを悟れり。明朝よりは必ず日天を拝し、屹度《きっと》改心仕るべし」という。これにあきれた山県は、ついに「強剛難化の人は、温和なる教誨にては開悟せしめ難し。肉体上より苦罰するに如かざるなり」と、さじを投げている（二〇五―二〇六頁）。つまり福家のような「強剛難化」の厄介者には、教誨を施すだけ無駄で、肉体上の苦罰を与えるしか方法がないというのである。

このように、一九〇〇年以前に全国の監獄で行なわれていた教誨は、一様に囚徒たちの罪悪を非難し責め立てる内容のものばかりで、この後でみるような、囚徒たちの「悪」に共感的に向き合おうとする教誨師は、まず見当たらない。ただし、この時期の教誨師のなかには、監獄教誨の原理的な困難について語っている者もあり、注目される。

たとえば、真宗高田派の稲垣湛空《たんくう》は、三重県監獄の依頼を受けた高田派本山からの命令で、一八八四（明治一七）年から同監獄に、教誨師として出仕した。そこで稲垣が経験したのは、囚徒の「悔過遷善」と、それを見極めることの難しさであった。すでに「遷善感化ノ部類」に入った、つまりは更生したと思っていたはずの囚徒が、のちに「再犯重科ニ処セラル、」現実を、稲垣は何度も目撃したのである。模範囚として賞票を与えられて放免されたのち、再び拘留された者。あるいは「殊勝ナル願書」を出しておきながら、再犯者として監獄に戻ってきた者。そのような囚徒たちの姿をみるにつけて、稲垣としては、「陽ニ改過遷善《ママ》ノ面ヲ仮《かり》テ、陰ニ改悟ノ実ナキ」ことが

「悪漢ノ常」であると、考えるよりほかなかった。そして結局のところ、「形而上ヲ以テ、感化ノ真否ヲ論ズルハ、甚ダ難事」であると、悔過遷善（監獄教誨）という営みにどこまでもついてまわる根源的な困難を、痛感せざるをえなかったのである。(7) その困難について稲垣は、「既往ノ善行ニ由リテ、将来ノ善行ヲ保シ難シ」という風にも、語っている。

二　異端的教誨師たちと「悪」へのまなざし

一九〇〇年前後

先にもふれたように、明治二〇年代後半になると、監獄教誨事業は浄土真宗がほぼ独占するようになった（全教誨師数の約八五%）。(8) そしてこのころから、国民道徳を主眼とする教誨が行なわれ、それがやがて真宗教団、ひいては近代日本の監獄教誨の基本線となっていったのである。しかしその一方で、一九〇〇年ごろから一部の浄土真宗の教誨師たちのあいだで、それまでにはほとんどみられなかった、犯罪や「悪」への内在的なまなざしが生まれてくるのである。

それ以前には、少数ではあったが、明治二〇年代前半にキリスト教教誨師たちが「悪」と共感的に向き合う姿勢で囚徒たちに接し、いわゆる監獄改良事業に取り組んでいた。たとえば、すでにみた留岡幸助は、北海道で苛烈な行刑と囚人労働の現実を目の当たりにし、監獄改良に取り組むようになった。その日記中に記された草稿「罪悪学研究につき自序す」という文章のなかに、次のような一節がある。「罪囚ノ精神ヤ、此等シク吾人ト同一ノ精神ナリ。吾人人タレバ罪囚モ亦人タリ」。囚徒もまた人として「吾人ト同一」であるならば、教誨師もまた、彼らと同じ目線でなければならないという揺るぎない信念が、留岡の活動を支えていたのである(9)。

その後、明治二〇年代後半に浄土真宗が監獄教誨のヘゲモニーを握り、国民道徳を主眼とする教誨が盛んに行なわれるようになるにいたって、かつてキリスト教徒たちがとっていた「悪」に対する共感的な態度は、そのまま消えていくかにみえた。しかし一九〇〇年前後を境に、同じ真宗のなかから、「悪」と共感的に向き合おうとする教誨師たちが、一部で現われてくるのである。ここでは、まずその数少ない例のうち初期のものとして、田淵静縁《じょうえん》『監獄教誨 恵之露』（一九〇一年）を、つづいて当時の死刑囚教誨の様子とその困難を伝える貴重な記録である田中一雄『死刑囚の記録』（一九〇〇―一一年）を手がかりとしながら、真宗から生まれてきた監獄教誨の新しい動向に、注目してみたい。

「罪悪の街に泣き叫ぶ我等」

田淵静縁は真宗大谷派の僧で、滋賀県監獄署に勤務していた教誨師である。一八九九年秋から勤め始め、約一年半同監獄に勤務した田淵は、退職にあたって、囚徒たちが看読することを想定し、これまで在監者に向かって行なってきた講話（教誨）を一書にまとめた。その書が、ここでみる『監獄教誨 恵之露』である。

同書を読んですぐに気がつくのは、これまでの浄土真宗の教誨師たちと比べて、田淵は、囚徒に同情的に向き合い、罪悪とそれを犯してしまう人間存在を、共感的にみつめようとしていることである。とくに、通俗道徳や国民道徳による教誨を行なっていた島地黙雷ら第一世代の教誨とは、かなり異質であることは明らかである。もちろん、田淵もたとえば教育勅語にしばしば言及しており、その意味では、当時主流であった国民道徳の語りと、あまり変わらない部分も確かにある。しかし、監獄教誨の歴史、とりわけ仏教教誨にとって、こうした人間（罪悪）観の登場は、それまでになかった注目すべき変化であったことは間違いない。

　それでは、田淵がここで語る人間観とは、どのようなものであったのだろうか。田淵によれば、人間とは、悪いことだとは分かっていても、つい感情や情欲に流されてしまう、傾向的な存在である。だから田淵にとって、監獄にいる囚徒たちは叱責の対象などではなく、むしろ、周囲から同情されるべき人々なのであった。


　理非曲直と云ふことは百も千も合点承知しており乍《なが》ら、一朝情慾の為めに誘はれ、俗に云ふ「慾に目がくらみて」平素の心掛と反対の行為をなし、遂に今日の結果を招かれたことであろうと思へば、実に同情の涙に咽ぶ次第であります。

（「世海人槎[10]」）


　人間には情欲がある以上、いくら道理（理非曲直）を頭で理解していたにしても、それを踏み外してしまうことも当然ある。それを田淵は、「道理の羅針盤はあり乍ら」、「慾瀾情波の為めに漂蕩破壊せられた」船の喩えで説明している（一一頁）。つまり、実際に道を踏み外し、あるいは航海中に難破してしまった囚徒たちを目の前にして、田淵はこの上ない同情を寄せているのである。

　ただし、これはあくまで人間についての田淵のリアリズムであって、田淵は囚徒たちに、教誨師として「悪」をすすめているわけでは決してない。田淵が語るのは、「誠に感情の為めに理性を誤るは人生の弱点」であることをよく認識した上で、ともすれば「一朝忿怒とか私欲とか云ふ悪心」を起こして「前後も忘れ自己と云ふことも忘れて仕舞て、云ふべからざる惨劇」へと走りかねない人間が、どうすればそうならずに、自己を保ちながら生きていくことができるのか、そのことなのである[11]。そして、仏教者の田淵が囚徒たちにすすめるのは、「仏陀聖賢の指導」

を仰ぎながら、たとえ欲情の暴風雨が襲来してもそれに飲み込まれることなく、「改過遷善《ママ》てふ彼岸」へと向かって航路をとって進んでいく、そのような生き方なのであった（一一頁）。

もう一つ、田淵の教誨で注目すべきは、教誨師も囚徒も、同じ「我々」という認識で貫かれていることである。つまりそこでは、互いに教誨し／教誨されるというような、対立的な関係が前提とされていないのである。これはおそらく、人間の傾向的な側面をリアルにみつめた田淵の人間観から導かれた、一種の平等観であろう。たとえば田淵は、「理非曲直と云ふことは百も千も合点してをり乍ら、実行の出来ないが我々の通患でありますとか、「常に罪悪の街《ちまた》に泣き叫んでをる我々」という風に、囚徒と自身を区別することなく、ともに「我々」として語っているのである。(12) だとすれば、田淵のいう同情とは、決して上からの優越的なものではなく、あくまで同じ我々という目線の先にある、共感的な感情であったというべきであろう。

そして、自らが理想とする監獄教誨の姿について、田淵が次のように語っていることも注目される。教誨や（その結果としての）悔悟とは、決して囚徒たちの外部から注入されるものではない。それはあくまで、各人が、自分の心や罪悪・前非と向き合いながら、実践すべきものだというのである。

教誨師の常に云ふ悔悟の心と云ふものは、注入的のものではありませぬ。只我々の本来有してをる毎の心を、外物の誘惑にあわない様に維持し、吾が心を酒食等の為めに奪はれない様に保護するの意より外は、ないのであります。

（「悔悟」一四―一五頁）

教誨の目的は、各々方をして過を改め善に遷り、以て社会の良民たることを得て後半生の幸福を享《う》けしむるより外はない。即ち、自己の罪悪に泣き先非を悔て、絶望の谷に沈める者に向ふて、固有の良心あることを知り、之を尋ね之を研《みが》いて漸く其光輝を放たしめ、名誉を回復すべき希望の光明を与へるのであります。

（「仏教とは何ぞや」一〇五―一〇六頁）

ここで田淵が語る教誨師像は、囚徒にとってよそよそしい超越的な存在ではなく、むしろ囚徒たちとともにあり、彼らの悔悟や、その後に訪れるはずの幸福な生活の実現を手助けする、いわば介助役のような存在である。だから監獄教誨の主体は、彼らを悔過遷善へと導く教誨師ではなく、あくまで、「自己の罪悪に泣き先非を悔て、絶望の谷に沈める者」、つまり囚徒たち自身であるべきだというのが、田淵の信念だったのである。

田中一雄『死刑囚の記録』（一九〇〇―一一年）

つづいてみる『死刑囚の記録』の著者である田中一雄は、鍛冶橋監獄や東京監獄で数多くの死刑囚教誨に携わった、浄土真宗（本派）の教誨師である。『死刑囚の記録』は、田中が教誨した死刑囚一一四人を観察して、その犯罪記録、動機、本人の性格、宗教、教育、立ち会った死刑執行時の様子、遺言、そして田中の感想などを詳しく記述したもので、教誨師が残した手記としては他に類書をみない、きわめて稀少な記録である。また同記録の巻末には、幸徳秋水や、田中が実際に教誨を担当した菅野スガをはじめ、いわゆる大逆事件に連座した刑死者たちの「死刑執行当時の状況」が付されている。なお、このような手記が公刊されたのは、田中の手記の重要性を認識したキリスト教教誨師の原胤昭《たねあき》が、手記を日本犯罪学会に寄贈して、保管を依頼したのがきっかけである。同会では、希望者に頒布するために上下二冊の謄写版を作り、それが『死刑囚の記録』として、今日に伝えられることになった

のである。(13)

まず同記録の「緒言」をみると、その文章の一言一句には、一〇〇人を超える死刑の現場に立ち会ってきた田中の、教誨師としての深い苦悩や、やり場のない思いが滲んでいることが注目される。そこで田中が語っているのは、次のような確信である。それは、犯罪のほとんどは、一時の「色情」（情欲）に突き動かされて起こる衝動的なもので、意思の弱さや不充分な教育環境が、その主な原因である。しかし罪を犯した彼らに、時間をかけて丁寧に教誨懇諭することができれば、彼らはいつか必ず改心して、再び生き直すことができるはずである。だからそのような彼らを死刑にする必要はなく、死刑はまったく無益の刑である、ということである。

死刑須《すべか》らく廃すべし。否廃すべからず。其は社会に害毒を流すの大なるものなればなり。／然らば監獄の規律に従順なるものならば死刑を執行するの必要なかるべし。如何となれば監獄に永く拘禁し置かば社会に害毒を流すこと能はざればなり。……仏陀の大慈大悲を教へながら、黙して此の残酷極まる死刑を見るは忍ぶ能はざるなり。(14)

短く簡潔に語られながらも、長い年月を重ねて結論にいたった、突き詰められた思考であることがうかがえる。では、一〇〇人を超える死刑囚たちを見送り、死刑を「残酷極まる」刑と呼んでその無用を確信するにいたった田中は、教誨師として、それまで犯罪や死刑囚たちとどのように向き合ってきたのだろうか。一一四人の死刑囚の記録のなかから、ここではとくに、次の二つの事件に注目してみよう。

①情婦謀殺事件、一八九七年三月

東京府北多摩郡の○○龍蔵（二七歳）は、教育はほとんど受けなかったが、酒はたしなむ程度で、両親とともに農業を営んで生計を立てていた。龍蔵は、事件の二年前からサヨという女性と密かに付き合い、二人は互いに偕老を約束した仲でもあった。しかしそれから半年も経たないうちに、龍蔵に対するサヨの態度が、少しずつ冷たく疎遠になってきた。あるときサヨが龍蔵にいうには、両家は財産が「不権衡」であり、とても一緒になることができる望みはないから、別れてほしい、と。龍蔵はサヨの心変わりを知り、どうにも怒りをおさえることができなかった。さらにその直後に、サヨが他の男と婚約したことを知って、いよいよ「激憤の情抑制し難く」、いっそのことサヨ本人と、彼女を他の男に紹介したイネという女性の二人を殺害し、その怨恨を果たそうと決意したのである。

ある夜（一八九七年三月二五日）、サヨとイネが江戸街道を通行してくるところを山中に潜んで待ち伏せしていた龍蔵は、二人の姿をみとめると姿を現わし、「少し待ち呉れよ」と声をかけ、街道から少し離れた山中にサヨを誘った。そして、「偕老を約しながら他に嫁するとは、余り人を馬鹿にしたる仕打ちなり」というや否や、サヨの胸倉を摑み、芋切包丁でその咽喉を刺し、即死させた。サヨの後ろにいたイネはこの様子をみて驚愕し、逃げ出そうとしたが、龍蔵は追いかけてイネを捕まえ、サヨの死体の近くに引き戻した。龍蔵は、手際よくサヨが着用していた細帯を取り、これをイネの首に巻いて思い切り締めあげ、イネもその場で絞殺した。目的を遂げた龍蔵は、犯跡を隠すために、「イネの面部に猿轡《さるぐつわ》を施し、及両女の手足を緊縛し、サヨの死体、胸、腹部に数ケ所の傷を加へ、尚その陰部に手指を入れて之を抉《えぐ》り、二ケ所の爬傷」をおわせ、さらに二人が所持していた現金を窃取した（二二頁）。強盗・強姦犯による犯行のようにみせかけるためであった。

龍蔵の教誨を担当した田中によると、龍蔵は田中に向かって、「私は充分悔悟改心なる故、何卒《なにとぞ》典獄殿へお願ひ給はりて、一命の助かる様御申立被下《くださ》れ度し」と、しばしば懇願していたらしい。しかし事件から三年後の一九〇〇年五月二〇日、判決どおりに龍蔵の死刑は執行された。出監時には苦悩の様子がみえたが、それが言語挙動の上に現われることはなかったという。そして死刑執行後、「備考」として記された田中の所見には、次のような注目すべき記述が書き添えられている。

彼〔龍蔵〕の如きも永く監督の下に導き教訓することあれば、必ず改心者となるべきものと信ずるなり。／多くは色情より起因する犯罪の如き、死刑執行の必要なき、今更言を俟《ま》たざるべし。／毎時ながら、恋情（嫉妬より起る）殺人罪の如きは、いつまでも社会に害毒を流すものに非ず。殺すの必要なきものなり。(15)

②強盗殺人事件、一八九三年八月

次も、東京郊外の農村で起こった二〇代半ばの青年による事件である。東京府南多摩郡の〇〇健次郎（二六歳?）は、父母とともに農業と養蚕を行ない、生活していた。二〇歳ごろから遊興に耽り始めた健次郎には、窃盗・強盗の前科があった。小学校を中退していた健次郎は、文字はようやく姓名を書ける程度であったという。

一八九三年八月一〇日午前、健次郎は長さ五寸余りの短刀を携帯し、南多摩郡の撚糸業の居宅に窃盗の目的で侵入した。裏口の雨戸を揺さぶって取り外し宅内に忍びこんだところ、奥の間に就寝していた家主の彦太郎が、物音を聞いて起き出してきた。店の間で糸を盗もうとしていた健次郎を発見した彦太郎は、すかさずこれに組み付いた。健次郎は携帯していた短刀を彦太郎に向けて、彦太郎が怯んだすきに逃げ去ろうとしたが、彦太郎は容易に健次郎を放そうとしない。そこで健次郎は決意し、抜いた短刀で「頸部腹部の嫌ひなく、彦太郎の要所を覘《うかが》ひて五ケ所を乱切し、十二ケ所を乱刺」して、その場から逃走した。彦太郎の死因は、頸動脈の全断による大出血のためであった。

田中の手記によると、一九〇〇年三月一七日早朝に、典獄から本日死刑を執行する旨を申し渡された健次郎は、歯の根も合わないほどに「ブルブル振へ」ていたという。同じく田中の手記には、健次郎が強窃盗を繰り返すようになった最初のきっかけは、親戚の米俵を一俵盗んで、これを売却したささいなことであったと記されている。そして死刑執行後の田中の所見には、やはり健次郎の境遇に一定の理解を示しながら、その死刑という処分を疑問とする、次のような言葉が書きつけられている。

之を要するに本人の如きは、最初色情に動かされて之を制すること能はず、親戚より米一俵を盗み出して売却せしを手始めとして、放縦遂に身を滅するに至るも、天然の性質悪しきに非ず、教育習慣等、その宜しきを得ざるより、良心の発達不完全に且つ悪事を感ずるの力薄弱なればなり。故に彼を永く監獄に拘禁し、真正純良の教育をなし、良心の発達を完全ならしむるやう教導せば、改心の効を見るに遠きに非ざるべし。惜しい哉。(16)

以上にみた二つの事件だけではなく、田中は、彼からみれば根っからの悪人というわけでもなく、環境次第で充分に更生の可能性があるようにみえる者が死刑に処されていく理不尽な現実を、刑が執行されるたびに嘆いている。そして、やり場のない憤りの言葉を、同じように手記に書きつけていった。

私通していた女性と共謀し、女性の夫を刺殺した商人の〇〇鶴太（三三歳）。彼は執行の数か月前から改心の様子がみえていたにもかかわらず、「色情より起りし犯罪の如きを、死刑に処するは真に無益の刑と言ふべし」。このような犯罪は「意思の薄弱と、知識の狭少、若くは感情の昂奮に基ひするに非ずや。憐むべき犯罪なり。生命を絶つまでに害毒を流すべきものに非ず」（二八頁）。

また、関東で強窃盗を三〇回以上繰り返し、最後には民家に侵入して家人を切り殺し金や衣類などを奪って、世間の大きな注目を集めた坂本慶次郎（三六歳）。彼は、かつて送られた北海道の樺戸集治監から脱走したこともあり、そうした前科や、死刑判決が下された犯罪事実をみると、どうにも手に負えない、まるで生まれながらの悪漢とでもいいたくなるような印象が強い。それでも田中は、「本人をして今後監督の下に五年を経過せば、或は剛情は化して名誉心に変じ、再び犯罪なきに至る」かもしれないという。しかし、「法規は之に余年を与へず、試験中に執行せらるゝの不幸を視るは甚だ遺憾に堪へざるなり」（一七頁）。慶次郎に最後の更生の可能性を許さなかった「法規」の非情さを、田中は恨んでいるのである。

そして、近所の竹藪で賭博に興じている最中、取り締まりにやって来た巡査から逃れるために、これを刺殺した群馬県の農民、〇〇鶴吉（三三歳）。鶴吉は博徒の親分格であったらしいが、「更に逃走の恐ある者にはあらず、年時を尽して教誨せば、十分悔悟の念ある者と思料せらる」。「如斯《かくのごとき》者に付て死刑の要は少しも認めざるなり」（七一頁、傍点は原文）。田中は、この犯罪を招いた社会的背景についても、注目すべき言及をしている。「博徒の群馬県に跋扈するや、由来久し、旧幕時代は最も甚だし。是即《これすなわち》社会制度の不完全に因るものなり」。つまり、鶴吉の犯罪の原因は、「社会制度の不完全」にも求められるべきはずなのに、「此社会の欠点は度外に置きて、個人を死に致すは実に残念なることゝ言ふべし」と、疑問を呈しているのである（七一頁）。

こうした数々のケースをふまえて田中は、手記の冒頭の「緒言」に、彼が教誨師として確信するにいたった立場を、次のようにきわめて簡明に書き記している。

一、日本の国体より言はゞ刑法第七十三条〔大逆罪〕の如き法律あれば、死刑を全廃にすべきに非ざるべし。
而《しか》し逋走の憂なきもの、監獄の規律に従順なるものに付ては更に殺すの必要を認めず。
一、色情に起因せる殺人犯の如き更に死刑の必要を認めず。
（中略）
一、二百人死刑者中誤判の疑ある者　一、
一、死刑の必要なしと認むる者　一〇〇〔丁ヵ〕、
一、幼年者に就ては（刑法改正後は未定年者も死刑となる者多くあり）言語道断言詮不及の憐れむべき事情多し[17]。

数々の場数を踏んだ田中からみると、やはり一時の「色情」（情欲）に起因する殺人は、死刑にする必要はないというのが、教誨師としての田中の変わらぬ信念だったようだ。さらに、田中が見送った死刑囚のうち少なくとも半数は、死刑にする必要はなかったというのも、驚くべき所見だろう。この訴えには、改心の可能性すら奪ってしまう死刑制度への田中の疑問や憤りが、かなり強くこめられている。そしてこのような田中の信念は、この手記全体を通して、少しの揺らぎもないようにみえる。

真宗大谷派の異端的教誨師の系譜

ところで今日、田淵や田中たちの人物像について、詳しいことはほとんど伝えられていない。しかしその教誨の内容をみる限り、とくに田淵などは、ちょうど同時代に真宗大谷派教団の「革新運動」をリードしていた、清沢満

之たち改革派グループの信仰運動から強い影響を受けた教誨師であったことは、ほぼ間違いないと思われる。

たとえば、「快楽」と題された教誨で田淵は、快楽を「精神的快楽」と「物質的快楽」の二つに分け、このうち高等なのは、「精神的快楽」の方であることを説いている。しかし、田淵にとって重要なのは、そのさらに先にある問題である。「特に注意を要する」のは、「我々人類は……物質的快楽を劣等なり」ということはできても、それを「全く抛棄すること」はできない(18)。つまり、物質よりも精神の方が高等であると知りながら、我々は現世にある以上、物質的快楽を完全に否定することはできないのである（こうした田淵の人間観は、「色情」を人間の本性の一部としてみた田中の人間観にも通じるものである）。

だとすれば、我々人間に問われているのは、ただ「肉体の快楽を主とするか、精神の快楽を主とするか」、つまり、肉体（物質）と精神のどちらをより相対的に重視するのかという、主体としての選択の問題だ、ということになる。ここで田淵が囚徒にむけて語っている「精神」の優位、そして（現世を完全には否定できないという）部分的な否定性に人間存在の可能性をみようとする立場は、本書の第四章で検討した清沢の「精神主義」と、ほとんど重なり合うような内容である。

また田淵は、別のところで「我々人類の智識は相対有限と云ふて限りがあります」とも語っており、これも、清沢の有限―無限の宗教哲学をよく想起させる言説であろう（「南無阿弥陀仏」四四頁）。つまり監獄内で「精神主義」を伝道する教誨師（田淵）にとって、囚徒たちが「改悛」を遂げるためにもっとも重要なのは、獄則を遵守したり国民道徳を内面化したりすることなどではなく、囚徒たち自身が、「心霊上の快楽を主とし、精神界に遊びたいと云ふ観念」をしっかりと身につけることなのである（二八頁）。

このように、清沢が「精神主義」運動を展開した一九世紀末から二〇世紀初頭にかけて、真宗大谷派内には、清沢の思想＝信仰運動に強い影響を受けながら、こうした悪人観を共有する教誨師たちが、一部で存在していたと考えられる。あるいは、両者のあいだに必ずしも直接的な影響関係を発見できなくても、そこには思想の同時代的な相同性をたしかに指摘することができる。そして、この時期にみられるこうした監獄教誨の変容を、本書では「清沢的契機《モメント》」と呼び、異端的な教誨師たちが登場してきたことの歴史的意義を、とくに強調しておきたい。つまりここまで詳しく論じてきたように、そのような教誨師たちが示した「悪」への共感的なまなざしや、自己の統治を第一義とするような態度は、囚徒を対象視してその罪悪を責めながら、悔過遷善を使命としたそれまでの監獄教誨の主流派とは、かなり性格を異にするものだったのである。

たとえば、そうした大谷派の異端的教誨師の系譜に連なるであろう一人に、本書第五章で注目した、藤岡了空がいる。藤岡は、同派の教誨師たちから「監獄狂」とも綽名されるほど熱烈な教誨ぶりで知られ、初めは大谷派の教誨師を代表するトップランナーとして、「監獄教誨学」なる学問を大成しようと志していた。いわゆる主流派の代表格であった藤岡だが、しかし一八九〇年代末に、教誨師としての活動に挫折してのちは、ほとんどその思想を一変させることになった。つまり藤岡は、犯罪者や囚徒たちという他者をいかに治めるかということよりも、「自己」をどのように治めるかということこそが、もっとも重要な人生第一義の問題であると、考えるようになったのである。その後の藤岡は、奇妙な風刺画を描きながら、気ままで風変わりな隠遁生活を送るようになった。そんな藤岡が、あるとき田淵から教誨関係の著作『鉄窓随筆　悔悟の花』（一九〇〇年）を贈られた際、その礼状に、次のような言葉を書き添えている。

なにさあ社会の人からあくたれ人間といやしめられて、今はこうしてどれが善人やら悪人やらその見処もなき様な犯罪人のむれにおるけれども、一端悪〔ママ〕いと気のついた鉄石心はよごれはしない、しみたれはない。あの梅の花の雪の中に凛と操を持てをる様なものよ。(19)

社会からは「あくたれ人間」と蔑《さげす》まれる犯罪者たちであるが、もし彼らが、ひとたび自身の罪悪に気がついたならば、その心（鉄石心）は堅固で、何の揺らぎもないはずである。ここでも藤岡の囚徒たちをみる眼はどこかあたたかく、彼らの更生の可能性を信じて疑わない、その意味で囚徒たちへの信頼に根ざしたキなざしであったことが分かる。

このように、近代の大谷派には、おそらく清沢の信仰運動あたりを一つの淵源として、異端的な教誨師の系譜がたしかに存在していたと考えられる。ここでは、ひとまず一九〇〇年前後にその始点を仮定したいが、異端的教誨師たちの系譜のもっと詳細な発掘や、キリスト教が彼らに与えた影響や伝統仏教との関係、そしてそうした教誨師たちの出現を支えた社会史的根拠など、検討すべき課題はもちろん多い。また、清沢「精神主義」が異端的監獄教誨の形成に影響を与えたとすれば、それはどのようにしてであったのか具体的に明らかにすることも、同じく重要な課題であると思われる。

ただし、探究の課題が、単に清沢と異端的教誨師たちの人脈や交友関係といった実証の次元にとどまってしまっては、歴史研究としてはまだ皮相的だろう。重要なのは、自他の「悪」を等しくみつめ、自己の統治をこそ第一義とすることで、他者の完全な統治をめざす「近代」の不可能性を示しながらそれと原理的に対峙した「清沢的契機《モメント》」が、一体どのようにして歴史上に現われてきたのか。そして、そのようなモメントによって見出された否定性が、その後どのような思想史的広がりをみせ、「近代」と格闘し、あるいは異端派として挫折していくことになったのか。そのことを、清沢個人や異端的な個々の教誨師たちを超えた大きな歴史の視座から、明らかにすることであろう。

三　囚人たちの声

さて一九一〇（明治四三）年ごろになると、これからみるように、次第に囚人たちの声が活字にのって、獄外の人々に積極的に語られるようになってきた。ただし、獄中の体験を雄弁に物語ることができたのは主に政治犯や知識人たちであり、文筆や発表の手段をもたないその他大多数の一般囚徒たちの声は、ほとんど獄外に届くことはなかった。もし彼ら一般囚徒たちの声が届くことがあったとしても、それはこの後でみる雄弁な小山六之助や堺利彦・大杉栄たちの観察記、そして教誨師たちの記録を通じてのことで、その場合はもちろん、彼らの声は、他者に媒介されたものでしかありえなかった。

しかしそれでも、そのようにして語られあるいは届けられた〝囚人たちの声〟には、善悪の強固な二元論を自明とする近代社会ではほとんど省みられることのなかった、人間存在の複雑で多様な現実態が活き活きと表現されている。そしてそのことは、彼らの生を圧伏しようとする統治権力のいかなる試みも、おそらく完全には達成困難であるという歴史の現実を、私たちに示しているように思われる。ここでは、このころから語られ始めた〝囚人たちの声〟の系譜をしばらく辿りながら、統治権力の偽善や欺瞞を鋭く見抜き、それに抗おうとした人々の陰影に富んださまざまな経験に、注目してみよう。

前科者たちの諦念と苦境

まずはじめに取り上げたいのは、前節で注目した教誨師の田淵静縁たちが編集した獄中記『鉄窓随筆　悔悟の花』（一九〇〇年）である。同書の著者である「悔庵子」はもちろん筆名であるが、ある違法行為をおかして滋賀県監獄署に収監された、元官吏であるという。『悔悟の花』は、その悔庵子が獄中で接した教誨師の教誨を筆録し、それに自分の感想や評論などを、あとから書き添えたものである。

ふつう近代日本の獄中記は、出獄後に書かれたものがほとんどであるが、この『悔悟の花』はかなり珍しく、実際に獄中で執筆されたものである。悔庵子は獄中でよく反省の態度を示した模範囚で、出獄後は商業界で活躍したという。そして悔庵子の出獄後に、囚徒の看読用にふさわしい書として、教誨師の本多澄雲と田淵の二人が一書にまとめて出版したのが、同書なのである。

悔庵子が一八八二年に収監されてから六年のあいだに、滋賀県監獄署には計二千百五十余名の収監者があったという。同書で注目されるのは、その収監者のうち、再犯者が五百七十余名にも上ったことについて、悔庵子がふれている部分である(20)。再犯者のなかには、三犯、四犯から、なかには七犯、八犯の者までいたという。このように多数の再犯者が出てしまう原因について、悔庵子は、一度罪を犯した前科者たちに対する世間の風当たりの強さと、それに直面した前科者自身の、諦めや投げやりな態度に原因があることを、次のように訴えている。

斯の如き累犯者の多きは畢竟何等の原由かある。我輩は現に此有様をみて窃《ひそか》に不審に堪えず。或ひは是等の人に問ひ、或は是等の実況を観察し、漸《ようや》く其原因のある処を知るに至れり。蓋し是等の人が此の如く数度の罪を犯し、己の名誉と健康とを省慮せずして、空く惨憺たる鉄窓の中に日月を送る者は、彼れ一度過て罪を犯せしより……罪囚の身となりたれば、我親族も我朋友も共に我を擯斥して、相互の交際をなさゞるべし。殊に我親族朋友は皆品行方正の者なり。我れ出獄の時を得るも、将《は》た何の面目かあつて彼等に見《まみ》えんや。且つ夫れ、我已《すで》に世間の信用を失せり。如何に勉強刻励すと雖ども、寧《いずくん》ぞ前日の業を回復することを得んやと。自ら過慮して彼の出獄の好期を得るも、其親族の許を訪はずして直に獄友に交るが故に、遂に二犯三犯の者となり、終生名誉を回復する能はざる者に至るなり。

（「自序」一〇―一一頁）

このように悔庵子は、出獄後にも親族や朋友から遠ざけられて行き場もなく、世間の信用も失って将来に悲観した前科者たちの多くが、再び犯罪に手を染めて何度も監獄に戻ってくる現状を目にするにつけて、「実に浩歎に堪え」ない思いをしたという。そこで、教誨師が語ってくれた悔悟（開悟）者たちの実例を『悔悟の花』で紹介することで、「一度過つと雖ども、能く之を改る時は、再び善良の人となり名誉を遺すこと」ができるということを、在監の同胞たちに伝えようと考えたのだという。

さらに同書で興味深いのは、教誨師の手を介して出版された手記でありながら、再犯を繰り返す前科者たちの苦境を訴えるような内容が、かなり含まれていることである。このことは、同書を編んだ本多澄雲や田淵静縁が、先にもふれたような真宗大谷派の異端的な教誨師たちの一人であったことと、おそらく関係しているのだろう。ただしいずれにせよ、この場合、囚徒（悔庵子や再犯者たち）の声が獄外に届いたのは、少なくとも表向きには、これを他囚徒の「悔過遷善」のために役立てようという、教誨師たちの判断や関与があったからである。その意味では、これは厳密には囚徒による単独の発声とは言い難く、『悔悟の花』はさしあたり、一九一〇年ごろから相次いで現われてくる本格的な獄中記の、過渡的形態の書として位置づけておきたい。

小山六之助『活地獄』（一九一〇年）

つづいて取り上げる記録は、小山六之助（一八六九―一九四七）の『活地獄《いきじごく》』である。小山は名を豊太郎ともいい、自由党系の壮士として行動した政治活動家である。小山が一躍有名となったのは、一八九五年三月二四日、日清戦争の停戦交渉のため下関に来日していた李鴻章を、ピストルで狙撃するという事件を起こしてからである。ごく短期間の裁判で無期徒刑の判決を受けた小山は、一二年間服役したのち、恩赦のため一九〇七年に仮出獄した。『活地獄』は、この一〇年を超える獄中体験を、小山が出獄後に著わして出版した手記である。

同書で小山は、他囚徒の犯罪譚や獄中生活の様子、そして囚人社会の慣例や実態などを、つぶさに描いている。また、歯に衣着せずに、刑事政策や教誨師たちをかなり厳しく批判したりもしている。このように大胆で批判性に富んだ同書は、「囚人の眼」から刑罰の現実を描いて出版した貴重な記録であり、この後につづくいわゆる獄中記ブームの先駆けとなった一冊でもある。ここでは、この『活地獄』を通して、小山が獄中で見聞した刑罰の実態、そこで出会った囚徒たちの群像、そして小山が囚人として経験したという強い鬱屈や煩悶の心境などに、注目してみよう。(21)

暗室の懲罰

下関で拘束され山口県監獄署に勾留されていた小山は、一八九五年四月、無期徒刑の執行のために、宮城集治監へ押送された。国事犯の小山は、他の囚徒との雑居ではなく、分房監に入れられ、一人座って綱糸をよるという仕事を命じられた。二週間後には、さらに北海道の釧路分監へ移送され、足袋の底を刺す針仕事を与えられた。

そんなある日のことである。気晴らしに外役を希望した小山は、看守にもすすめられて、課長への面接願を提出した。しかし何日待っても、課長からの回答はなかった。無視されたことに癇癪をおこした小山は、監房のなかから課長の「悪口罵詈」を始めた。そのため「閉禁房」に隔離されて「窄衣」を着せられたが、さらに小山は「放歌吟声」を続けた。その結果、小山は獄則違反のなかでもかなり重い処分である、「闇室五昼夜」を申し渡されたのである。次にあげるのは、小山が釧路分監で経験した、暗室の懲罰の様子である。

闇室と云ふ処は、実に大変な処である。其頃の我が闇室は、外から見ると、自働電話所ぐらひの構へで、中に入ツて見ると、……周囲三尺四方の真ツ暗の箱である。便器は中に在る、食物の入口は戸前を幾重にもして在るので、五昼夜の間、一寸も明るい光線を見ることなどは出来ないのである。監獄によりて、闇室の構造は、多少違ふさうだけれども、釧路の闇室などは、先ヅひどい方の側であツたさうだ。／身体の虚弱な者などは、五日目にいきなり出されても、ちよいと歩き出されぬ程、疲労するさうである、……闇室の食事は一日二合と定まツて居る、塩が一摘み附いて来る外、菜は何も無い、イヤハヤ大変な訳である。(22)

身体が丈夫な方であった小山は、五日ぶりに暗室から出されたところ、案外平気に歩き出すことができたらしい。しかし、五日間もまったくの暗闇に置かれ、食事も一日二合だけに制限された暗室は、まさに小山のいうとおり、監獄のなかでも、「実に大変な処」であったのである。

囚人たちの群像

一九〇一年七月、釧路分監の閉鎖に伴って移送された網走監獄で、小山は、当時有名な囚人として広く世間に知られていた、「五寸釘の寅吉」や「海賊房次郎」と出会った[23]。しかし小山は、彼ら有名囚よりも、むしろ同じ網走監獄で出会った無名の次の二人のことを、もっと詳しく、かつ共感をもって紹介している。

その一人が、「チャク屋」こと金津二郎である。当時三〇代半ばであった金津は、一〇代の後半からスリを稼業としていたが、あるとき銀座の時計店の手代を殺して「許多の時計を掻ツ払ツた」罪で、無期徒刑となり、網走監獄に送られてきたのである。もともと金津は、榎本武揚に従って函館に落ち延びた士族の家に生まれたが、幼少時から習慣化していた盗癖を咎められて、一〇代半ばで家を追い出された。盗癖があった金津は、獄中でさらに多くの悪事を学ぶことになり、出獄後はスリの親分に弟子入りをして、泥棒を稼業とするようになったのである。監獄は悪の学校であるとは当時頻りにいわれたことである。金津の半生を紹介しながら小山は、「今日の監獄は善人を拵へる積りか知らんが其実は正反対に悪人を拵へつゝ在るのである……こんな監獄の体裁で悔過遷善の目的を達し得られると思ツて居る、当局者の顔が見たいものである」と、皮肉を述べている[24]。

この金津について、小山は次のような面白いエピソードも紹介している。網走監獄では、獄則により、看守がしばしば囚徒に対して、「点検」や「捜検」を行なっていた。しかし金津は、調べにくる看守のポケットから、逆に鉛筆などを抜き取っていたのである。その早業は、小山たちもつくづく感心してしまうほどだったという。また、金津にしばしば加えられたという違法な懲罰についても、小山は次のように報告している。

網走監獄の風として、だうかすると、房内で囚人へ手錠を箝《は》めたまゝ、格子へ付けて直立させて、其の手首を縄で縛ツて、其の縄の上を梁へ吊るすと云ふ責め方をやる。こんな懲罰法は固より有るべき筈のものでは無いが、立憲治下の司獄官諸君は平気で是をやツて居る。而も五日も六日も是を続けるのである。是でやられると、座ることも出来なければ、後ろ向くことも出来ず、掻くことも出来なければ、前を合はせる事も出来ず、足は段々と血が下ツて、棒の様になる、肩は張る目は眩む。中々難義《ママ》なものであらうと思ふ。……金津は屢々《しばしば》是れでやられた。(25)

しかし、さすがは熟練のスリだけあって、金津はこの違法な刑罰も、巧妙にくぐり抜けていたらしい。しょっちゅう縄に吊るされた金津を心配し、彼のために「特赦」を嘆願していた小山たちに、金津は、「苟《いやしく》も東京で、掏児《スリ》と云ふ小手先の商売を仕て来た人間である以上はこんな手錠ぐらひ、外づさうと思へば、何時でも外づせる。……平気で居るから安心して呉れ玉へ」と、伝言をよこしてきた（八三頁）。というのも金津は、看守が前にいる時だけ吊るされたような格好をして立っているが、看守の目が少しでもそれたら、手錠などはすぐに外してしまい、ドッカリと胡坐をかいて座っていたというのである。

また、義侠心にもあふれていた金津は、他の囚徒が虐待されるのを黙ってみていられず、「屹度《きっと》故障を申立て」、「飽くまで官吏に突き掛か」った。小山はそんな金津を、「泥棒とは云ひながら、話して見ると案外憎く気の無い男であツた」と、敬愛の思いをこめて、金津の人となりを描いている（八四―八五頁）。

さらに小山は、もう一人、仲のよかった同囚の藤井順吉と、彼から直接聴いた話についても、同じく詳細に記録している。かつて藤井が経験した哀しい出来事、そして爆裂弾を使った犯行時の心理やリアルな状況の描写は、同書のなかでも、とくに迫力のある記述となっている。つづいてみてみよう。

藤井は出雲の生まれで、小山の評言では、竹を割ったようにさっぱりとした気質で、何かをやり始めると、馬車馬的に突き進むような性格であったらしい。日清戦争に従軍した藤井は、旅順や金州を転戦して軍曹まで昇進し、金鵄勲章をもらう活躍をした。除隊後は、故郷で鋤犂をとって暮らし、そのうち世話をしてくれる人があって、結婚もした。夫婦仲はとてもよく、「琴瑟相和して、人も羨むばかり」の夫婦であったという（八六頁）。

しかし藤井は、一生を百姓のままで終わるのを潔しとせず、あるとき漁業や鉱山事業に手を出した。そしてそのことが、藤井の人生を暗転させていくこととなる。手を出した事業はいずれも失敗し、藤井は、あっけなく身代をつぶしてしまったのである。そうなると、「覆雨翻雲の人情は、浅間しいもの」で、妻の親戚や仲人たちから、二人の離縁話が持ち上がってきた。藤井は離縁を求める周囲の声に対して、生活を立て直すために努力するから、もうしばらく自分のすることをみていてほしいと、嘆願した。しかしそれも聞き入れられず、散々揉めたすえ、二人はついに離縁させられてしまったのである。失意の藤井は、事業も含め、することなすこと上手くいかない状況に癇癪を起こし、やがて怒りの矛先を、仲人に向けるようになった。苦境にあることを知りながら、仲人はまったく自分を助けてくれなかった。その思いはほとんど逆恨みといってもよいものだったが、藤井の怒りは、ますます燃え上がる一方だった。そしてついに、仲人の妻や子供も「敵の片割れ」として、「敵の一家を悉く片付けてやろう」と決意した藤井は、従軍中に作り方を聞きかじっていた爆裂弾を製造して、その時機を待った。以下、小山の手記からそのまま引く。

> 一夜深更、人の静まるのを待ツて、彼〔藤井〕は兼て製造したる、拳大の一物を携へて仲人の家を窺ツた。家族一同寝入りばなである。是れ幸いと、旅順仕込みの手腕を揮ツて手早くも一物を装置した。蛍の様な火が、導火線に伝はるのを見済まして元と来し路へ引き返へした。約二三丁も来たと思ふ頃、霹靂一声、足元も震ふばかりの爆声が、後《しり》へに聞ひた。同時に彼の胸は、スーツとして多年の愁雲、只今晴れた様な気がした……。[26]

しかし、家族には犠牲になった者もあったが、肝心の仲人本人は、片腕に負傷しただけで助かったことを後で知り、藤井は悔しがった。裁判の結果、藤井は懲役一二年の判決を受けて、網走監獄に送られてきた。比較的短い有期徒刑で済んだのは、裁判官の同情があったからではないかというのが、小山の見立てである。

鬱屈と煩悶

小山は、頑固でよく痩我慢を張り、何よりも付和雷同を嫌う、さっぱりとした批判精神の持ち主であった。しかしそんな彼をしても、さすがに一二年間に及んだ獄中生活では、しばしば鬱屈や煩悶を経験し、ぎりぎりまで追い詰められたことも、何度かあったらしい。

たとえば監獄則では、役業に勉励して改悛の情がみえる者は、獄則を謹守する者と認められて、賞標が与えられた。この賞標がいくつか重なり（旧監獄則では三つ、新監獄則では二つ）、さらに刑期の四分の三が過ぎれば、仮出獄が許されることもあった。ただし、改悛や勉励といえば聞こえはいいが、実際には、囚徒たちは獄吏に「専心一意」に「誤魔」をすって賞標を出してもらう者が多く、小山には、獄内にはびこるそうした阿諛追従の風潮がどうしても我慢ならなかった。「監獄の様な狭ひ世界でも、色々と誤魔の摺り方がある。ピヨコ々々お辞義《ママ》をするのは、小学生である。言語動作の上で操つるのは、中学生である。官品をチヨロマかして、官吏に持たせてやツて……、官吏をして働きもゆるぎも出来ぬ様にするのは、既に大学生である」（九八頁）。小山も思い切って獄吏のご機嫌取りをしようと試みたこともあったが、不器用な小山にはそれがどうしてもできず、かえってそのことで葛藤と苦悩を深めた。

しかし獄中での生活が長くなるにつれて、小山は、次第に次のようなことをつくづく思い知らされるようになる。

それは、監獄では「剛情一遍」を押し通すことはまず不可能で、うまく環境に適応しながら適切に立ち振る舞うことがどうしても必要である、ということである。そして、「融通や変化や抑揚の無い人間は、寧ろ獄中の生存を危くするより外は無いのである」。まさに小山が直面したのは、彼のいい方では、「死ぬるか、言動を一変するか、二者一を選ばざるべからざる、分岐点」であったのである（九六頁）。そして、「余は幾度も生死の分岐点に、踏み迷ふて、幾度も考へ直したことであツた。さうして結局は、自殺するのも馬鹿気て居るし、生きて居るのも面白くない。ゑゝまゝよ雀百まで躍《おど》りを忘れぬだ、此分で行ける所まで行け、だうかなるだらうと云ふのが、最後の断案であツた」（九七頁）。このように、極限においてただ思い切って開き直ることが、剛情な小山を、かろうじて窮地から救ったようである。

こうして小山は、長い獄中生活を送るなかで、あらためて「境遇は人を作る」、つまり監獄は人間の性格や態度を強制的に変えていく場であるということを、我が身をもって経験したのである。またそのことによって、囚徒は逃れがたい煩悶・僻見や愚痴へと次第に追いこまれていくのだが、そのことこそが、監獄という場が人間に与える苦悩の本質であることを、小山は次のようにみてとっている。

> 煩悶は、実に監獄生活の特色である。此の煩悶から、僻見も出る、愚痴にもなる、邪推深くもなるが、御幣担ぎになるのも、亦妙である。相当に教育もあり、分別もある人間が段々と担ぐ様に為るのは、唯妙と云ふより外はない。
> 自分の云ふ事は、一つも行はれない。自分の為る事は、一々制限される。是で継子《ままこ》根性の出ない者があツたら、其人は、非凡の英雄か、存外の馬鹿である。境遇の然らしむる所で、是れは已むを得ぬのである。[27]

本来は自律的な人間の涵養をめざすはずの監獄で、かえって囚徒の僻見や愚痴を助長し、獄吏の機嫌をうかがうような他律的な人間が育ってしまうのは、何とも皮肉というべきである。まさに小山は、生来の剛情を貫こうとしながらも、それを許さない監獄の現実に苦悩しつつ、最終的には、割り切ってその境遇に我が身を委ねていくしかなかったのである。あまりに頑なで柔軟さに欠ける者は、監獄のなかでは生き延びていくことができない。そのことはよく理解しながらも、しかし志操が堅かった小山は、やはり思うに任せない現実に繰り返し煩悶し、僻見や愚痴にもおそわれながら、一二年間におよぶ獄中生活を過ごしたのである。そして、その「鬱屈の気、悲憤の情は、迚《とて》も経験した人で無くては分からぬ」とも、小山は語っている（一〇三頁）。

「遷善」の難しさ

一方で、『悔悟の花』でも語られていたように、教誨師たちの生真面目な「悔過遷善」の呼びかけや努力にもかかわらず、囚徒たちは、もちろん誰もがその期待に応えたわけではない。むしろ現実には、司法側からみると、充分な改悛を果たさないまま刑期を終えて、出獄していくものの方が多かったのである。

たとえば、司法省監獄局がまとめた『明治三十八年獄務成績抜抄』をみると、一九〇五年には全国ほとんどの監獄で、「遷善ノ徴効」がみられないまま放免された出獄者が、多数を占めていたと報告されている。自分たちの刑務と教誨の成績をもっとも辛く評価している福岡監獄の報告では、「放免者二千四百〇《ママ》九人中遷善ノ徴効アルモノ二百三十四人、稍アルモノ四百五十四人、徴効ナキモノ千七百二十一人ニシテ……之ヲ百分比例スレバ徴効アルモノ十人弱、稍アルモノ十九人弱、ナキモノ七十二人強ナリ」とあり、実に七二%が「遷善ノ徴効ナキモノ」だったというのは、驚くべき数字だろう。(28)

先にみた小山六之助の『活地獄』（一九一〇年）も、他律的な「遷善」の働きかけに容易に馴染もうとしない小山の剛胆な批判精神がよく語られているが、そのなかでも、小山が浄土真宗の教誨師たちに向けた辛辣な態度は、とくに目を引く。釧路分監のある真宗の教誨師は、小山にしきりに宗教の信仰を勧めてきたが、その「信仰の押売り」に辟易し反発した小山は、その教誨師を「宗教家」ではなく「宗教屋」であるといって、他の囚徒たちと痛快がっている（四五頁）。そして一二年間の獄中生活で、小山は一二、三人の真宗の教誨師たちと出会ったが、そのだれもが「散々国法を破ツて来た囚人の、慰み物には為るか知らんが、此の囚人を教化して行ける力量の坊主は無かツた」というのである（四八頁）。

たとえば、小山が釧路分監で出会った有名囚に、「海賊房次郎」と呼ばれ、のちに浪曲にまでなった大澤房次郎がいた。小山は房次郎のことを、「余が出遭ツた、二千人近くの囚人の中でも、沢山類の無い逸品であツた」と評しているが、そんな房次郎は、「下手な教誨師や、不人情非常識なる、獄吏等の忠言を聴かされても、是に従ふには、余りに賢く出来過ぎて居る」。そして小山は、「彼は文字上の智識こそ無けれ、坊さんの所謂善因善果、悪因悪果論などに、拘束される程幼稚では無かツた」というのである。(29)

小山にいわせれば、「あんな坊さんばかり引張ツて来て、教誨の目的を達することが、出来ると信じて居るならば、監獄署の役人も、随分お芽出度《めでた》い者」なのであり、つわもの揃いの囚徒たちを前に、教誨師の教化などはまったく無力というべきであった。こんな調子で、『活地獄』に登場する真宗教誨師たちは、「悔過遷善」への先導者どころか、どれも小山の揶揄と不信、軽蔑や皮肉の対象となっているのである。

次にみる堺利彦や大杉栄の獄中記を読むと、彼らは収監されてその思想や行状を素直に改めるどころか、入獄体験を一種の武功のように誇り、さらには無聊な獄中生活が貴重な自己修練の場となるように工夫するなど、いわば刑罰を逆用するような態度すら示している。このように、囚徒たちの声が（出版メディアにのって）盛んに獄外に届くようになってきた一九一〇年ごろには、一方では改悛の兆しがみられない出獄者たちと多数の再犯者たちに、司法当局は頭を悩ましていた。そして他方では、入獄をおそれずにそこを自己の修練の場とする政治犯たちの新しい政治文化が、日本社会に登場し始めたのである。

楽天囚人、堺利彦

堺利彦（一八七一―一九三三）は、新聞紙条例や治安警察法の違反、赤旗事件などで、一九〇四年から一九一〇年にかけて、三度にわたって収監された。堺が入れられたのは巣鴨監獄と千葉監獄であったが、そのときの経験を、堺は獄中記『楽天囚人』（一九一一年）に著わして出版している。

同書で堺は、「怒らず悶えずの楽天囚人」を自称し、その構えで、獄中の苦労話などはほとんど書かず、飄々として自適、かつ軽妙洒脱な語り口で同書を書いている。[30] ただし、赤旗事件（および新聞紙条例違反）で検挙され、二年余の長期に及んだ三度目の収監時（千葉監獄）には、初めて課された労役について、さすがの堺もその辛さを次のようにこぼしている。「夜半に眼が覚めて見ると、両の手の指が曲つたまゝで延びぬ位に痛みを感ずる」（二二頁）。堺が課された仕事は、麻をよって、下駄の鼻緒の芯を作る作業であった。夜業の二時間と合わせて、一日の労働時間は一一時間に及んだという。堺は、後でみる大杉のようにさぼりもせず、割と真面目に作業に取り組んだようだが、それでも、求められる仕事量の三分の一程度しか、達成できなかったらしい（三頁）。

もう一つ、監獄教誨について書くときも、「楽天囚人」らしからぬ堺のこだわりが、つい顔を覗けている。あるとき獄中の堺に、かねて交流のあった真宗大谷派の暁烏《あけがらす》敏《はや》から、本の差し入れがあった。暁烏は清沢満之の高弟で、清沢死後の当時は、その「精神主義」運動を引き継いだ中心人物の一人であった。暁烏は、堺への差し入れ本に、「満足を客観に求むる者は、何時まで求めても真に満足できる時は無い。満足は之を主観に求むれば刻下に得られる。汝等何ぞ徒らに客観にのみ走るや」という趣旨の題言を、書きつけてきたという。これを自分への「教誨」と受けとった堺は、手紙で妻に、本のお礼に加えて、次のような暁烏への伝言を依頼している。暁烏が自分に加えた教誨は「誠に有がたい。今度帰つたらゼヒ一度お目に掛つて、主観的満足術の秘伝を授けて戴きたいと思つて居る」。そして、「君等の如き主観ばかりで満足の得られる重宝なお方が、何の必要あつて一日に三度も飯を食つたりし玉ふのか、篤と其の理由を伺ひたいと思つて居る」(三〇頁)。暁烏の主観主義を皮肉った、社会主義者の堺らしい応答である。この他にも堺は、日露戦争の開戦前後、浄土真宗の教誨師から、自分も宗教者である以上「主戦論」には反対だが、「時節と云ふものがありますからな」と、堺にも持論の「非戦論」を一度引っ込めてはどうかとすすめる教誨を、受けたことがある。これに対して堺は、「中々如才の無い事を仰る」と、この教誨師のことも同じように揶揄してみせているのである(一一九頁)。

このように堺は、同書で教誨師たちに皮肉たっぷりの毒を吐きながら、労役には予想以上の苦労をさせられつつも、あとは飄々と獄中にありながら、自ら気楽な「楽天囚人」を演じているのである。

監獄人、大杉栄

大杉栄(一八八五—一九二三)は、社会運動家として堺と盟友であったが、入獄回数は堺よりも多く、新聞紙条例や治安警察法の違反、赤旗事件などで、『獄中記』(一九一九年)を出版するまでに五度の入獄経験があった。二一歳から二五歳までの五年間で、断続的に入出獄を繰り返したのである(一九〇六—一〇年)。大杉自身、「何年何月の幾日にはいって、何年何月の幾日に出たのかは、一つも覚えていない」というほど、当時の大杉にとって、入獄はほとんど日常化していたらしい[31]。

大杉の『獄中記』では、とくに次の二つの点が私たちの目を引く。まず一つが、大杉は監獄というきわめて「他律」的な場を、強烈な主体性の発揮によって、ほとんど「自律」的な場として捉え直そうとしていることである。たとえば大杉は、有名な「一犯一語」の原則を自らに課し、収監されるたびに、外国語を新しく一つ習得することをめざした（エスペラント、イタリア、ドイツ、ロシア語など）。ただ収監される一方では悔しいからというのが、その理由であった。刑務作業の最中にも、大杉は看守の目を盗んでは、語学に懸命に励んだのである。また大杉は、赤旗事件で重禁錮二年半の判決を受けて収監された千葉監獄で、かねてから自分の専門にしたいと考えていた社会学を究める決意をし、そのための遠大な計画も構想している。「今までの社会学のではつまらない。自分で一個の社会学のあとを追って行く意気込みでやりたい。それには、まず社会を組織する人間の根本的性質を知るために、生物学の大体に通じたい。つぎに、人間が人間としての社会生活を営んできた経路を知るために、人類学ことに比較人類学に進みたい。そして後に、この二つの科学の上に築かれた社会学に到達してみたい」（八一頁）。

語学にせよ、新しい社会学の構想にせよ、本来は他律の場であるはずの監獄で、すすんで自己訓練に励み、そこを自律の場にしようとする、大杉のすさまじいほどの精神のタフさが、ここからは看取される。さらに大杉は、あの本もこの本も読みたいと指を折って数えてみると、「どうしても二ヵ年半では足りない。少なくとももう半年は欲しい」と、自分の収監期間の延長を、本気で望んだりもする始末であった（八一頁）。ここまで貪欲な大杉の知識欲を支えたのは、「かつて貪るようにして掻き集めた主義の知識」を「ほとんどまったく投げ棄てて」、監獄という場で「自分の頭の最初からの改造」をしようという、社会革命家たらんとした大杉らしい、強靭な否定性の意志であった（八二頁）。

もう一つ『獄中記』で注目されるのは、大杉が、自分は監獄で自己形成をとげた人間であるという、強い自負と自覚をもっていたことである。大杉はそんな自分を称して、「監獄人」と呼んでいる（一一一頁）。

> 僕は自分が監獄で出来あがった人間だということを明らかに自覚している。自負している。／入獄前の僕は、おそらくはまだどうにでも造り直せる、あるいはまだろくには出来ていなかった、ふやふやの人間だったのだ。……／そればかりではない。僕の今日の教養、知識、思想性格は、すべてみな、その後の入獄中に養いあげられ、鍛えあげられたといってもよい。二十二の春から二十七〔ママ〕の暮れまでの獄中生活だ。……／……僕の知情意はこの獄中生活の間に初めて本当に発達した。いろいろな人情の味、というようなことも初めて分かった。自分とは違う人間に対する、理解とか同情とかいうようなことも初めて分かった。（一一二―一一三頁）

大杉の「教養、知識、思想性格」「知情意」などは、どれもすべて監獄の場で養われ、そこで初めて鍛え上げられた。まさに大杉は、「監獄で出来あがった人間」なのであり、そのことを自分でも強く自負していた。しかし、大杉という人間を彼が望むように鍛え上げたのは、獄吏でも獄則でもなく、語学や社会学の勉強など、あくまで大杉自身が自らに課した、主体的な修練の結果であった。そして、獄内で出会ったさまざまな囚徒たちとその人間模様も、大杉の視野や社会観を豊かにするのに役立った。「牢獄生活は広い世間的生活の縮図だ。しかもその要所要所を強調した縮図だ」とも大杉は語っているが（一一五頁）、その社会の縮図である監獄で大杉は、「いろいろな人情の味」や「自分とは違う人間に対する、理解とか同情」を、初めて理解したのである。

しかし、このように監獄体験を自己修練の機会に最大限に活用し、意気軒昂な大杉ではあったが、二年半におよんだ長い獄中生活のすえに大杉は、以前からの吃音症が悪化し、出獄後一か月間は、ほとんど口がきけずに、筆談で過ごすことを余儀なくされたという（九〇頁）。その原因は、二年余りほとんど「無言の行」をつづけたからか、出獄して急に生活が変わったからか、自分でもよく分からないというが、さすがの大杉も、長期間の監獄生活は、その心身にかなりのストレスを与えるものであったことがうかがえる。

また大杉は、千葉監獄で出会った浄土真宗の教誨師についても、『獄中記』に書き記している。監獄の教務所長でもあったこの教誨師は、時々大杉たちの監房を尋ねて来ては、微笑を浮かべながらあいさつや世間話をした。大杉はこの教誨師を、一見温厚な徳望家のようにみえながら、いかにも裏表がありそうで、心から人と向き合おうとしない狡猾な教誨師だと、嫌悪と軽蔑の目でみていた。

> 千葉のこの教務所長というのは、そのころもう六十余りの老人で、十幾年とか二十幾年とか監獄に勤めて地方での徳望家だというわさだった。僕にはどうしてもそのうわさが正当には受けとれなかった。……なにか話しをするのでもとかくに御説法めく。本当に人間と人間とが相対しているのだというような、心からの暖かみや深切《ママ》は見えない。そしていつも、俺は役人だぞ、教務所長だぞ、という心の奥底を裏切る何物かが見える。僕はこの男が見舞いにくるのを千葉での不愉快なことの一つに数えていた。（一四六頁）

以上のように、堺や大杉の獄中記には、権力による矯正を容易に受け付けず、ときに韜晦や忍従を重ねながらも、それすらも跳躍台にして羽ばたいていくような、精神の飛翔が記録されている。一九一〇年ごろから次第に現われてきた〝囚人たちの声〟のなかには、彼らのように、監獄体験を反権力の象徴として人に誇るようなメンタリティ、そして、監獄を自己修練の絶好の場とするような強靭な精神性も、表現されていたのである。しかしそれは、彼らが言論の手段をもち、近代的自由刑でも抑圧しきれない、強烈な個性の持ち主だったからこそ可能であったと、いうべきかもしれない。同じ犯罪でも、窃盗や殺人といったその他大多数の犯罪者たちの声は、その後も、歴史上になかなか表面化することはなかったのである。

その後の監獄教誨

ところで、相変わらず多数にのぼる再犯者たちや、一九一〇年ごろから目立ってきた〝囚人たちの声〟、なかでも入獄をものともしない新しい政治文化の登場に対して、もし統治権力がその初志である「悔過遷善」の原則をあくまで貫徹しようとするならば、そこには、他者の完全な改悛は不可能であるというある種の不可能性や困難が、常につけてまわるはずである。

当時少壮気鋭の心理学者であった寺田精一は、『囚人の心理』（一九一三年）という五〇〇頁を超える大著を三〇歳の若さで世に問い、今日でいう、犯罪心理学の体系化をめざした（その後寺田は三九歳で没する）。心理学の研究書ということもあろうが、同書はやや抽象的な記述が多く、ともすれば論理が先行しがちな生硬さも目立つ。しかし、寺田が実際に巣鴨監獄で受刑者の様子を調査しながら、その結果をふまえた上でまとめた同書は、監獄教誨の難しさを心理学の立場から語っており、大変興味深い。

寺田によれば、監獄という場では、「看守・教誨師」と「囚人」は、基本的に互いに「対峙」した関係にある。そうである以上、そこで行なわれる教誨は、当然ながらさまざまな困難を余儀なくされるはずである。

親密の交際を為すことなく、一は戒護し教誨するの位置に在り、他は戒護され教誨さるるの位置に在りて、互に相対峙せる如き状態に在り、故に後者は常に自己の好都合の事実のみを主張して、其本性の暴露を謹しむが故に、益《ますます》此問題の困難なるに加へて、多数のものを対手として、只時々に観察するにあれば、其誤らざる性格を捕ふることは、仮令《たとえ》老練の人と雖も容易にはあらざるなり。(32)

「囚人」は、敵対関係にある看守や教誨師に対して、基本的には常に自分に都合のよい事実しか話さない。一方の「看守・教誨師」は、そんな囚徒たちを、同時に複数相手にしなければならない。こうした現実的な制約ゆえ、どんなに熟練した「看守・教誨師」でも、囚徒たちの「性格を知ることは、多くの場合完全に行ふこと難」いのであり、「それに適合したる深刻なる意味を有する教誨を与ふることも、亦従つて容易ならざる」ことなのである（四八四頁）。こうした現実をふまえて、寺田は、不確実で摑みにくい囚徒の「性格」だけではなく、「境遇」などの具体的な事実を手がかりに、囚徒たちの精神状態を推し量りながら、彼らの教誨を行なっていくという方法を同書で提案している。しかし、もちろんそれすら決して容易なことではなく、寺田が心理学の専門家として、「かくの如くなるを以て、厳密なる意味に於ける効果の多き教誨は、決して容易なる事業にあらざるなり」と結論し、監獄教誨にそもそも運命づけられたともいうべき固有の困難さを洞察していたことは、重要であろう（四八四頁）。

しかしそれにもかかわらず、その後も浄土真宗が大半を占めつづけた監獄教誨の主流は、やはり依然として、国民道徳を教諭していくというスタイルが、一般的であったようである。そこではもちろん、罪悪を犯しやすい傾向的な存在として人間をみようとする、反省的な人間観は希薄であった。また、囚徒たち自身にとってより善い生を実現するにはどうすればよいか、彼らの境遇に内在して考えようとした教誨師が仮にいたとしても、それは、ごく一部の異端派に限られていたのである(33)。

たとえば、江戸後期から明治期の真宗大谷派を代表する学僧の一人に、細川千巌（一八三四―九七）がいる。細川は教団保守派の立場から、清沢満之たちの教団「革新運動」にも批判的であったことで知られるが、その細川に、彼があるとき実際に行なった、監獄教誨の記録が残されている。教誨の日時は明記されていないが、細川の没後、一九一三年に『千巌講師法話集』が編まれた際、その一部として収められた記録である。大谷派教学の権威であった細川の法話（教誨）は、一九一三年当時も、大谷派教誨師たちの亀鑑のひとつであったと考えられるが、そこには、いささか通俗的な善悪観、あるいは功利的な意味に受け取られても仕方のない囚徒たちへの呼びかけが、次のように記録されている。

> たゞ心ろ一つのもちやうで、善人ともなり悪人ともなり、又迷ひとも悟りともあらはるゝ。大ひなることで申せば、善心をおこし人道を守りて慈善道徳節倹勤勉等のよきことをすれば、自ら立身栄達富貴功名等のよき幸ひをえ、之に引かへ悪心をおこし人道にそむひて窃盗強盗放火殺人等の悪事をなせば、忽ち法律の問ふところとなり、禁錮懲役徒刑死刑等のあしきわざわいをうる。これみな仏の所作でも神のしわざでもなひ。心ろ一つのなしわざと申すもの(34)。

善き心をもって人道に従い、「慈善道徳節倹勤勉等のよきこと」をすれば、おのずから「立身栄達富貴功名」の「幸ひ」を得ることができる。これに対して、悪しき心をもって人道に背き、「窃盗強盗放火殺人等の悪事」をはたらけば、たちまち法律にふれて「禁錮懲役徒刑死刑」などの「あしきわざわい」をうける。細川はこれを、「たゞ心ろ一つのもちやう」といっており、その限りでは、清沢たちの「精神主義」の特徴をなす一種の主観主義と一見似ているようにみえる。しかし、細川は何事も心の持ち方次第だから、悪しき心を排して善き心を持てと囚徒たちに語っているのであって、清沢が人間の本性をむしろ「悪」に見、そのような人間（有限者）が善をなすことの不可能性をも語ろうとした立場とは、ほとんど対蹠的であったというべきであろう。

このように、「悪」をできるだけ内在的にみようとする、一九〇〇年前後の仏教界に兆した気運は、結局その後も大勢となることはなく、ごく細流の異端派のままでとどまることとなった。そして監獄教誨を支えた教誨師たちは、その後昭和初期になると、社会主義やマルクス主義者の「思想善導」を担う「転向」の専門家として、国家の要請に応えながら、そこに次なる活躍の場を見出していくことになったのである。(35)

おわりに

以上、本章では、囚徒たちの「悔過遷善」をめざした監獄教誨の現場を具体的に検討することから出発し、その後一九〇〇年前後に、真宗大谷派を中心に異端的教誨師たちが現われてきたことを論じてきた。もちろん、近代日本を通じて、監獄教誨の基本線はあくまで他者（悪）の矯正をめざすものでありつづけたのであり、以上でみたような異端的な教誨師たちの存在は、そのなかでもごく例外的な細流とでもいうべきものにほかならなかった。

しかし、一見強固で動かし難いようにみえる近代的統治の歴史のなかで、こうした異端派の存在は、それがどれだけ少数派でほとんど兆候的なものであったとしても、近代的統治の本質や全体像を問い直してみるためには見逃すことのできない、きわめて重要な歴史的契機であったと考えたい。そこで本章では最後に、もう一度ここまでの議論をまとめながら、そのような異端的な教誨師たちの登場と、「悪」をみる眼の変化が意味することについて、もう少し大きな歴史の視座から考察を加えておきたい。

まず確認しておきたいのは、教誨師・田中一雄のように、死刑制度に反対することはもちろん、そもそも「悪」に何ほどか共感を示し、これを内在的にみようとする態度は、それまでの主流派の教誨師たちにはほとんどみられない姿勢であった。それまでの監獄教誨では、むしろ囚徒の罪悪を責め、まっとうな人間として、国民道徳や獄則の遵守を求める姿勢が、一般的だったのである。しかし、一九〇〇年前後から、田淵や田中のように、人間の罪悪に共感的に向き合おうとする教誨師たちが、仏教界の一部に現われてきたのである。

このように「悪」を共感的にみようとする教誨師たちの系譜をたどってみると、その先駆けは、明治二〇年代前半に活躍した原胤昭や留岡幸助ら、キリスト教の教誨師たちにまでおそらくさかのぼることができる。しかしすでに第五章でみたように、キリスト教教誨師たちの先駆的な努力は、囚徒たちの主体の矯正というよりも、むしろ、苛酷な労役や監獄の劣悪な環境の改善をめざす、いわゆる監獄改良の方面において発揮されたといえる。そしてその後、キリスト教の教誨師たちは、急速に台頭してきた浄土真宗にいわば押し出されるようなかたちで、明治二〇年代の後半には、監獄教誨事業から撤退することになったのである。

そして一方の仏教界では、明治三〇年代前半（一九〇〇年前後）、真宗大谷派の宗門改革や信仰運動を展開した清沢満之たちが、同じ大谷派の教誨師たちに与えた影響が、とくに大きかったのではないかと考えられる。清沢たちの「精神主義」は近代日本の思想史でも有名な信仰運動だが、主唱者である清沢は、「精神主義」を自ら「悪人の宗教」とも呼んでいた。原・留岡そして清沢たちは、いずれも囚徒や犯罪、そして人間の「悪」に対して、しばしば共感的な立場をとった点で、共通しているのである。また宗教者としても、ともに教団のなかで異端的な存在のようにみなされていたことにも、留意しておきたい。そして本章では、一九〇〇年前後に監獄教誨や思想界で兆したこのような「悪」をみる眼の変化を、とくに「清沢的契機《モメント》」と呼ぶことで、近代日本の統治権力に対する否定性のひとつの可能性を、同時代的な広がりにおいて明らかにしようと試みた。

もちろん、二〇世紀に入っても、監獄教誨の大勢は、依然として国民道徳の注入型ともいうべきものであった。そもそも教誨師という立場が、基本的に統治権力を支える側の要員であり、国家や教団からもそのような役割を強く期待される存在であったことを考えれば、それは当然のことであったかもしれない。しかし、一九〇〇年前後に、一部の教誨師たちのあいだで兆し始めた「悪」をみる眼の変化は、監獄教誨の歴史にとって決定的といってよい変化であった。なぜならそれは、監獄教誨の歴史において、統治権力に対してその内側から何ほどかの否定性があらわれ始めたことを、意味するものであったからである。

ここでとくに注意すべきは、そのような異端的教誨師たちの否定性が、観念的な思惟によってではなく、刑罰や教誨、つまり統治のさまざまな現場から、生まれてきたということである。どれだけ熱心に教誨に努めて囚徒たちに語りかけてみても、「悔過遷善」の完全な達成はおよそ不可能にみえる現実。更生を遂げて出獄したようにみえても、三犯四犯と罪を重ねて、そのたびに監獄に戻ってくる再犯者たち。そして、数多くの死刑執行に立ち会ったすえ、それがどうしても無益な刑罰としか思えず、制度への強い疑問や憤りを語らざるをえなかった死刑制度の現場。このような現実に直面し、葛藤を深めていった教誨師たちは、やがて他者の完全な統治をめざす近代的統治から距離をとってそれを否定するようになり、ある者は異端的な教誨師に、またある者は教誨師の職を辞して、出獄人保護会や無料宿泊所の創設、あるいは「自ら治むる」道の実践など、監獄の外に活動の場を求めるようになっていったのである。

このように、歴史的にみるならば、「監獄狂」とも呼ばれた藤岡了空の挫折以降、教誨師たちが自身の立場に何の矛盾や疑問も感じることなく平然と職務を遂行することは、おそらく困難であったはずである。にもかかわらず教誨師たちの多くは、国家理性を推進する一員としての強い使命感によって支えられ、あるいは、「悪」を単に他者の問題として向こう側に眺める――対象視する――ことで、そこにあるはずの矛盾や疑問に眼をつぶり、その意味を深く問おうとはしなかった。こうして監獄教誨の大勢は、その後も相変わらず他者の完全な矯正を目的として追求しつづけ、近代的統治の原則は、変わらず貫かれていくことになったのである。

そして本章で論じたもう一つのことが、監獄に収容された〝囚人たちの声〟である。監獄に象徴される近代的な統治が日本社会に成立して以来、囚徒たちは基本的に、刑罰を受け、あるいは教誨を受ける対象として、いわば沈黙する客体の位置に押し込められた存在であった。そんな彼らが、自らの「主観」を雄弁に語り始める場面が次第に増えてきたのは、一九一〇年ごろからのことであった。小山六之助の辛辣な「監獄」体制批判、あるいはこれまでみてきたきわめて個性的な囚人たちの群像、そして何より、彼らが囚徒として経験した鬱屈や煩悶の思いなどは、罰せられる側のこうした主観的な眼や語りを通じて、初めて獄外に届けられたのである。

こうした囚徒たち自身による語りの系譜は、少なくとも、明治一〇年代に多数投獄された自由民権運動家たちの「獄中記」あたりにまで、さかのぼることができるだろう。しかし、一冊の単独の作品として出版されてジャーナリスティックな反響を広く呼び、反権力の一種のスタイルとして相次いで世に問われるようになったのは、本格的には、前述の小山の著作が世に出た一九一〇年以降のことだと思われる(36)。そしてこの系譜は、堺利彦や大杉栄ら社会主義者（アナーキスト）たちを中心に、いわゆる「獄中記」ものとして、その後も継承されていくことになった。

ただし、獄外に届けられた〝囚人たちの声〟は、本章でみてきた獄中記の著者の誰もがそうであったように、そのほとんどが政治犯――のちには「思想犯」――や知識人たちによるものであった。これに対して、文筆や発表の手段をもたなかった、その他圧倒的大多数の一般の囚徒たちは、ひきつづき沈黙のなかで規律訓練を強いられる、客体的存在でありつづけたことにも留意しておきたい。

とはいえ、そのような〝囚人たちの声〟は、私たちに次のようなことを力強く訴えかけているかのようである。近代の統治権力が彼らの主体をどれだけ執拗に矯正し、彼らの「悔過遷善」を試みようとしても、その試みが完全に達成されることは決してないだろう、と。潑剌とした批判精神みなぎる小山や堺・大杉たちの「獄中記」、そして彼らが伝える魅力的な個性に彩られた囚徒たちの群像は、近代的統治がいくらそれらを「悪」と名指して圧伏しようとしても、そこから迸《ほとばし》り出て止むことがない、自由な精神の飛翔の記録である。

だとすれば、自他の「悪」を等しくみつめた異端的教誨師たちは、そのような近代を生きる人間の複雑で多様な現実態をよく直視し、より善き生や社会のあり方を根源的に問いつづけようとした人々であった、というべきだろう。しかし、そのような異端的教誨師や彼らにも表象された「清沢的契機」は、日本の近代を通じて、常に反時代的な少数派にとどまりつづけた。その事実にこそ、近代日本の統治権力が一体これまでに何を切り捨て、抑圧しつづけることで存立してきたのかという歴史の現実が、もっとも雄弁に語られているというべきである。

註

（1）安丸良夫「「監獄」の誕生」（『一揆・監獄・コスモロジー――周縁性の歴史学』朝日新聞社、一九九九年、第Ⅱ章）。

（2）徳岡秀雄『宗教教誨と浄土真宗――その歴史と現代への視座』本願寺出版社、二〇〇六年、三六頁。

（3）干河岸貫一述・菅龍貫編輯『監獄囚人　教誨のかがみ』一八八七年、二九頁。なお、同書からの引用には、適宜読点を付した。
（4）山県玄浄『百錬之鉄腸』伝燈会、一八九七年、一九三頁。なお、同書からの引用には、適宜読点を付した。
（5）同前、二〇四頁。
（6）同前。
（7）稲垣湛空『三重県監獄教誨記』、一八八六年、三八―三九頁。
（8）吉田久一『改訂増補版　日本近代仏教社会史研究』（上）川島書店、一九九一年、四〇二頁（吉田久一著作集五）。また、本書第五章の註(50)も参照。
（9）留岡幸助「罪悪学研究につき自序す」、一八九一年（『留岡幸助日記』第一巻、矯正協会、一九七九年、二一四頁）。
（10）田淵静縁『監獄教誨　恵之露』法藏館、一九〇一年、八―九頁。なお、同書からの引用には、適宜読点を付した。
（11）同前、「悔悟」一三頁。
（12）同前、「歳晩の所感」一七五、一七七頁。
（13）ここでは、田中一雄『死刑囚の記録』近代犯罪資料叢書七、大空社、一九九八年を参照。なお、同記録の存在は、堀川惠子『教誨師』（講談社、二〇一四年）に教えられた。
（14）前掲田中『死刑囚の記録』、五頁。
（15）同前、二三頁。
（16）同前、二〇頁。
（17）同前、五頁。
（18）前掲田淵『監獄教誨　恵之露』「快楽」、二八頁。
（19）同前、「悔喩」四二―四三頁。なお田淵らの『鉄窓随筆　悔悟の花』については、本章次節「三　囚人たちの声」で詳しく取り上げる。
（20）本多澄雲・田淵静縁編『鉄窓随筆　悔悟の花』法藏館、一九〇〇年、「自序」九頁。同書からの引用には、適宜読点を付した。
(21)『活地獄』の痛快な語り口に魅了された小説家の山田風太郎は、同時期『坊っちゃん』（一九〇六年）を書いた夏目漱石と小山が「よく似た気性」をもつ二人であることに着想を得て、小山をモデルに『牢屋の坊っちゃん』（一九八六年）という翻案小説を書いている（『明治バベルの塔』山田風太郎明治小説全集一二、ちくま文庫、一九九七年、一二八頁）。なお小山の『活地獄』では、李鴻章の襲撃時の様子やその動機などは、一切語られていない。この点については、司法省調査部編『明治二十八年三月二十四日清国李欽差頭等全権大臣鴻章ヲ狙撃シタル小山豊太郎ニ対スル謀殺未遂被告事件ノ公訴記録』一九三七年（司法資料：第二三二号）が参考になる。この『公訴記録』は、本事件がごく短期間で結審したことを当時の裁判の問題点と指摘しており、そうした問題意識から、裁判を反省的に検証するための資料として、司法省内部向けに編集されたものである。
(22)小山六之助『活地獄』日高有倫堂、一九一〇年、四〇頁。
(23)「五寸釘の寅吉」や「海賊房次郎」については、重松一義『北海道行刑史』図譜出版、一九七〇年（復刻版・槇書房、一九八一年）を参照。
(24)前掲小山『活地獄』、七四頁。
(25)同前、八一―八二頁。
(26)同前、八八頁。
(27)同前、一〇七、一〇八頁。
(28)司法省監獄局編『明治三十八年獄務成績抜抄』一九〇五年、二一四頁。
(29)前掲小山『活地獄』、六三―六四頁。なお、有名囚として当時広く知られた「海賊房次郎」こと大澤房次郎については、註(23)にあげた重松『北海道行刑史』（二〇六―二一二頁）に詳しい。
(30)堺利彦『楽天囚人』丙午出版社、一九一一年、四五頁。ここでは、一九二一年の再版本を参照した。
(31)大杉栄『獄中記』春陽堂、一九一九年。ここでは、土曜社、二〇一二年を参照。一三頁。
(32)寺田精一『囚人の心理』巌松堂書店、一九一三年、四八三頁。
(33)その数少ない一人に、たとえば、真宗大谷派の近角常観（一八七〇―一九四一）をあげることができる。清沢満之に教えを受け、帝国大学在学中には清沢が主導した宗門の「革新運動」にも参加した近角は、職業的な教誨師ではなかったが、近代人のさまざまな苦悩や「悪」を直視し、その救済を布教活動の中心に位置づけながら、二〇世紀初頭にいち早く独自の信仰運動を展開した、大谷派内でも異色の人物であった。とくに、彼のもとに集う人々から近角が引き出した告白や懺悔、そして救済談の数々は、近角が主宰した雑誌『求道』（一九〇四年創刊）にも紹介されており、近代日本の精神史の一面を今日に伝える、貴重な記録となっている。

近角は、一八九七（明治三〇）年初めから、半年以上つづいた心身の酷い不調と抑鬱状態に苦しんだが、ようやくそれを乗り越えたのちは、数ある仏教書のなかでも、『歎異抄』をもっとも重視するようになった。近角の『懺悔録』は、新しい信仰の地平が拓けたそのときの体験を詳しく記した書だが、そのなかで近角は、「歎異鈔の特徴の第一」は「悪人救済と云ふことを、如何にも大膽に断言」したことであると、強調している（近角常観『懺悔録』森江書店、一九〇五年、八頁）。そして、「自分が悪人である」という「自覚」こそが、「悪人の救済」ということを真に理解するためには不可欠の前提だと説いた近角が（九頁）、同書で自身の体験談とワンセットのかたちで紹介しているのが、鍛冶橋監獄に収容された官吏と賭博犯たちの獲信談であったことは、注目すべきであろう。

また近角は、一九二三年、摂政宮時代の昭和天皇を狙撃した虎の門事件の難波大助の教誨を、司法大臣の要請で担当したことがある。憤然として自分を拒絶しつづける難波のもとに、近角は「シブトク」何度も通いつづけた。そして、三か月がたったころ、ようやく口を開いた難波に対して、近角は、「如来大悲の親心の尋常ならぬこと」や故郷にいる親の窮状を涙ながらに伝えたところ、難波も「暗涙」にむせびながら、これを聞いていたという（吉田延世「近角先生聞記」〔『慈光』第二〇巻第六号、一九六八年六月、八―九頁〕。本史料は、岩田文昭氏のご教示による）。ただし、近角が大谷派の監獄教誨事業に具体的にどのように関わり、懺悔や告白を主体とする布教戦略が他の教誨師たちにどのような影響を及ぼしたかなど、まだ不明な点が多い。

なお近角については、近年詳細な研究が相次いで発表されており、清沢満之と並ぶ（あるいは碧海寿広説では、〈近代真宗〉のオルターナティブとして清沢とは好対照な？）重要な近代仏教者として、注目を集めつつある。本書「序章」の註(24)を参照。

(34)　細川千巌『千巌講師法話集』法藏館、一九一三年、七九―八〇頁。引用は、一部句読点を加えた。

(35)　昭和初期に急増した「思想犯」に対して、浄土真宗の教誨師たちが初めは試行錯誤から出発してどのように「転向」政策に関与していったか、さらに、教誨師たちの説く「真宗信仰」が、天皇制国家イデオロギーとどのように結びついていったか、「転向者」たちの手記や内面にも注目して考察した先駆的な研究として、殿平善彦「「転向」と仏教思想――刑務所教誨等と関連して」（中濃教篤編『講座 日本近代と仏教六 戦時下の仏教』国書刊行会、一九七七年所収）がある。また、本書第五章の註(49)でふれた佐々木政文「昭和初期司法省の転向誘発政策と知的情報統制――司法権力による「読み」・「書き」の掌握過程」も参照。

　ところで、本章で光を当てた二〇世紀初頭の監獄教誨が、その後昭和期まで直線的に進んだわけではもちろんなく、その間にも、さまざまな変容や展開の歴史があったと考えられる。たとえば、かつて明治二〇年代半ばごろ、浄土真宗を中心とする監獄教誨体制の確立に貢献した島地黙雷が、少なくとも一九〇七（明治四〇）年までに、「其教理より推す時は、仏教の死刑を否認すべきは当然」であると「死刑廃止論」を訴えるようになった経緯などは、とくに興味深い問題の一つである（島地黙雷「死刑廃止問題に付問答」〔『教海一瀾』第三五〇号、一九〇七年二月一六日、一三頁〕。本史料は、近藤俊太郎氏のご教示による）。また、当時の代表的監獄学者であり、のちに「監獄法」（一九〇八年）を起草することになる小河滋次郎が、一九〇二年に「死刑廃止論」を発表していることも、この時期の行刑思想の展開をうかがう重要な動向として、注目される（小河滋次郎『刑法改正案ノ二眼目――死刑及刑ノ執行猶予』明法堂、一九〇二年）。なお小河の死刑廃止論については、小野修三『監獄行政官僚と明治日本――小河滋次郎研究』慶應義塾大学出版会、二〇一二年、一一一―一二一頁、を参照。

(36)　小山の『活地獄』に先立つ獄中記に、たとえば、田岡嶺雲の『下獄記』（文武堂、一九〇一年）がある。ただし同書は、一九〇一年に官吏侮辱罪の容疑で刑事被告人となった嶺雲（当時三二歳、中国民報社主筆）が、公判までの二週間収監された、岡山県監獄署の拘置監での体験を描いたものである。つまり嶺雲の獄中記は、未決囚としての記録であり、勾留も二週間という、比較的短期間の体験であった。もちろん、このとき嶺雲はまだ被告人だったから、懲役も経験していない。なので嶺雲の『下獄記』は、有罪が確定して刑罰が実際に執行され、懲役つきの拘禁が長期間におよんだ小山、堺利彦、大杉栄らの獄中記とは性格を異にしており、ここでは両者を、一応区別して考えておきたい。

なお『下獄記』で嶺雲は、証拠を隠滅したり逃走したりするおそれのない自分のような被告人までが、まるで既決囚（罪人）のように扱われ、必要以上に自由を奪われたことへの批判を繰り返しており、「未だ判決を経ざる以上は無辜《むこ》の民なり」（二四頁）と、本来あるべき司法の理念をあげて訴えている。その意味では、嶺雲の『下獄記』は、当時の刑事被告人の処遇のあり方を詳しくうかがうことができる、興味深い史料である。

結　章　「悪」と統治の日本近代

本書では、近代日本における統治権力の形成史を問いながら、同時に統治の対象となった主体（逸脱者たち）の経験、そして統治権力と逸脱者たちの間にあって、統治権力のイデオロギーを疑問視してそこに包摂されることを否定しようとした（否定することになった）人々の思索や実践に、光を当ててきた。そのことで、近代日本の統治・主体形成・イデオロギーの動態を、できるだけ構造的に全体として描き出し、近代的統治の歴史とその特質を探究することが、本書のめざしてきたことである。

「結章」ではまず、近代日本における統治権力と、それに対する否定性の双方から、これまでの議論で考察してきたことをもう一度確認しておきたい。そして最後に、近代的統治に対する「自己の統治」の可能性という本書を通じての結論について、論じてみたい。

一　近代日本における統治権力

近代日本で一体どのように統治権力が形成されたかという問題については、井上哲次郎の国民道徳論と監獄教誨の二つを具体的な対象として、歴史的に考察してきた。ここで重要なのは、統治権力の形成史を考察するにあたって、本書ではイデオロギー（国民道徳）と実践（監獄教誨）の両方の側面に、注目したことである。

しかし、すでに本論からも明らかなように、国民道徳＝イデオロギー、監獄教誨＝実践という以上の区別は、実はあまり正確ではない。たとえば国民道徳論の形成過程は、井上の同時代的経験＝実践との関わりのなかで、歴史的に考察された。また監獄教誨の形成史は、単に教誨師たちの実践的次元にとどまらず、彼らを支えた人間観や「悪」の観念などのイデオロギーにまで踏み込みながら、考察された。つまり本書では、より正確にいうならば、イデオロギーと実践のどちらか一方ではなく、いわば両者の相互補完性に留意しながら、近代的統治の問題を総体として問い直すことをめざしたのである。

井上哲次郎の国民道徳論――統治をめぐる同意と強制

その上で、近代日本における統治権力の形成史に関して、明治期日本における国家主義の代表的イデオローグであった井上哲次郎の国民道徳論の検討から明らかになったことを、確認しておこう。

第Ⅰ部でみたように、井上の国民道徳論は、一八九二年の「教育と宗教の衝突」論争ごろまでは排外的・排他的態度が顕著であったが、その後、「倫理的宗教」の提唱による同意の調達へと、次第に力点を移していった。「倫理的宗教」とは、一方で教育（勅語）と衝突する「既成宗教」の個別的性格は排除しつつ、他方で「既成宗教」が歴史的に担ってきた人心の教化や統合の機能も無視することはできないと考えた井上が、これら二つの相反する要請のあいだに仮構した国民道徳であった。つまり井上は、国民道徳の構想の場に「既成宗教」を迎え入れながらそれらを馴致することによって、教育と衝突しない新しい宗教、すなわち「倫理的宗教」を原理とする、国民の道徳的統合をめざしたのである。

このことから私たちは、近代的統治をめぐる次のような一般的問題に留意しておく必要がある。それは、統治権力による国民国家の統合は、必ずしも支配イデオロギーによる上からの一方的な「強制」だけで成立しているわけではない、ということである。統治を有効に遂行するためには、さまざまな社会集団からの「同意」の調達が不可欠であって、そのときはじめて統治権力のイデオロギー的統合は、いっそう安定的で、有効なものとなるのである。ただし、さまざまな社会集団との「同意」形成が統一的な国民道徳構築のためには不可欠であったとはいえ、それは決して容易なことではなかった。実際には、さまざまな社会集団の「歴史的特殊性」や「私的道徳」とのあいだに、「統治」をめぐる葛藤をはらんでいたのである。第二章でみた二つの「衝突」論争は、近代日本の国民道徳論が決して静的《スタティック》なものではありえず、統治権力は同意と強制のあいだで常に舵取りしながら、広く国民を包含する統一的な道徳を構築していかなければならなかった事情を、よく伝えている。また、井上の国民道徳論において「国体論」が前景化したのが日露戦後であったように、国体論は、近代日本を通じて必ずしも常に一貫したものとしてあったのではない。つまり国体論のような国家主義イデオロギーも、日露戦争などいくつかの画期を間にはさんで出現した、イデオロギー状況の産物として歴史的に理解される必要がある。

監獄教誨——その歴史的起源と「悔過遷善」

第Ⅲ部では、監獄教誨の形成と、教誨が行なわれた現場の詳細な検討を通じて、近代的統治の形成史をめぐる問題を考察した。

まず試みたのは、これまで監獄教誨の研究史で通説とされてきた、「真宗＝監獄教誨」起源説の再検討である。第五章（第二節）で詳細に論じたように、監獄教誨が明治五（一八七二）年に真宗によって一から創始されたという理解は、正確とはいえない。実際には、真宗に先駆けて監獄教誨に本格的に取り組み、その制度化にあたって重要な役割を果たしたのは、明治一〇年代後半の原胤昭や留岡幸助をはじめとする、キリスト教徒たちであった。

これに対して、明治五年に真宗が単独で監獄教誨を創始したというこれまでの通説は、真宗教団（本願寺派・大谷派）が共同で発行した『日本監獄教誨史』（一九二七年）あたりが主な典拠となっており、教団史としての性格が強いそのようなテクストのなかで唱えられやがて定着した、一種の起源説だと理解すべきだろう。監獄教誨の歴史全体を明らかにするためには、少なくともキリスト教と仏教の両方に注目して、そのダイナミズムに内在しながらの総合的な考察が求められる。そして本書第五章は、キリスト教や仏教を中心とする諸宗教の活動と、そのダイナミズムのなかに、監獄教誨の起源を探究した試みであった。

「教誨」の内実についても、本研究によっていくつかの歴史的変遷が明らかになった。たとえば、明治二〇年代前半までの監獄教誨は、基本的には国家の行刑制度の枠内にはありつつも、その後とくに重視されることになる犯罪者や囚人の主体に対する懲戒（矯正）という契機は、まだ希薄だった。むしろ、そのころ活躍したキリスト教教誨師たちの活動全体からすれば、彼らの主要な目標は、苛酷な囚人労働の廃止や獄内環境の改善など、いわゆる「監獄改良」の実現に向けられていたといえる。

それが明治二五年を境に、浄土真宗が監獄教誨への進出を本格化し、キリスト教がそこから後退を始めたころから、監獄教誨の性格も、大きく変化していくことになった。教誨の主眼が、それまでキリスト教教誨師たちがまずこだわっていた監獄改良よりも、犯罪者や囚人の「悔過遷善」、つまり彼らの主体をいかに「矯正」するかという課題の方が、はっきりと前景化してくるのである。

近代日本における統治権力の形成史の考察にとっては、担い手という現象面の変化よりも、このような統治の質の変容こそが、より本質的な問題であろう。これ以降、囚徒たちの「悪」を指弾し、彼らを善き主体へと矯正することをめざす「悔過遷善」が、教誨師たちの目標となっていくのである。悔過遷善、すなわち囚徒たちが自らのあやまちを悔い、善き人間へと生まれ変わるように彼らを導いていく教誨師の使命は、まさに他者の心身の統治をめざすようになった近代的統治を、力強く支える実践であった。

二　近代的統治に対する否定性

清沢満之「精神主義」

他者の統治や矯正が近代的統治のもっとも本質的な性格ならば、その根拠となる善悪の規準や判断は、統治権力にとって重要な意味を持つことになる。「共同愛国」や「忠孝悌信」を柱とする国民道徳は　道徳についてのもっとも有力な公的イデオロギーであり、そこでは、国家理性を公準とした善悪の明確な二元論が特徴であった。

そのような〝国民道徳の時代〟に、真宗大谷派の清沢満之は、西洋哲学と仏教＝親鸞思想〟を重ね合わせながら、普遍主義的な立場から人間における「悪」の問題を探究していった。禁欲生活などを通じて道徳＝善の実践不可能性を身をもって経験した清沢にとって、この「悪」の問題は、哲学や宗教の根本問題として重要な意味をもつことになった。

たとえば清沢は、殺人でさえ倫理的判断の枠外に置いてはばからなかったため、当時から多くの批判や反発を招くことになった。しかし清沢にとって、人は自己の行為や境遇すら究極的には自由にできない相対有限な存在なのであり、だからこそ人は、社会人道に反したり殺人を犯したりする可能性とも、常に隣り合わせというべきなのである。そして、自己の罪悪に苦しむ人間の救済をめざして一九〇〇年前後に清沢が始めた「精神主義」運動を、清沢は「悪人の宗教」とも呼んだ。それは改革・異端派の信仰として教団主流派とのあいだに緊張関係を生みながらも、その後の近代真宗の信仰に、大きな影響を与えることになったのである。

浄土真宗と監獄制度

監獄の囚徒たちに善悪を語り、彼らを善き国民に鋳直していく「悔過遷善」をめざした監獄教誨は、そのような「悪」と統治の問題が、もっとも先鋭かつダイナミックに現われる場であった。

その監獄教誨はすでにみたように、明治二五年を境に、浄土真宗がほぼ独占するようになった。その傾向は、一九四五年の敗戦を間にはさんで、今日の刑務教誨（宗教教誨）まで続いている基本線である。たとえば「監獄法」（一九〇八―二〇〇六年）の生みの親である小河滋次郎と真宗大谷派教団の緊密な関係など、近代日本の監獄制度の確立にあたって、浄土真宗は大きな役割を果たしてきたと考えられる。また、その役割や貢献は、統治権力の側から期待されたものでもあった。人間の改心や生き直しに宗教教誨が与える影響力について積極的な意義を認めた小河のような人物にとって、宗祖親鸞以来、人間の「悪」の問題を語ってきた浄土真宗は、おそらく監獄教誨の担い手として、もっとも相応しいはずの教団であった（「序章」註(23)参照）。

しかし第Ⅲ部でみたように、浄土真宗が独占した後の監獄教誨は、囚徒の罪悪を責め、あくまで彼らの矯正を目的とするスタイルが基本であった。それは近代的統治の原則によく適うものであったが、彼らにとって「悪」とは畢竟、矯正や克服の対象にほかならなかったのである。

このことは、監獄教誨が近代的統治を支える一つのシステムとして次第に洗練されていく一方で、宗教者＝教誨師として人間の「罪」や「悪」をみつめる眼は、逆に平板化あるいは貧困化していく歴史の皮肉な現実を、物語るものである。このような他者の「悪」への不寛容ともいえる態度は、超越的な視線（神の愛や阿弥陀の慈悲などとのつながり）がリアリティを失っていった近代の人間観・世界観の成立とともに現われてきたと考えられる。またそのような「悪」をみる眼は同時に、世俗的な道徳とも容易に結びついていった。だが「悪」を矯正の対象としてしかみられない教誨師たちは、同時に、いつ終わるともしれない他者の統治をめぐるジレンマに直面することも、避けられなかった。

異端的教誨師たちと「清沢的契機」

一方で、教誨の現場で「悔過遷善」の不可能性という現実――度重なる再犯や死刑制度への強烈な違和感など――に直面した教誨師たちのなかには、囚徒たちの「悪」を、よりリアルに直視しようとする者たちもいた。たとえば、監獄教誨師でありながら他者の統治の不可能性に直面した藤岡了空は、最後には「自己の統治」（自ら治むる道）を第一義とする、思想的・実践的な立場へと到達することになった。やがて一九〇〇年前後になると、囚徒たちの境遇や「悪」に何ほどかの共感を示し、彼らの主体の矯正を目的とはしない異端的な仏教教誨師たちが、監獄教誨の一部で現われてきたのである。

第六章では、こうした異端的教誨師たちについて、とくに真宗大谷派における異端派の系譜に注目しながら検討した。一九〇〇年前後の真宗大谷派で、藤岡了空や田淵静縁のような異端的教誨師たちが登場してきた背景には、同時代に同じ大谷派の清沢満之が展開した信仰運動の、強い影響があったとも考えられる。あるいは、彼らと清沢とのあいだに必ずしも直接的な影響関係を発見できなくても、そこには、思想の同時代的な相同性というべきものをたしかに指摘することができる。何より近代的統治の推進者としてその困難に直面した教誨師たちにとって、清沢たちの「悪」の思想は、もっともリアルに響き合うものをもっていたのだといえよう。

そして、この時期にみられるこうした監獄教誨の変容を、本書ではとくに「清沢的契機《モメント》」と呼び、異端的な教誨師たちが登場してきたことの歴史的意義に注目した。ここでいう「清沢的契機」とは、自他の「悪」を等しくみつめ、自己の統治をこそ第一義とするような思想的かつ実践的な契機が、監獄教誨の歴史に登場してきたことを指すものである。

たとえば、罪悪を犯してしまう人間存在の傾向的な側面をリアルにみつめようとした田淵静縁は、教誨師も囚徒も同じ「我々」であるという一種の平等観に立ち、互いに教誨し／教誨されるというような、対立的な関係を前提とはしなかった。田淵にとって、教誨と（その結果としての）悔悟とは、決して囚徒たちの外部から注入されるものではなく、あくまで囚徒たち自身が、自分の心や罪悪・前非と向き合いながら実践すべきものであった。また、一〇〇人を超える死刑の現場に立ち会った田中一雄の手記『死刑囚の記録』（一九〇〇―一一年）には、一時の「色情」（情欲）に起因する殺人は死刑にする必要はないという田中の信念、そして、囚徒たちの改心の可能性すら奪ってしまう死刑制度への強い疑問や憤りの思いが、繰り返し語られている。

いうまでもなく、このような異端的教誨師たちが示した「悪」への共感的なまなざしや、自己の統治を第一義とするような態度は、囚徒を対象視してその罪悪を責めながら、悔過遷善を使命としたそれまでの監獄教誨の主流派とは、かなり性格を異にするものである。また、主流派に対してごく少数派であった彼らは、統治権力や主流派の教誨師たちのように囚徒たちの「悪」を善悪二元論的にはっきりと割り切ることはせず、近代を生きる人間の複雑で多様な現実態を、できるだけそのままみつめようとした。

さらに注意すべきは、そのような異端的教誨師たちの否定性が、決して観念的な思惟によってではなく、刑罰や教誨、つまり統治の最前線であるさまざまな現場から、生まれてきたということである。たとえば、どれだけ熱心に教誨に努めて囚徒たちに語りかけてみても、悔過遷善の完全な達成はおよそ不可能にみえる現実。更生を遂げて出獄したようにみえても、三犯四犯と罪を重ねて、そのたびに監獄に戻ってくる再犯者たち。そして、数多くの死刑執行に立ち会ったすえ、それがどうしても無益な刑罰としか思えず、制度への強い疑問や憤りを語らざるをえなかった死刑教誨の現場など。このような現実に直面し、葛藤を深めていった教誨師たちは、やがて他者の完全な統治をめざす近代的統治から距離をとり、それを否定するようになったのである。

彼らのうちある者は異端的な教誨師に、またある者は教誨師の職を辞して、出獄人保護会や無料宿泊所の創設、あるいは「自ら治むる」道の実践など、監獄の外に活動の場を求めるようになっていった。そして、近代的統治の現場にありながら、なお人間の複雑な現実態への正視をやめなかった異端的教誨師たちは、藤岡や田中のように、囚徒たちの悔過遷善を担うべき自らの立場とのあいだに自己矛盾のような困難をかかえこみながらも、そのことによって、近代的統治の原則とは鋭く対立する、思想＝実践的地平に立つことになったのである。

三　可能性としての「自己の統治」

本書を締め括るにあたって、最後に次の二つのことを結論として強調しておきたい。まず一つは、他者の統治をめざし、その統治を貫徹しようとする統治権力のさまざまな努力にもかかわらず、他者の完全な統治はきわめて困難で、ほとんど不可能に近いという、歴史の現実について。そしてもう一つが、近代的統治に対する「自己の統治」の可能性、ということについてである。まずは前者のことから、述べてみよう。

近代的統治の不可能性

本書で私たちは、〝近代的統治の不可能性〟ということについて、さまざまな場面で繰り返し目撃してきた。たとえば、国民のイデオロギー的統合をめざした井上哲次郎の国民道徳論は、やがて道徳論をめぐる衝突を惹起し、村上専精や井上円了たちから厳しい批判を受けることになった。また井上哲次郎の国民道徳論は、キリスト教・「既成宗教」・「愚夫愚婦」など、そこから排除される存在を常に生み出すことになり、教育勅語を中心とする単一の道徳による国民統合などは、到底不可能であった。

一方監獄教誨の現場では、囚徒を悔過遷善に導いているつもりが、忍び足で獄舎に密行したり、囚徒の猥雑な話に耳をそばだてたりと、逆に彼ら（他者）の支配に翻弄されている教誨師たちの姿もあった。第六章でみたように、当時の監獄では充分な改悛を果たさないまま出獄する者が多数を占めており（一九〇五年時点で七二％）、当然再犯率も高く、教誨師がいくら緊張感をもって囚徒たちと向き合ったとしても、彼らが「改心」してくれる保証はどこにもなかったのである。さらに、堺利彦や大杉栄の獄中記には、権力による矯正を容易に受け付けず、ときに韜晦や忍従を重ねながらも、それすらも跳躍台にして羽ばたいていくような、精神の飛翔が記録されていた。一九一〇年ごろから次第に現われてきた〝囚人たちの声〟のなかには、彼らのように、監獄体験を反権力の象徴として人に誇るようなメンタリティ、そして、監獄を自己修練の絶好の場とするような強靭な精神性も、表現されていたのである。

これらの事象はどれも、人々の生を圧伏しようとする統治権力のいかなる試みも、おそらく完全には達成困難であるという歴史の現実を、私たちに教えるものである。その意味で、教誨師の藤岡了空がたどった道は、やはり本研究にとってきわめて示唆的な意味をもつ経験であったというべきである。

つまり藤岡の苦渋に満ちた経験によって明らかになったのは、まず、どんなに誠意や情熱を尽した努力によっても、近代の統治権力が要求するような他者の矯正や統治を完全に達成することはきわめて困難である、ということである。さらに、「自ら治むる」道へと歩んでいった藤岡の後半生は、教誨師として他者の統治をめざしたそれまでの生き方とは、まさに正反対のものであった。つまり藤岡は真宗大谷派を代表する先駆的な教誨師として出発しながら、教誨の意味を原理的に突き詰めることで教団の方針と対立するようになり、最後には教誨師としての挫折と自己否定を経て、その先に自らの信仰の境地を見出すことになったのである。その信仰の境地が、他者の統治を否定したところにある「自己の統治」によって導かれたことは、実は「自己の統治」が――その完全な達成はいかに不可能であれ――近代を生きる人間の自由にとって不可欠の条件であるということを、私たちに教えているようにも思われる。

繰り返される近代的統治

ただし、どれだけ近代的統治の不可能性に直面しても、統治権力はその統治の実践を断念することは決してなかった。本書では、近代的統治の不可能性に直面したときの、統治権力のさまざまなリアクションについても目撃してきた。

たとえば井上哲次郎は、排他的な国民道徳が国民統合の方法として不適切であることを悟るや、「倫理的宗教」を提唱して、同意の調達を図りながら、より包括的な国家主義イデオロギーの創出をめざした。つまり統治権力の側からすれば、不断に現われてくるさまざまな批判や逸脱に対して、強制と同意調達を使い分けながら、国民道徳のしなやかな陶治を繰り返していったのである。

また監獄教誨の現場では、囚徒たちの悔過遷善の困難が明らかになったのちも浄土真宗が大半を占めつづけ、やはり国民道徳を囚徒たちに説諭していくというスタイルが一般的であった。その意味で近代日本の監獄教誨の基本線は、国家による「悪」の統治＝矯正を支えるという一点において、終始一貫していたのである。先にみた教誨師としての藤岡の経験は、いわば他者の完全な統治は不可能であることを明らかにしたはずだったが、それでも国家は近代的統治の原則を変更しなかったし、近代日本の監獄制度を支えた浄土真宗教団も、国家への積極的な貢献を止めることはなかった。

「監獄狂」とも呼ばれた藤岡の挫折以降、教誨師たちが自身の立場に何の矛盾や疑問も感じることなく平然と職務を遂行することは、おそらく困難であったはずである。もしそれが可能であったとすれば、それはその教誨師たちが国家理性を推進する一員としての強い使命感によって支えられていたか、あるいは、「悪」を単に他者の問題として向こう側に眺める――対象視する――ことで、そこにあるはずの矛盾や疑問に眼をつぶり、その意味を深く問おうとはしない態度によって、初めて可能であったというべきだろう。

事実、その後も監獄教誨の大勢は、相変わらず他者の完全な矯正を目的として追求しつづけ、近代的統治の原則は、変わらず貫かれていくことになった。あるいは、悔過遷善が不可能な場面に直面したとき、統治権力は、その不可能性の意味を反省的に振り返ることはせず、代わりに、たとえば「悪」の矯正をまったく放棄した死刑制度を選択した。そのとき教誨師たちは、死刑囚の「安心就死」を目的として、教誨に従事することになった。その限りで、異端的教誨師たちやいわゆる「清沢的契機」は、あくまで近代的統治に対する少数者の否定性として、その後もとどまりつづけるほかなかったのである。

可能性としての「自己の統治」

そして本書の結論として強調しておきたいもう一つが、「自己の統治」の実践は、そのような近代的統治に対抗しうる有望な実践として理解することができるのではないか、ということである。

これまでの思想史研究では、「自己の統治」とみられるべき実践を単なる非社会的な内面主義だと断定し、批判することもしばしばあった。しかしそのような実践がもつ社会的な意味や可能性を正当に見極め、充分考慮することが、重要なのだと考える。本書では、主として清沢満之の「精神主義」を手がかりに、そうした思想史の方法や理解が実際にどのようにして可能か、第Ⅱ部を中心に具体的に考察してみた。

清沢が実践した「精神主義」とは、煎じ詰めれば人間の自由を目的とした、自由のための実践であった。その自由の実践の出発点として清沢が重視したのが、自己の「悪」あるいは有限性についての自覚だったのである。このとき「悪」の自覚という実践は、一見非社会的な主観主義のようにみえる。しかし清沢において自己の「悪」についての省察は、常に他者の「悪」の問題へと開かれており、こうした自他の「悪」を等しくみつめる態度こそが、「精神主義」あるいは「悪人の宗教」と呼ばれる彼らの信仰共同体を支えた、もっとも重要な紐帯であった。

また清沢の「悪」の思想は、「部分否定」ともいうべき独自の否定性の実践を導くことになった。有限存在である人間は、資本主義化していく眼前の世界を完全に否定することはできない。それが、哲学的省察と連動した禁欲生活や、厳しい修練の試行錯誤のすえに、清沢が確信するに至った近代社会における生の現実であった。しかしそうした制約のなかでも、人は否定性を発揮しながら、真理に近づいていくことがどのようにして可能なのか。生き方についてのそのような根源的な問いからこそ、近代社会のリアリズムに根ざした、清沢の部分否定の立場は生まれてきたのである。

清沢はこの部分否定の立場を、「有限ヲ表トシ無限ヲ裏トスル」とか、「外俗内僧」という言葉で表現している。こうした二重性の立場は、当時急速に資本主義化する社会のなかで、文明生活とそこからの離脱という両極に身を置いた清沢が、病をかかえる有限者としてどこまで現実を否定し、そこから離脱することができるかというジレンマを突き詰めた結果、経験的に到達した立場でもあった。

繰り返せば、世界に内在しつつそれを否定していくという清沢のこうした部分否定あるいは二重性の立場は、不定見な現実肯定と同義とみられるべきではない。この世界で究極的には「無限」に変容することができない有限者は、ひとまず二重性を生きながら、真理を探究していくしかない。それが人間における「悪」を直視した清沢の哲学であり、リアリズムなのであった。

こうした清沢の「精神主義」における自己の「悪」についての省察が、――統治権力に支配される従順な主体ではなく――「自己の統治」を追求する主体を導いていったことは、一見逆説的で興味深い事実である。近代社会において、そもそも何かしらの「自己の統治」の基礎づけがなければ、人間の自由は究極的には成立しえないのではないか。清沢や教誨師・藤岡たちの経験は、そのように私たちに訴えているかのようである。あるいは、「自己の統治」なきところでは、近代社会に生きる主体は容易に他者による統治に包摂されてしまうと、言い換えてもよい。

もちろん、「精神主義」へと到達するまでの清沢の道のりがさまざまな苦難に満ちたものであったように、国家理性の一般化や生活世界の資本主義化が進む近代社会においては、「自己の統治」の実践は決して容易ではなく、もとより困難を運命づけられている。またいうまでもなく、「悔過遷善」に象徴される主体（他者）の統治と、それを支えてきた近代の統治権力は、さまざまな様態の「自己の統治」を自らの統治術に組み込みながら、変容や革新を繰り返し、人々の生をほとんどその根底から規定してきたともいえる。

しかし、たとえば一八九〇年代に浄土真宗が独占した監獄教誨の世界でも、一九〇〇年前後になると、一部の異端的な仏教者たちのあいだで、「悪」を内在的にみつめようとするまなざしが生まれてきた。「悪」を内在的にみつめようとする宗教者や知識人は、もちろん常に時代の少数派で、イデオロギーの大勢は相変わらず、統治権力＝国民道徳の支配下にありつづけた。しかし、そうした異端的な眼、あるいはそこから導かれた「自己の統治」の実践は、文学や哲学などの領域を越えて、近代日本のさまざまな時点、そして社会のさまざまな場所で、同じようにみつけることができるはずである。

自他の「悪」を等しくみつめ、自己の統治をこそ第一義とすることで、他者の完全な統治をめざす「近代」と原理的に対峙しようとした「清沢的契機《モメント》」。それは一体、どのようにして歴史上に現われてきたのか。また、そのようなモメントによって見出された否定性は、その後どのような思想史的広がりをみせ、「近代」と格闘し、あるいは異端派として挫折していくことになったのか。清沢個人や異端的な個々の教誨師たちを超えて、そうした「清沢的契機」や「悪」の多様な現実態からもう一度日本の近代を問い直してみることが、「悪」と統治の思想史研究にとって、もっとも本質的な課題であるというべきである。*

これまで私たちが意識して見ようとしてこなかったもの、また、私たちの社会が生み出したにもかかわらず、そこから幾重にも、執拗に疎外されつづけた人々の声……。本書で取り上げてきた「悪」をみつめるさまざまな思索やまなざしは、同時に、近代の強固な統治権力に排除されて顧みられることがなかった人々の側から、日本の近代をもう一度見つめ直すための、可能性にみちたまなざしでもある。

* 本書で考察してきた「悪」の思想や「清沢的契機」は、主として清沢思想の内在的な分析に即した概念である。その意味では、本研究で論じた「悪」やその表象は、特定の歴史性と立場に根ざしたものであるという、一定の留保が必要だろう。

ただし実際には、近代日本には、清沢の思索を超えて、さらに広大な「悪」の歴史的領野が存在していたはずであることは、いうまでもない。たとえば民俗的な生活世界では、近代知識人の清沢が探究したものとは異質なタイプの「悪」の観念が、広く共有されていたと考えられる。

近代化による民俗世界の変容と葛藤を論じた安丸良夫は、「民俗的なもの」がもっとも遅くまで、もっとも頑強に存続した事例として、沖縄の先島地方の婚姻習俗を参照している（安丸『文明化の経験――近代転換期の日本』岩波書店、二〇〇七年、一三六―一三七頁）。

それによると、この地方では部落内男女の自由結婚の伝統が強かったが、他村の男と自村の女との密通に対しては、厳しい制裁がなされたらしい。大正一四（一九二五）年、伊良部島で密通した女を青年たちが制裁にかけようとして、駐在巡査がそれを制止したことから、ある騒擾事件が起こった。青年たちは、駐在所へ逃げ帰った巡査を追いかけて、「村の巡査はなぜ村の法律に従わないのか、国の法律だけが法律でないぞ」などと叫んで、騒擾をきわめたという。民俗世界に固有の規範に訴えることで、国家の法律や善悪の観念の相対性を浮き彫りにしてみせた事例であろう。

また、戦中戦後のおよそ二〇年間にわたって、東京西郊の恩方村の廃寺に住み込み、同地の集落と村民たちの暮らしをみつめた人類学者のきだみのるは、国が犯罪としている「選挙違反、脱税、贈賄、賭博、密猟、密醸、闇売り、尺貫法使用」などが、村では犯罪と思われていなかったという興味深い事実を報告している（きだみのる『にっぽん部落』岩波新書、一九六七年）。村の掟に従い暮らしたきだからすれば、「これらの行為を国が非難し罰しても意味はない」く、以上のような行為を犯罪というのは、「つき合いのない、また生活とも関係のない遠くの社会集団、部落にとって外国といってよい社会集団の押しつけた定め」にすぎないのである。またきだは、村落での生活から得た知見として、「真実の犯罪」とは、「国も犯罪と定め部落も犯罪と見なす行為でなければならない」ということも述べている（同書、二二三頁）。

以上のような民俗世界の事例と比較してみると、本書で考察してきた「悪」は、どちらかといえば近代的、あるいは近代的知識人の発想の枠内にある、「悪」の観念だということが分かる。「悪」と統治の歴史の考察のためには、本来は、このような民俗世界における「悪」の観念も踏まえた、より総体的な視座からの研究が必要であろう。清沢の思想に内在しながら、犯罪や刑罰の次元に具体的な「悪」の表象を措定してみた本研究の方法は、歴史的世界の多様な現実態をふまえてみる方向で、さらに相対化＝深化させていくことが可能であることを、今後の課題として確認しておきたい。

参考文献一覧

【史料】

秋山悟庵編『巽軒博士倫理的宗教論批評集』第一輯、金港堂、一九〇二年。

安藤州一『清沢先生 信仰坐談』浩々洞出版部、一九〇四年。

稲垣湛空『三重県監獄教誨記』、一八八六年。

井上哲次郎『懐中雑記』、一八八四―九二年（『東京大学史紀要』第一一号、一九九三年。同第一二号、一九九四年）。

――――『内地雑居論』哲学書院、一八八九年。

――――『内地雑居続論』哲学書院、一八九一年。

――――『勅語衍義』、一八九一年。

――――「教育と宗教の衝突」、一八九三年（関皐作編『井上博士と基督教徒』正・続、一八九三年。みすず書房リプリント版、一九八八年）。

――――「東洋の哲学思想に就て」、一八九四年（『日本大家論集』六）。

――――「我世界観の一塵」、一八九四年（『哲学雑誌』八九号）。

――――「日本文学の過去及び将来」、一八九五年（『巽軒論文初集』冨山房、一八九九年）。

――――「現象即実在論の要領」、一八九七年（『哲学雑誌』一二三号）。

――――「宗教の将来に関する意見」、一八九九年（『哲学雑誌』一四巻一五四号。『巽軒博士倫理的宗教論批評集』第一輯、金港堂、一九〇二年）。

――――「独立自尊主義の道徳を論ず」、一九〇〇年（『哲学雑誌』一五巻一六〇号。『巽軒論文二集』冨山房、一九〇一年）。

――――『日本陽明学派之哲学』冨山房、一九〇〇年。

――「認識と実在との関係」、一九〇一年（『巽軒論文二集』冨山房、一九〇一年）。

――「余が宗教論に関する批評を読む（其一）」、一九〇二年一月（『哲学雑誌』一七九号）。

――『倫理と宗教との関係』冨山房、一九〇二年。

――『日本古学派之哲学』冨山房、一九〇二年。

――『日本朱子学派之哲学』冨山房、一九〇五年。

――『国民道徳概論』三省堂書店、一九一二年。

――『明治哲学界の回顧』岩波書店、一九三二年。

――『釈明教育勅語衍義』広文堂書店、一九四二年。

――『懐旧録』春秋社松柏館、一九四三年。

――『井上哲次郎自伝』冨山房、一九七三年。

井上豊忠「吾派本山財政の紊乱」、一八九六年一二月（『教界時言』第三号）。

井上甫水（円了）「余が所謂宗教」、一九〇一年七、一一月（『哲学雑誌』一七三、一七七号。『巽軒博士倫理的宗教論批評集』第一輯、金港堂、一九〇二年）。

印刷局『法令全書』、明治四一（一九〇八）年第三号、「法律」。

内村鑑三『代表的日本人』、一九〇八年（鈴木範久訳、岩波文庫、一九九五年）。〔*Representative Men of Japan*. 警醒社、一九〇八年〕。

大杉　栄『獄中記』春陽堂、一九一九年（土曜社、二〇一二年）。

岡田朝太郎『日本刑法論』有斐閣、一八九四年。

小河滋次郎『日本監獄法講義』、一八九〇年。

――『刑法改正案ノ二眼目――死刑及刑ノ執行猶予』明法堂、一九〇二年。

――「死刑廃止論」（上）（下）、一九〇三年（『政教時報』九六・九七号）。

――「犯罪予防論綱」、一九〇七年（小野修三「小河滋次郎の犯罪予防論綱」『慶應義塾大学日吉紀要 社会科学』一六、二〇〇五年）。

柏木義円「勅語と基督教（井上博士の意見を評す）」、一八九二年（『同志社文学』五九・六〇号。『教育の体系』日本近代思想大系六、岩波書店、一九九〇年）。

加藤弘之「所謂将来の宗教に就て」、一九〇〇年六月（『社会』二巻一五号。『巽軒博士倫理的宗教論批評集』第一輯、金港堂、一九〇二年）。

河崎顕了「蠡々翁著作集第三巻の内容に就て」（『蠡々翁著作集』第三巻、楽山荘、一九二五年）。

河崎（藤岡）了空『閲典自鑑』（『蠡々翁著作集』第三巻、楽山荘、一九二五年）。

教誨百年編纂委員会『教誨百年』上・下、浄土真宗本願寺派本願寺・真宗大谷派本願寺、一九七三年。

清沢満之『宗教哲学骸骨』、一八九二年（『清沢満之全集』第一巻、岩波書店、二〇〇二年）。

――『保養雑記』、一八九四―九五年（『清沢満之全集』第八巻、岩波書店、二〇〇三年）。

――「他力門哲学骸骨試稿」、一八九五年（『清沢満之全集』第二巻、岩波書店、二〇〇二年）。

――「大谷派の有志者に檄す」、一八九六年一〇月（『教界時言』第一号。『真宗史料集成』第一二巻、真宗教団の近代化、同朋舎、一九七五年）。

――「革新の要領」、一八九六年一二月（『教界時言』第三号社説）。

――『臘扇記』、一八九八―九九年（『清沢満之全集』第八巻、岩波書店、二〇〇三年）。

――「仏教の効果は消極的なるか」、一八九八年（『無尽灯』第三巻第九―一二号。『清沢満之全集』第六巻、岩波書店、二〇〇三年）。

――「独立の精神」、一九〇〇年（『清沢満之全集』第六巻、岩波書店、二〇〇三年）。

――「覚悟之必要」、一九〇〇年（『清沢満之全集』第六巻、岩波書店、二〇〇三年）。

――「精神主義」、一九〇一年一月（『精神界』第一巻第一号。『清沢満之全集』第六巻、岩波書店、二〇〇三年）。

――――「精神主義〔明治三十四年講話〕」、一九〇一年（『清沢満之全集』第六巻、岩波書店、二〇〇三年）。

――――「法律、道徳、宗教」、一九〇一年（『清沢満之全集』第六巻、岩波書店、二〇〇三年）。

――――「倫理の大本と宗教との関係」、一九〇一年（『清沢満之全集』第六巻、岩波書店、二〇〇三年）。

――――述『清沢先生藤岡翁養病対話』法藏館、一九〇二年。

――――「倫理以上の根拠」、一九〇三年（『清沢満之全集』第六巻、岩波書店、二〇〇三年）。

――――「〔明治三十六年当用日記抄〕」、一九〇三年（『清沢満之全集』第八巻、岩波書店、二〇〇三年）。

――――「宗教的道徳（俗諦）と普通道徳との交渉」、一九〇三年（『清沢満之全集』第六巻、岩波書店、二〇〇三年）。

――――「我は此の如く如来を信ず（我信念）」、一九〇三年（『清沢満之全集』第六巻、岩波書店、二〇〇三年）。

黒川藤松「門徒会議に就て（寄書）」、一八九七年五月（『教界時言』第七号）。

刑務協会編『日本近世行刑史稿』（上）（下）矯正協会、一九四三年。

小山六之助『活地獄』日高有倫堂、一九一〇年。

堺　利彦『楽天囚人』丙午出版社、一九一一年（再版、一九一二年）。

司法省監獄局編『明治三十八年獄務成績抜抄』、一九〇五年。

司法省調査部編『明治二十八年三月二十四日清国李欽差頭等全権大臣鴻章ヲ狙撃シタル小山豊太郎ニ対スル謀殺未遂被告事件ノ公訴記録』、一九三七年（司法資料：第二三二号）。

島地黙雷「死刑廃止問題に付問答」（『教海一瀾』第三五〇号、一九〇七年二月）。

下間鳳城「賭博の害」（『監獄教誨』第六編、一八九三年一月）。

真宗本願寺派本願寺・真宗大谷派本願寺編輯『日本監獄教誨史』上巻、下巻、一九二七年。

田岡嶺雲『下獄記』文武堂、一九〇一年。

田中一雄『死刑囚の記録』、一九〇〇―一一年（近代犯罪資料叢書七、大空社、一九九八年）。

田淵静縁『監獄教誨 恵之露』法藏館、一九〇一年。

近角常観『懺悔録』森江書店、一九〇五年。

佃　離見「故下間鳳城君」（『大日本監獄協会雑誌』第八四号、一八九五年五月）。

恒川岩次郎（直水隠士）『探偵実話　尾張九人斬』三共社、一九〇二年。

寺田精一『囚人の心理』巌松堂書店、一九一三年。

留岡幸助「羈旅漫録」、明治二四（一八九一）年（『留岡幸助日記』第一巻、矯正協会、一九七九年）。

――――「罪悪学研究につき自序す」、明治二四（一八九一）年（『留岡幸助日記』第一巻）。

――――「網走分監囚徒水腫脚気」、明治二四（一八九一）年（『留岡幸助日記』第一巻）。

――――「盲目囚と起因」、明治二四（一八九一）年（『留岡幸助日記』第一巻）。

――――「囚徒の成育、犯罪歴」、明治二四（一八九一）年（『留岡幸助日記』第一巻）。

内閣官報局『法令全書』、明治二二（一八八九）年七月。

内閣記録局編『法規分類大全・治罪門（二）』、明治二四（一八九一）年（復刻版、原書房、第五七巻、一九八〇年）。

原　胤昭『出獄人保護』天福堂、一九一三年
――――『前科者は、ナゼ、又、行るか。』非売品、一九三三年。

干河岸貫一述・菅龍貫編輯『監獄囚人　教誨のかがみ』、一八八七年。

憑実居士「井上博士の「宗教の将来に関する意見」を読む」、一九〇〇年二・三月（『天地人』二八―三一。『巽軒博士倫理的宗教論批評集』第一輯、金港堂、一九〇二年）。

藤岡了空『監獄差入本』法藏館、一八八九年。

――――『通信教誨』非売品、警視庁監獄署石川島支署、一八九一年。

――――『監獄教誨学提要草案』非売品、一八九二年。

――――『通信土曜談話（監獄教誨卑見）』非売品、一八九六年。

――――『気随気ま丶修養漫画』日本禅書刊行会、一九一九年。

――――『僕の男振』(『蠢々翁著作集』第一巻、一九二五年)。

細川千巌『千巌講師法話集』法藏館、一九一三年。

本多澄雲・田淵静縁編『鉄窓随筆　悔悟の花』法藏館、一九〇〇年。

松野　翠「巽軒博士の宗教論」(『巽軒博士倫理的宗教論批評集』第一輯、金港堂、一九〇二年)。

宮武外骨・西田長寿『明治新聞雑誌関係者略伝』(明治大正言論資料二〇)みすず書房、一九八五年。

村上専精「人生之徳義」(『監獄教誨』第九編、一八九三年四月)。

――――「未来二十世紀間に於ける宗教観」、一九〇〇年三月。(『哲学雑誌』一五七号。『巽軒博士倫理的宗教論批評集』第一輯、金港堂、一九〇二年)。

山県玄浄『百錬之鉄腸』伝燈会、一八九七年。

山田風太郎『牢屋の坊っちゃん』(『オール讀物』文藝春秋、一九八六年五月。『明治バベルの塔』山田風太郎明治小説全集一二、ちくま文庫、一九九七年)。

吉田延世「近角先生聞記」(『慈光』第二〇巻第六号、一九六八年六月)。

渡辺覚夢編『監獄教誨師会同議事提要』大日本監獄教誨師通信所、一八九二年。

『監獄教誨』第一―一〇編、大日本監獄教誨師通信所、一八九二―九三年。

「高等師範学校生徒卒業式における文部大臣西園寺公望の演説」、一八九五年三月三〇日(『官報』第三五二五号。佐藤秀夫編『教育　御真影と教育勅語Ⅰ』、続・現代史資料八、みすず書房、一九九四年)。

「本願寺攻撃の極筆」、一八九六年(『仏教』一一〇号、仏教学会。『真宗大谷派革新事情』仏教学会、一八九七年)。

「教界時言発行の趣旨」、一八九六年一〇月三〇日(『教界時言』第一号)。

『扶桑新聞』、一八九六年一二月一三日、第二面、二八六七号。

「大谷派宗政の革新」、一八九七年四月二九日(『教界時言』第六号社説)。

「革新の前途」、一八九七年六月二九日(『教界時言』第八号社説)。

「本山報告」一八九七年一一月五日（『常葉』第三号附録。『常葉（一）』「宗報」等機関誌復刻版六、東本願寺出版部、一九九一年）。

「宗制寺法補則の発布」、一八九七年一一月二九日（『教界時言』第一三号社説）。

「全国同盟会解散之理由」、一八九七年一一月二九日（『教界時言』第一三号）。

『東京朝日新聞』、一九〇一年一一月一三日。

『官報』、一九〇二年一一月一〇日、五八〇六号。


【単行本】


稲田正次『教育勅語成立過程の研究』講談社、一九七一年。

今村仁司『清沢満之と哲学』岩波書店、二〇〇四年。

岩田文昭『近代仏教と青年――近角常観とその時代』岩波書店、二〇一四年。

大石嘉一郎編『日本産業革命の研究――確立期日本資本主義の再生産構造』（上・下）東京大学出版会、一九七五年。

大谷栄一『近代仏教という視座――戦争・アジア・社会主義』ぺりかん社、二〇一二年。

太田義器・谷澤正嗣編『悪と正義の政治理論』ナカニシヤ出版、二〇〇七年。

碧海寿広『近代仏教のなかの真宗――近角常観と求道者たち』法藏館、二〇一四年。

小野修三『監獄行政官僚と明治日本――小河滋次郎研究』慶應義塾大学出版会、二〇一二年。

小野義秀『監獄（刑務所）運営一二〇年の歴史――明治・大正・昭和の行刑』矯正協会、二〇〇九年。

柏原祐泉『近代大谷派の教団――明治以降宗政史』真宗大谷派宗務所出版部、一九八六年。

――――『日本仏教史　近代』吉川弘文館、一九九〇年。

――――『真宗史仏教史の研究　Ⅲ近代篇』平楽寺書店、二〇〇〇年。

片岡優子『原胤昭の研究――生涯と事業』関西学院大学出版会、二〇一一年。

姜　尚中『悪の力』集英社新書、二〇一五年。

きだみのる『にっぽん部落』岩波新書、一九六七年。

子安宣邦『歎異抄の近代』白澤社、二〇一四年。

近藤俊太郎『天皇制国家と「精神主義」――清沢満之とその門下』法藏館、二〇一三年。

昆野伸幸『近代日本の国体論――〈皇国史観〉再考』ぺりかん社、二〇〇八年。

重松一義『北海道行刑史』図譜出版、一九七〇年（復刻版、槇書房、一九八一年）。

――『名典獄評伝――明治・大正・昭和三代の治蹟』日本行刑史研究会、一九八四年。

島薗　進編『シリーズ思想の身体――悪の巻』春秋社、二〇〇六年。

末木文美士『明治思想家論』近代日本の思想・再考Ⅰ、トランスビュー、二〇〇四年。

――『思想としての近代仏教』中公選書、二〇一七年。

関口すみ子『国民道徳とジェンダー――福沢諭吉・井上哲次郎・和辻哲郎』東京大学出版会、二〇〇七年。

高瀬善夫『一路白頭ニ到ル――留岡幸助の生涯』岩波新書、一九八二年。

ダニエル・V・ボツマン〔小林朋則訳〕『血塗られた慈悲、笞打つ帝国。――江戸から明治へ、刑罰はいかに権力を変えたのか？』インターシフト、二〇〇九年。〔Daniel V. Botsman, *Punishment and Power in the Making of Modern Japan*, Princeton University Press, 2005〕。

谷川　穣『明治前期の教育・教化・仏教』思文閣出版、二〇〇八年。

デヴィッド・ハーヴェイ〔渡辺治・監訳〕『新自由主義――その歴史的展開と現在』作品社、二〇〇七年。〔David Harvey, *A Brief History of Neoliberalism*, Oxford University Press, 2005〕。

テリー・イーグルトン〔大橋洋一・小林久美子訳〕『宗教とは何か』青土社、二〇一〇年。〔Terry Eagleton, *Reason, Faith and Revolution: Reflections on God Debate*, New Haven and London: Yale University Press, 2009〕。

――〔前田和男訳〕『悪とはなにか』ビジネス社、二〇一七年。〔Terry Eagleton, *On Evil*, Yale University Press, 2010〕。

徳岡秀雄『宗教教誨と浄土真宗――その歴史と現代への視座』本願寺出版社、二〇〇六年。

久木幸男編著『20世紀日本の教育』サイマル出版会、一九七五年。

――ほか編『日本教育論争史録』第一巻近代編（上）、第一法規出版、一九八〇年。

姫嶋瑞穂『明治監獄法成立史の研究――欧州監獄制度の導入と条約改正をめぐって』成文堂、二〇一一年。

藤本頼生『神道と社会事業の近代史』弘文堂、二〇〇九年。

船山信一『日本の観念論者』英宝社、一九五六年（船山信一著作集第八巻、こぶし書房、一九九八年）。

――『増補 明治哲学史研究』ミネルヴァ書房、一九六五年（船山信一著作集第六巻、こぶし書房、一九九九年）。

堀川惠子『教誨師』講談社、二〇一四年。

前川理子『近代日本の宗教論と国家――宗教学の思想と国民教育の交錯』東京大学出版会、二〇一五年。

丸山眞男『日本政治思想史研究』東京大学出版会、一九五二年。

ミシェル・フーコー〔廣瀬浩司・原和之訳〕『主体の解釈学』コレージュ・ド・フランス講義一九八一―八二年、筑摩書房、二〇〇四年。〔Michel Foucault, *L'herméneutique du sujet, Cours au Collège de France 1981-1982*〕。

宮台真司監修・現代位相研究所編『悪という希望――「生そのもの」のための政治社会学』教育評論社、二〇一六年。

室田保夫『留岡幸助の研究』不二出版、一九九八年。

森岡清美『真宗大谷派の革新運動――白川党・井上豊忠のライフヒストリー』吉川弘文館、二〇一六年。

森川輝紀『教育勅語への道――教育の政治史』三元社、一九九〇年。

――『国民道徳論の道――「伝統」と「近代化」の相克』三元社、二〇〇三年。

安丸良夫『文明化の経験――近代転換期の日本』岩波書店、二〇〇七年。

安丸良夫・喜安朗編『戦後知の可能性――歴史・宗教・民衆』山川出版社、二〇一〇年。

山口輝臣『明治国家と宗教』東京大学出版会、一九九九年。

山住正己『教育勅語』朝日新聞社、一九八〇年。

――――『日本教育小史――近・現代』岩波新書、一九八七年。

山本伸裕『清沢満之と日本近現代思想――自力の呪縛から他力思想へ』明石書店、二〇一四年。

吉田久一『日本近代仏教史研究』吉川弘文館、一九五九年（吉田久一著作集第四巻、川島書店、一九九二年）。

――――『清沢満之』吉川弘文館、一九六一年。

――――『日本近代仏教社会史研究』吉川弘文館、一九六四年（吉田久一著作集第五巻・六巻）。

リチャード・J・バーンスタイン〔阿部ふく子・菅原潤ほか訳〕『根源悪の系譜――カントからアーレントまで』法政大学出版局、二〇一三年。〔Richard J. Bernstein, *Radical Evil: a Philosophical Interrogation*, Polity Press, 2002〕。

脇本平也『評伝清沢満之』法藏館、一九八二年。

【論文】

赤松徹眞「近代日本思想史における精神主義の位相――清沢満之の信仰とその陥穽」（『仏教史学論集』永田文昌堂、一九七七年）。

生松敬三「「教育と宗教の衝突」論争」（宮川透・中村雄二郎・古田光編『近代日本思想論争――民選議院論争から大衆社会論争まで』青木書店、一九六三年）。

磯前順一「井上哲次郎の「比較宗教及東洋哲学」講義――明治二〇年代の宗教と哲学」（『思想』九四二、岩波書店、二〇〇二年。磯前順一『近代日本の宗教言説とその系譜――宗教・国家・神道』岩波書店、二〇〇三年）。

梅森直之「統治理性における「内面」の発見――明治初期監獄改良のディスコース」（『早稲田政治経済学雑誌』第三二四号、早稲田大学政治経済学会、一九九五年）。

――――「心学というテクノロジー――人足寄場における実践を中心に」（『早稲田政治経済学雑誌』第三二八号、早稲田大学政治経済学会、一九九六年）。

大島　晃「井上哲次郎の「性善悪論」の立場――「東洋哲学」研究の端緒」（『ソフィア』一六八号、上智大学、一九九三年）。

――「井上哲次郎の「東洋哲学史」研究」（『ソフィア』一七九号、上智大学、一九九六年）。

――「井上哲次郎の「東洋哲学史」研究と『日本陽明学派之哲学』」（『陽明学』九、二松学舎大学、一九九七年）。

大谷栄一「近代仏教の形成と展開」（末木文美士編『新アジア仏教史14　近代国家と仏教』佼成出版社、二〇一一年、第二章）。

――「井上哲次郎の「東洋哲学史」研究と『日本陽明学派之哲学』」

近藤俊太郎「清沢満之の信仰とその歴史的立場」（『仏教史研究』四一、永田文昌堂、二〇〇五年）。

佐々木政文「昭和初期司法省の転向誘発政策と知的情報統制――司法権力による「読み」・「書き」の掌握過程」（『歴史学研究』九六五号、績文堂出版、二〇一七年）。

繁田真爾「新刊紹介　大谷栄一『近代仏教という視座』」（『近代仏教』第二〇号、日本近代仏教史研究会、二〇一三年）。

――「吉田久一――近代仏教史研究の開拓と方法」（オリオン・クラウタウ編『戦後歴史学と日本仏教』法藏館、二〇一六年）。

――「書評　森岡清美『真宗大谷派の革新運動』」（『歴史評論』八一五号、歴史科学協議会、二〇一八年）。

島薗　進「悪に向き合う宗教――「弱肉強食」の時代と初期大本教」（島薗進編『シリーズ思想の身体――悪の巻』春秋社、二〇〇六年）。

末木文美士「清沢満之研究の今――「近代仏教」を超えられるか?」（山本伸裕・碧海寿広編『清沢満之と近代日本』法藏館、二〇一六年）。

殿平善彦「「転向」と仏教思想――刑務所教誨等と関連して」（中濃教篤編『講座　日本近代と仏教六　戦時下の仏教』国書刊行会、一九七七年）。

長谷川琢哉「円了と哲次郎――第二次「教育と宗教の衝突」論争を中心にして」（『井上円了センター年報』二二号、東洋大学井上円了研究センター、二〇一三年）。

林　淳「近代仏教の時期区分」（『季刊日本思想史』第七五号、ぺりかん社、二〇〇九年）。

福嶋寛隆「「精神主義」の歴史的性格」（『日本仏教』五〇・五一、名著出版、一九八〇年）。

ミシェル・フーコー「統治性」、一九七八年（『安全、領土、人口』コレージュ・ド・フランス第四回講義。『フーコー・コレクション6　生政治・統治』ちくま学芸文庫、二〇〇六年）。

——「自己の技法」、一九八二年。

——「快楽の用法と自己の技法」、一九八三年（『フーコー・コレクション5　性・真理』ちくま学芸文庫、二〇〇六年）。

——「自由の実践としての自己への配慮」、一九八四年。

森　龍吉「解題」（『真宗史料集成』第一二巻、真宗教団の近代化、同朋舍、一九七五年）。

安丸良夫「民衆宗教と「近代」という経験」（『文明化の経験——近代転換期の日本』岩波書店、二〇〇七年、補論一）。

——「「監獄」の誕生」（『一揆・監獄・コスモロジー——周縁性の歴史学』朝日新聞社、一九九九年）。

吉田久一「日清戦争と仏教」（笠原一男博士還暦記念会編『日本宗教史論集』下巻、吉川弘文館、一九七六年）。

渡部　清「井上哲次郎における「現象即実在論」の仏教哲学的構造について」（『哲学科紀要』第二三号、上智大学、一九九七年）。

——「井上哲次郎の哲学体系と仏教の哲理」（『哲学科紀要』第二五号、上智大学、一九九九年）。

あとがき

私はこれまで、明治期を中心とする近代日本の思想史を専攻してきた。ただし、はじめからはっきりと自分の専攻を見定めることができたわけではない。学部では歴史学専攻でありながら、卒業論文の提出直前までなぜかロシア文学を読み耽っているような、煮え切らない文学青年であった。修士課程でもしばらくテーマを決めかねて、さまよいながら苦しむ時期が長くつづいた。

そうしたなか、自分の専攻決定の手がかりとなったのが、一九六〇年代から歴史研究に大きなインパクトを与えてきた、民衆（思想）史研究である。なかでも色川大吉氏、鹿野政直氏、安丸良夫氏の著作は、これまで何度読み返したか分からない。三氏の作品は、どれも膨大かつ緻密な史料読解に裏づけられながら、単なる実証主義には終始しない、まるで実存の深みから突き上げてくるような真剣な問題意識に貫かれていた。それまでの歴史研究と鋭く対峙しながら、新しい学問を切り拓こうとする、凄烈な魂も感じられた。「人生いかに生きるべきか」と問いかけてくるような三氏の研究は、文学か歴史学かのあいだで揺れていた当時の私にとって、恰好のモデルを示してくれるもののように思われた。こうして私は、思想史研究の道へと足を踏み入れたのである。

実は本書のもととなった博士論文は、当初は第Ⅰ部と第Ⅱ部のみで完結する予定であった。つまり、井上哲次郎の「国民道徳」論と、清沢満之の「精神主義」を比較しながら、両者の思想・イデオロギーの特質を明らかにしてみる計画だったのである。しかし、いざ研究がまとまりかけてくると、これでは末木文美士氏をはじめとする先行研究の二番煎じであり、その壁は到底乗り越えられないのではないかと思うようになってきた。ほかに後に述べるような事情もあって、まとまりかけていた博士論文の提出をしばらく見送ることにし、第Ⅲ部の研究へと進んだのである。ちょうど二〇一一年三月、東日本大震災直後のころであった。それまでの私たちの社会や生活のあり方に根本的な見直しが迫られた騒然とした日々のなか、自分の研究をさらに一般的、普遍的なテーマへとどのように開いていくことができるのか、模索がつづいたのである。

第Ⅲ部が追加されることになった背景には、ほかにも、同時代との対話という契機があった。

少し話はさかのぼるが、清沢満之の研究に取り組んでいた二〇〇九年、「政権交代」をスローガンに鳩山由紀夫を首相する初めての民主党内閣が成立した。このとき法務大臣に就任したのが、千葉景子である。社会党出身で弁護士でもある千葉は、法曹資格をもつ女性として初めての法務大臣であった。個人としては死刑廃止論者で、死刑制度の廃止をめざす議員連盟にも参加していた。その千葉が法相に就任したことで、死刑制度の行方がにわかに注目されることになったのである。

しかし法相となった千葉は同議連から離脱し、翌年二名の死刑執行命令書にサインをした。執行後、千葉は「〔死刑廃止をめざす〕考えを変えたわけではない」と記者会見で答えたり、執行の現場に自ら立ち会った事実を明らかにした。記者会見での発言や、法相が執行に立ち会うという極めて異例の行動からは、千葉のやや複雑な心境がうかがえるが、本人の説明では、まずは死刑制度が存在する日本の現実をそれとして受け止めつつ、その是非を広く国民的議論に委ねるためのきっかけとしたかった、ということらしい。実際、執行の翌月、「死刑のあり方に関して国民的な議論を巻き起こしたい」として千葉は、東京拘置所内の刑場を初めて報道機関に公開したのである。

その映像をニュースでみた二〇一〇年八月二七日夜のことはよく覚えている。そのころ、九時のＮＨＫニュースをみながら夕食をとるのが日課であったが、このとき番組の冒頭で刑場の映像がテレビに映し出された。人の気配が感じられない無機的な執行室と、死刑囚が立たされる、鮮やかな赤色で縁取られた四角形の踏板。初めてみるその光景に思わず目を見張った。しかしさらに衝撃を受けたのは、目隠しされる直前の死刑囚が過ごす最後の部屋（前室）にある、仏壇が大きく映し出されたときである。

黄金に輝く仏壇は、浄土真宗に伝統的な金仏壇だ。阿弥陀如来像の両脇には、親鸞と蓮如らしい図像も並んでいる。この仏壇は、執行される人間の信仰によって、たとえばキリスト教の祭壇などにも変更される仕組みらしい。死刑執行の現場に、悪人こそが救われるという「悪人正機」を説く浄土真宗の仏壇が、なぜ置かれているのか。人間における「悪」の問題を、親鸞の宗教思想や西洋哲学を手がかりに追究した清沢の研究に取り組んでいた当時の私に、このことは、ひどく奇怪なことのように感じられたのである。

その後、監獄（刑務所）に勤めている教誨師と呼ばれる宗教者の存在を知り、監獄教誨の歴史に興味をもった。少し調べてみただけでも、まだ明らかにされていないことがとても多い、未開拓の分野であることが分かった。「井上対清沢」の構図に飽き足らなさを感じていた私は、こうして監獄教誨の歴史研究に着手してみることにしたのである。

しかし、ほぼ完成していた第Ⅰ部と第Ⅱ部にさらに第Ⅲ部を付け加えるだけならば、二、三年間もあれば充分だったかもしれない。ちょうどそのころ博士課程の標準年限を超えるタイミングだったことも考えれば、ふつうならば、できるだけ早く学位論文をまとめることを優先すべきところであろう。ところが、実際に博士論文を完成させて学位を受けたのは、それから六年が経過した二〇一七年のことであった。監獄教誨の研究に着手してから間もない二〇一二年四月、私は東京都三鷹市にある私立明星学園中学高等学校に、社会科教員として着任したのである。

明星学園には、修士課程の学生のころから非常勤講師として勤めていた。大正自由教育運動の流れをくみ、国内でも有数のリベラルな教育理念を掲げる小さな学校は、私のものの考え方や肌にとてもよく合う、恵まれた環境であった。研究活動を優先するためにしばらく非常勤のままでいたが、二〇一二年から専任教員となったのである。

このとき専任の世界に飛び込んだのには、ゆっくりとでも、焦らずに研究を進めることができる環境を整えたいという考えがあった。大学院生は、当時も今も厳しく不安定な立場に置かれており、順当に研究を進めたとしても、研究者として就職が確約されるわけでもない。多くの場合、自分の将来を案じる焦りのなかで、就職に有利になることを考えて、論文の量産へとどうしても傾きがちである。もちろん良質な論文を次々と発表できる優秀な研究者ならば問題ないが、肌理《きめ》の粗い表面的な論文の乱発に終わってしまうことも少なくない。ならば、もっと長い時間軸で考えて、腰を据えて、自分で納得のできる研究をつづけていく方法はないのだろうか。そう考えたとき、私にとってはそれが、教職との両立という道だったのである。

この選択には、若手研究者が強いられている現状へのささやかな抵抗という気持ちがあった。しかし同時にそれは、一種の賭けでもあった。容易に想像されることだが、専任教員となることで生活に余裕はできるが、それは研究に費やすことができる時間と引き換えの上のことである。早朝や帰宅後に何とか読書の時間だけでも確保しようとするものの、常に何かの仕事に追われ、自分の研究にあてることができる時間や体力はあまり残されていない。

教員の多忙をきわめる勤務環境については、最近、たとえば中学教員の約六割が過労死ラインを超えて働いている過酷な実態が報じられ、ようやく社会問題化してきたところである。焦らずにじっくりと息の長い研究をしたいと選んだ道が、実際には、頭で考えていたほど簡単な話ではなかったわけである。通勤路だった四季の自然豊かな井の頭公園を、朝夕、気の遠くなるような気持ちで歩いたことも一再ではなかった。

このような事情もあって、博士論文をまとめるのに予想以上に長い時間がかかったわけである。しかし、だからといって教員としての経験が無駄だったかといえば、そのようなことはまったくない。むしろその苦楽の経験は、今から振り返ってみると、どれも自分にとって大切な視座や気づきを与えてくれる、かけがえのないものであった。

私の勤めた学校は、教員に全幅の信頼を寄せ、自主自立を重んじ、よい意味でほとんど手のかからない素直な生徒たちばかりであった。一方で、どこの学校でも事情は同じだろうが、なかにはやんちゃな子や、家庭の内外に困難を抱えている子どもたちもいて、ときに問題となる行動を起こしてしまうこともある。思春期において多少の問題行動をするのは自然なことで、自分の中学時代を思い出してみれば、誰でも大なり小なり同じような経験があるものだと思う。

ただ私は、このような問題行動が起こったとき、教員として行なわなければならない「指導」というものに、苦手意識があった。もともと感情表現に乏しい性格で、どのような状況でも本気になって子どもを叱るということが難しい（別に叱ることだけが「指導」ではないのだが）。そのうえ、私たちはどのように「悪」と向き合ってきたかを研究テーマとしてきたこともあり、肝心なときに、どうしても教員としての自分の立場を相対視して、感情の矛先が鈍ってしまうのである。これでは教員としては具合が悪く、そのような自分の性分に悩むこともあったが、管理職や同僚から「教員にも役割分担があって、あなたはあなたなりのスタンスで生徒と向き合えばよいのだよ」と慰められ、救われるような思いがした。

　こうして私は、生徒たちの問題行動と対するときには、どうしてこの子はこのようなことをしたのだろうとか、それに対して自分はどう向き合うことがよいのだろうなどと考えながら、過ごすようになった。少し大げさにいえば、それは教員としての自分の立場性や哲学を、何度も自問することでもあった。

　やがて「近代教育」の可能性や限界というようなことをぼんやり考えているうちに、いま直面しているこの問題は、実は刑罰や死刑制度に対する自分のこれまでの関心とよく重なり合う問題なのではないかと、はっきり自覚するようになった。本書のなかで、「悪」に対する思想家や教誨師たちの向き合い方に、ときに過剰にもみえるほどの関心が寄せられているとすれば、それは、それらの関心が私自身の経験によっても強く促されてきたからかもしれない。


　以上の個人的な経験にかかわる話を、思想史研究の方法という角度から、少しだけ敷衍しておきたい。

思想史研究は、ひとまず「思想」を対象とするものだから、歴史的世界の具体相を観察しているだけではみえにくい、観念や理念の抽象的な次元を研究対象にすることができる。その意味で思想史研究は、偶然にもみえる個々の現象だけに目を奪われることを回避しながら、社会や集団の集合経験の産物ともいえる思想を分析することで、その時代の全体性に迫ってみることができるという、方法上のメリットがあるのだともいえる。

　しかし思想史研究は、同時に、ともすれば「思想」の次元だけで自己完結してしまいかねないおそれもある。もちろん、観念や思想をそれ自体として扱う哲学などは、私たちに不可欠な学問である。しかし、かりにも思想史研究という以上、あまり抽象的すぎるアプローチはふさわしくないだろう。おそらく思想史研究では、「思想」と

「実践」の両方に目配りすること、そして観念論の過剰に陥らないように注意深くあることが、大切であろう。言い換えれば、「思想」が生まれてくる主な根拠である「実践」の次元を、研究から切り離さないように留意することが、思想史研究ではとくに求められるのではないだろうか。「実践」と、そこから抽象的につむぎ出された「思想」の両方から歴史にアプローチできるところに、ほかの歴史研究とは異なる、思想史研究の強みがあるのだと考えたい。

人間の具体的な「実践」や「経験」の次元に注目し、そこから研究を立ち上げていくことは、最近の歴史研究でも広くみられる方法である。またそれは、とりわけ民衆史研究がこだわってきた方法でもあった。本書でも、大きくいって第Ⅰ部と第Ⅱ部が思想編だとすれば、第Ⅲ部は実践編という位置づけも可能だろう。両者はもちろん相互補完的で、各章でも思想と実践は切り離さずに、両者を総体として理解するように努めたつもりである。それが研究として成功しているかどうかは、読者の判断に委ねるよりほかはない。それでも、第Ⅰ部と第Ⅱ部だけで完結せずに、監獄教誨の歴史を探った第Ⅲ部を置いたことは、私のとくにこだわりたかったところである。

もしかするとその第Ⅲ部も、教員の経験という遠回りがなければ、このようなかたちで本書のなかに存在しなかったかもしれない。それは決して平坦な道のりではなかったが、それ以前には思いもよらなかった、数々の問いや気づきとの出会いがあった。そうしてみれば、思想史研究で大切な「思想」と「実践」のワンセットは、研究者その人の立場性や学問形成という場合にも、同じように欠かせない二つのモメントなのかもしれない。自分の初発の問いからスタートし、同時代との対話や経験を通じて問題意識がさらに研ぎ澄まされながら、より普遍的で豊かな内実をもった研究へとだんだん鍛え上げられていく、というように。

できることならば、若い研究者たちが、ただ一つの単線的なコースのなかに我が身を嵌め込んで苦しむことなく、ときには別の道をたどりながらも、その経験をじっくりと時間をかけて自分の課題へと昇華していくことができるような、もっと多様な可能性がありうる風通しのよい場へと、研究の世界がさらに開かれていけばいいなと思う。

本書は、二〇一七年に早稲田大学大学院文学研究科から学位を受けた博士論文をもとに、一部を加筆修正しながらまとめ直したものである。内容や論旨に大きな変更はない。各章の初出は次のとおりである。

序　章　新稿
第一章　新稿
第二章「一九〇〇年前後日本における国民道徳論のイデオロギー構造——井上哲次郎と二つの「教育と宗教」論争にみる（上）（下）」（『早稲田大学大学院文学研究科紀要』第五三・五四輯、二〇〇八・二〇〇九年）
第三章「日清戦争前後の真宗大谷派教団と「革新運動」——清沢満之「精神主義」の起原」（『近代仏教』第一五号、日本近代仏教史研究会、二〇〇八年）
第四章「清沢満之「精神主義」再考——明治後半期の社会と「悪人の宗教」」（『佛教史学研究』第五四巻一号、佛教史学会、二〇一一年）
第五章　新稿
第六章　新稿
結　章　新稿

本書は、私のこれまでの研究と思索によるささやかな産物ではあるが、とても独力で書き上げることはできなかった。自分にとって初めてとなる本を閉じるにあたり、これまでお世話になった方々へのお礼を添えておきたい。

明星学園の生徒、保護者、元同僚のみなさん。授業や課外活動を通じて、生徒のみなさんと濃密な時間をともに過ごすことができた。うだつの上がらない教員ながらも、教えることは教えられることだと、痛感した日々であった。打算のない若い人たちと過ごした月日は、何より楽しく、私のかけがえのない財産である。生徒に負けない個性派ぞろいの保護者のみなさんにも、いつも励まされ助けられた。同僚の先生方には、授業にかける情熱や、生徒たちの成長を辛抱づよく見守る姿勢を学んだ。妥協なくとことん意見を交わす職員会議では、その迫力に圧倒されることもあったが、自分の意見をしっかりと表明すること、別の意見にもよく耳を傾けることの大切さなどを教えられた。そのような民主的な価値を大事に守りつづけている職場の一員であることは、私のささやかな誇りであった。

日本近代仏教史研究会の先輩や同世代の研究者のみなさん。本書のなかでたくさん名前をあげさせていただいた。遠回りをしてきた人間にとって、研究成果を次々と世に問うてきたみなさんはとてもまぶしく、常に刺激を与えてくれる存在であった。これからも変わらず議論の相手になっていただければ幸いである。

教誨師の平野俊興師と嵩海史師。本願寺派の平野師とは、ハーバード大学で日本の監獄教誨史を研究しているアダム・ライオンズ氏の紹介で、面識を得た。千葉のお寺に押しかけてくる私たちを温かく迎え、教誨師としての生き方や経験を、許される範囲でいつも静かに語っていただいた。大谷派の嵩師は、私がある場所で研究発表をした際に声をかけていただき、交流が始まった。ご厚意で、川越少年刑務所を案内していただいたこともある。平野師と嵩師という二人の教誨師との出会いは、監獄教誨の歴史と現在をつなぐ、私にとって大切な道しるべである。

学部時代以来、同じゼミでともに研究をつづけてきた、畏友の佐野智規氏。テクスト分析派で鳴らしてきた佐野氏は、心情主義的な文学青年だった私に、現代思想の手ほどきをしてくれた。また自他ともに認める世話焼きの氏は、二〇一六年正月の帰省中に、休暇をすべて返上して私の提出前の博士論文に目を通し、懇切丁寧なコメントを寄せてくれた。ふつうならば自分の研究時間を確保するのに精一杯のところ、他人の分厚い荒削りな論文を読むことなど、そうできることではない。本書が原稿段階よりも少しでも読みやすくなっているとすれば、それは佐野氏の菩薩行的な尽力のおかげである。

梅森直之先生と梅森ゼミのみなさん。梅森先生には博士課程における研究と、博士論文の執筆にあたってご指導いただいた。シカゴ大学をはじめ最新の社会理論がいち早く持ち込まれる梅森ゼミで学べたことで、国内の研究界に留まりがちだった私の視野は、広く世界へと向けられるようになった。ゼミには錚々たる理論家や論客が出入りしていて、現在も各界で活躍している猛者ぞろいであった。知的にずいぶん鍛えられたし、ゼミ後にエスニックな酒食を囲みながら時を忘れて語らった日々は、何よりも楽しい時間であった。

安丸良夫先生と安丸ゼミのみなさん。修士課程で研究指導をしていただいたことが、私と安丸先生の出会いであった。早稲田大学を退官された後も、自宅に押しかけてゼミ生と小さな研究会をつづけ、長年にわたって助言していただいた。安丸先生が遺したどの本を読んでも明らかだが、先生はいつも大きな視座と鋭く整然とした論理構成力をもって、研鑽を欠かさず、研究にかける情熱はどんな若者も及ばないほどの熱量にあふれていた。口先のおべっかを言うのが苦手で、研究指導では率直な物言いもはばからなかった。しかしだからこそ私たち学生は、先生を信頼してすすんで集まり、壮大な時事論やときには人生談義にいたるまで、ひと言も聞き漏らすまいと耳を傾けたのである。ここに謝辞を尽くすことはできないが、私自身、これからも安丸思想史との対話をつづけ、いつかはそれを乗り越える日をめざして研究をつづけていくことが、その学恩に少しでも報いていくことになるのだと思う。「日本史研究にもっと論争を！」と訴えた安丸先生は、批判的対話を何よりも歓びとする、根っからの学究の人であった。

また本書は法藏館の丸山貴久氏に編集を担当していただいた。多くの良書を世に送り出してきた丸山氏が頼れる優れた編集者であることは、研究者仲間からよく聞かされていた。実際にご一緒してみると、どんな細部も見逃さない精密な原稿チェックと、作業の正確かつ迅速な運びぶりに、これがプロの仕事なのだと感動した。出版の最初のお誘いがあってから早くも三年が経とうとしており、私の遅々としたペースのせいで何度もご迷惑をかけたが、本書の意義をあげながら激励し、ここまで導いていただいた。感謝申し上げたい。

ここにすべての名前をあげることは残念ながらできないが、このほかにもたくさんの方々との出会いに恵まれて、私の研究は見守られ、励まされ、支えられてきた。とくに東京と山口と沖縄の家族は、成果がすぐにはあらわれず、先のみえにくい研究活動をよく理解し、物心両面にわたって惜しみなく支援をしてくれた。私の遠回りを気にかけながらも、ここまで変わらず励ましつづけてくれたことに、深甚の感謝を表したい。本書の結びが、この先もつづいていく探究の新しい出発点となることを誓って、筆を擱きたい。

二〇一九年五月

教職を退任して間もない新緑の季節に

繁田真爾

索　引

・本文中の主な人名・事項のみ取り上げた。
・各項目のうち、とくに重要と思われる部分については、ページ番号を太字で示した。

I　人　名

あ行――

か行——

さ行——

た行——

な行——

は行——

ま行——

や行――

ら行――

II 事 項

あ行――

か行――

さ行——

た行――

な行――

は行――

ま行――

や行・ら行――

繁田　真爾（しげた　しんじ）

1980年山口県生まれ。2002年早稲田大学第一文学部史学科卒業、2014年早稲田大学大学院文学研究科博士後期課程単位取得満期退学。明星学園中学・高等学校教諭を経て、現在、日本学術振興会特別研究員（東北大学）。博士（文学）。主な論文に、「吉田久一——近代仏教史研究の開拓と方法」（オリオン・クラウタウ編『戦後歴史学と日本仏教』法藏館、2016年）、「方法としての〈清沢満之〉の可能性——「悪」と近代への問い」（『現代と親鸞』第35号、2017年）など。

「悪」と統治の日本近代
——道徳・宗教・監獄教誨

二〇一九年七月二五日　初版第一刷発行

著　者　繁田真爾
発行者　西村明高
発行所　株式会社 法藏館
京都市下京区正面通烏丸東入
郵便番号　六〇〇-八一五三
電話　〇七五-三四三-〇〇三〇（編集）
〇七五-三四三-五六五六（営業）

装幀者　高麗隆彦
印刷・製本　亜細亜印刷株式会社

ISBN 978-4-8318-5558-9　C3021